高职高专汽车专业"十三五"系列教材

汽车营销策划

第 2 版

裴文才　编著

教学资源二维码

机械工业出版社

中国汽车市场机会无限,但竞争激烈,汽车营销策划已经成为决战市场的重要武器。本书由具有20余年汽车营销策划和教育培训经验的专家编写,从中国汽车市场的实际需求出发,全面阐述了汽车营销策划的概念、作用、方法,策划人必须具备的7种能力,产品策划、价格策划、渠道策划和促销策划的原则、步骤和要点。为提高实际操作能力,书中还特别安排了7种典型的市场营销策划案例、8个典型实训项目及电子商务策划等实用内容。

本书总结了许多汽车行业中成功的营销策划经验和窍门,既具有系统性,又突出了实操性,是应用本科及高职高专院校营销专业的重要教材,也可作为汽车营销行业从事研发、市场、营销岗位人员的培训用书。

本书配备教学课件,选用本书作为教材的教师可在机械工业出版社教育服务网(www.cmpedu.com)注册后免费下载,或添加客服人员微信获取(微信号码:13070116286)。

图书在版编目(CIP)数据

汽车营销策划/裘文才编著. —2版. —北京:机械工业出版社,2017.11
(2024.8重印)
高职高专汽车专业"十三五"系列教材
ISBN 978-7-111-58289-2

Ⅰ. ①汽…　Ⅱ. ①裘…　Ⅲ. ①汽车—营销策划—高等职业教育—教材　Ⅳ. ①F766

中国版本图书馆 CIP 数据核字(2017)第 253783 号

机械工业出版社(北京市百万庄大街22号　邮政编码100037)
策划编辑:齐福江　责任编辑:齐福江
责任校对:王　欣　封面设计:陈　沛
责任印制:李　昂
北京捷迅佳彩印刷有限公司印刷
2024 年 8 月第 2 版第 7 次印刷
184mm×260mm · 12.75 印张 · 304 千字
标准书号:ISBN 978-7-111-58289-2
定价:43.00 元

电话服务	网络服务
客服电话:010-88361066	机 工 官 网:www.cmpbook.com
010-88379833	机 工 官 博:weibo.com/cmp1952
010-68326294	金 书 网:www.golden-book.com
封底无防伪标均为盗版	机工教育服务网:www.cmpedu.com

前　言

我国经济的快速发展为汽车产业插上了腾飞的翅膀。宏观经济保持良好发展势头，城镇化稳步推进，居民生活水平提升较快，为中国汽车工业发展提供了基本保障。世界各国汽车厂商无一不关注中国汽车市场，因而中国的汽车市场百花吐艳，景象万千。2016年中国汽车销量达到2 803万辆，由于中国汽车市场目前仍处在普及初期，未来中国市场汽车销售量还将继续攀升。

但是，中国汽车市场的竞争异常激烈。面对竞争激烈、复杂多变的汽车市场，各汽车厂商过去常用的促销方法的边际效应正在下降。更为突出的是，消费者由于多种原因的影响，购买兴趣也在变化，这就导致同类产品中不同品牌、不同规格产品的市场占有率相互转移。在这种情况下，汽车厂商越来越清楚地意识到营销策划的重要性，策划已经成为市场营销实践中的利器。整个汽车市场已经成为一个巨大的策划场，谁不懂得策划的力量，谁就随时可能被对手所策划。为了在市场实践中取得主动，必须研究市场营销策划，培养更多的营销策划人才。

本书从我国汽车市场的实际需求出发，全面阐述了汽车营销策划的概念、作用、方法以及策划人必须具有的基本素质。本书在理论阐述上以"必须、够用"为原则；在实践考虑上，以学生"入学、乐学"为出发点，力求做到概念简洁明了，并安排了若干鲜活的市场营销策划案例供大家赏析，重在培养学生的策划能力。为了提高学习兴趣，使学生学会实际操作，还特别安排了8个实训项目，目的就是让学生在策划实训的过程中真正理解策划，掌握汽车营销策划的基本技巧，并能结合实战进行市场营销基本活动的策划。书中案例分析仅作分析参考之用。

本书为机械工业出版社高职高专汽车专业"十三五"系列教材，可以作为高职高专及本科院校的教学用书，也可以作为汽车营销行业从事市场、营销、培训岗位人员的学习用书和工作参考书。

本书由北京博乐汇智汽车技术研究院副院长、研究员级高级工程师裘文才先生编著。本书再版过程中得到北京锐点网络科技公司及广西交通技师学院等相关同志的帮助，在此一并表示感谢。

限于水平，错漏难免，恳望读者提出宝贵意见。

编　者

目 录

第一章 市场营销策划基础理论

学习目标

1. 理解市场的概念、一般分类和市场细分。
2. 掌握选择目标市场的一般方法。
3. 了解营销的一般含义和目前市场上比较流行的营销概念。
4. 了解策划的一般概念、核心思想和策划原则。
5. 理解汽车营销策划人员的必备能力。

本章导读

通过本章的学习首先应当了解市场、营销、策划等基本概念，并在此基础上了解目标市场开拓和市场营销的基本工具，了解策划在市场营销过程中的重要作用、核心思想，以及作为策划人应当具备的业务素质和关键能力。

第一节
市 场 概 述

一、市场的概念

1. 经济学关于市场的概念

经济学认为市场是商品交换关系的总和，是体现供给与需求的矛盾统一体。供给方代表卖方，需求者代表买方。卖方想高价卖出，而买方想低价买进，这在客观上是一对矛盾，但这种矛盾又必须统一，因为只有统一了，卖方的销售意愿和买方的购买愿望才能同时实现。认识这种矛盾与统一关系的普遍规律性是经济学研究的重要任务。

2. 营销学关于市场的概念

营销学与经济学对市场的认识不尽相同，营销学站在企业主体的立场上认识市场。营销学认为，企业在采购过程中，要购买各种生产资料，包括劳动力在内，自己是买方；而在销售活动中，企业要销售自己所生产和经营的有形商品和无形服务，它的销售对象也是买方。为此，企业的销售背景本质上是买方市场。所谓买方市场，是指在商品交换活动中主动权掌

1

握在买方手中。买什么、买多少，最后以多高的价格来购买，都取决于买方。

营销学关于市场的概念揭示了营销人员在实施营销活动的过程中必须从买方的需求出发，最终达成买方的满意。

3. 市场概念的简要表述

不管是经济学还是营销学，研究市场首先要研究人，研究卖方想寻找的人，这是企业赖以生存和发展的基础，正是这些人构成了买方，使商品交换的实现成为可能。因此，这些人或由这些人组成的组织就是市场。然而作为市场的人，必须具备以下条件：第一，具有购买某种商品的需要；第二，产生购买某种商品的欲望；第三，具备购买能力，包括支付能力、决策能力和购买权力。离开了这些条件，他们就不可能成为卖方所追寻的市场。简要地讲，市场就是有购买某种商品需求和购买欲望，并有相应支付能力和决策能力、意愿与商家发生交易关系的人或组织。

二、市场的分类

1. 按组成范围分类

（1）地方市场

地方市场是指仅由某一个地方的买者和卖者决定的市场。

（2）国内市场

国内市场是指由一国的买者和卖者共同决定的市场。

（3）国际市场

国际市场是指由多个国家的买者和卖者构成的市场。

2. 按内部结构分类

（1）完全市场

完全市场是由经济人组成的有组织的市场，在完全市场中，同种商品最终能按同一价格进行销售。完全市场的形成需要具备两个条件：一是完全的信息。所谓完全的信息，是指买卖双方完全了解市场现在和未来的情况，信息非常畅通，认为完全市场中没有不确定的问题，买卖双方对市场上的任何变化都了如指掌。二是买卖双方听从价格召唤，完全依据价格行事。某个销售者抬高物价，他就会失去顾客；反过来，如果降价则会招引顾客。为了获利，卖者希望高价售出他的商品，而买者希望低价买进。在这种频繁的买卖交易过程中，价格在不同买者与卖者之间的差别便会趋于消失。严格地说，实际中的市场不可能具备完全市场的条件，但完全市场是现实市场的发展方向。

（2）不完全市场

不完全市场与完全市场相对应。不完全市场意味着竞争性均衡的基本性质不能得到充分满足。不完全市场是指不具备下述条件之一的市场：同质产品多；众多的买者与卖者；买者和卖者可以自由进入市场；所有买者和卖者都掌握当前物价的完全信息，并能预测未来物价；就总成交额而言，市场各个经济主体的购销额是无关紧要的；买者与卖者无串通合谋行为；消费者追求效用最大化，生产者追求利润最大化；商品可转让。

3. 按竞争程度分类

（1）完全竞争市场

完全竞争市场有许多买者和卖者，他们当中任何个别人都不具有影响和决定商品市场价格的能力，而只能是市场价格的接受者；他们都有充分的市场信息和商品知识；相同数量的同种商品是完全同质的，不存在差别；每个买者和卖者都是自由地参与或退出市场经济活动。

（2）不完全竞争市场

不具备完全竞争性的市场，称为不完全竞争市场。不完全竞争市场又按竞争的不完全程度分为垄断竞争市场、寡头垄断市场和完全垄断市场三种。

1）垄断竞争市场是一种既垄断又竞争，既不是完全垄断又不是完全竞争的市场。垄断竞争市场的特点是产品存在差别性又存在替代性。短期来看，每一个生产有差别性产品的厂商都可以在部分消费者中形成自己的垄断地位，但这种短期均衡马上会被替代产品所打破。垄断竞争市场的竞争包括价格竞争、品质竞争、营销竞争等。

2）寡头垄断市场是少数企业控制整个市场，他们供应的商品占这个市场最大最主要的份额。一般以市场集中度区分，市场集中度在20%以下的为竞争性市场，20%～39%为弱寡头市场，40%～59%为寡头市场，60%以上的为强寡头市场。

3）完全垄断市场是一种与完全竞争市场相对立的极端形式的市场类型。完全垄断市场也叫作纯粹垄断市场，一般简称垄断市场。完全垄断市场就是指只有唯一一个供给者的市场类型。完全垄断市场的假设条件有三个方面：第一，整个市场的物品、劳务或资源都由一个供给者提供，消费者众多；第二，没有任何接近的替代品，消费者不可能购买到性能等方面相近的替代品；第三，进入限制使新的企业无法进入市场，从而完全排除了竞争。

三、市场细分

1. 市场细分

市场细分是企业根据消费者需求的不同，把整个市场划分成不同消费者群的过程。

2. 市场细分的目的

市场细分的目的不是分解，而是聚合，即在需求不同的市场中把需求相同的消费者聚合到一起。

3. 市场细分变量

就消费者市场而言，细分变量归纳起来主要有地理环境因素、人口统计因素、消费心理因素、消费行为因素、消费受益因素等。

4. 市场细分的形式

市场细分的形式与市场细分变量相对应。市场细分包括地理细分、人口细分、心理细分、行为细分、受益细分五种基本形式。

5. 完全市场细分

完全市场细分就是市场中的每一位消费者都单独构成一个独立的子市场，企业根据每个消费者的不同需求为其生产不同的产品。这种做法一般针对少量的高端消费者，从成本角度考虑，对企业而言并不经济，但完全细分在某些行业大有市场，例如飞机制造、顶级轿车制造等。近年来流行的"订制营销"就是完全市场细分的结果。

6. 无市场细分

无市场细分是指市场中每一位消费者的需求都是完全相同的，或者是企业有意忽略消费者彼此之间需求的差异性，而不对市场进行细分。

7. 市场细分的步骤

（1）选定产品市场范围

公司应明确自己在某行业中的产品市场定位范围，并以此定位作为制定市场开拓战略的依据。

（2）列举潜在顾客的需求

可以从地理、人口、心理等方面列出影响产品市场需求和顾客购买行为的各项变数。

（3）分析潜在顾客的不同需求

公司应通过市场调研及客户数据分析，对不同的潜在顾客进行抽样调查，并对所列出的需求变数进行评价，了解顾客的共同需求。

（4）制定相应的营销策略

调查、分析、评估各细分市场，最终确定可进入的细分市场，并制定相应的营销策略。

8. 市场细分的条件

企业进行市场细分的目的是通过对顾客需求的差异性定位，来取得较大的经济效益。有效的市场细分必须具备以下特征：

（1）可衡量性

可衡量性是指各个细分市场的购买力和规模能被衡量的程度。如果细分市场很难衡量的话，就无法界定市场。

（2）可赢利性

可赢利性是指企业新选定的细分市场容量足以使企业获利。

（3）可进入性

可进入性是指所选定的细分市场必须与企业自身的状况相匹配，企业有优势占领这一市场。

（4）差异性

差异性是指细分市场在观念上能被区别，并对不同的营销组合因素和方案有不同的策略。

四、目标市场选择

目标市场是企业为了满足现实或潜在的消费需求而开拓的特定市场。选择目标市场有利于企业合理安排营销力量，发挥竞争优势。

1. 好的目标市场

一个好的目标市场应当具备如下条件：

第一，该市场有一定的购买力，企业能够在此取得一定的销售额和利润。

第二，该市场有尚未满足的需求，而且有一定的发展潜力。

第三，本企业有开拓该市场的能力，而且该市场也未被竞争者完全占领或控制。

2. 选择目标市场的策略

选择目标市场的策略需考虑企业的各种条件，包括：

（1）产品条件

看自己生产经营的是同质产品还是异质产品。同质产品的竞争焦点一般集中在价格上，异质产品则适合采取差异性目标市场策略。

（2）产品生命周期

产品在投入或成长期宜采用无差异目标市场策略，产品在成熟期宜采用差异性目标市场策略，避免与竞争对手采用相同的策略。

（3）市场竞争状态

竞争对手较弱时宜采用无差异目标市场策略。

（4）企业资源情况

企业资源条件好，可以采用差异性目标市场策略或无差异性目标市场策略；企业资源条件有限，应采用集中性目标市场策略，取得在小市场上的优势地位。

3. 决定目标市场的要点

在决定目标市场前，必须先搞清楚与此有关的一系列问题。只有弄清这些问题，目标市场的选择才有基础。要点是：你的目标市场在哪里？哪种类型的顾客将使用你的产品？为什么？什么是重要的区隔变量？潜在消费者的数量有多少？什么因素限制了整体市场的容量？你的市场份额是多少？未来是增大、缩小还是稳定？潜在消费者在什么地方？产品的价格会符合顾客合理的期望值吗？与业已存在的产品相比，你的产品有优势吗？现有的产品消费模式是什么样的？这类产品的市场容量会在未来一两年乃至五年内有显著变化吗？消费者购买这类产品的频度如何？产品销售有明显的季节性和地域性吗？哪种产品特性对消费者最有吸引力？消费者有哪些成见？等等。

4. 目标市场分类

（1）无差异性目标市场

企业只推出一种产品，运用一种营销组合，试图吸引尽可能多的顾客。这种策略适合于消费者具有共同需求特征的同质产品，但风险较大，容易失去市场机会。

（2）差异性目标市场

企业针对不同的细分市场，设计生产或经营不同的产品，并根据每种产品分别制定独立的营销策略。这种策略适合于产品小批量、多品种生产，而且比较灵活，能适应各类消费者，针对性强，风险分散，有利于提高市场占有率，但渠道与销售成本比较高。

（3）集中性目标市场

企业以一个或少数几个细分市场为目标市场，集中营销力量，实行专业化生产或销售。这种策略有利于企业发挥优势、降低成本、提高盈利，但目标市场比较狭窄。

5. 目标市场策略

不同的目标市场，营销策略不尽相同，见表1-1。

表1-1　目标市场营销策略的比较

战略因素	无差异营销策略	集中营销策略	差异营销策略
目标市场	广泛的消费者	一组精心挑选的消费者	两组或更多组精心挑选的消费者
产品	同一品牌的产品种类有限，面向所有类型的消费者	一组品牌专对一组消费者	不同的品牌或版本，针对各个消费者群体
分销	所有可能的网点	所有适合的网点	按照细分市场分别确定所有适合的网点
促销	大众媒体	所有适合的媒体	按照细分市场分别确定所有适合的媒体

（续）

战略因素	无差异营销策略	集中营销策略	差异营销策略
价格	一个众所周知的价格范围	针对特定的一组消费者制定一个价格范围	针对各个消费者群体制定不同的价格范围
战略要点	以统一、广泛的市场营销项目来吸引大量消费者	通过高度专门化但统一的市场营销项目来吸引一组特定的消费者群体	通过不同的市场营销计划来满足各个细分市场，以此来吸引两个或更多不同的细分市场

五、选择目标市场的几种方法

1. 市场机会指数法

市场机会指数是某细分市场在整个市场的销售地位与企业产品在该细分市场的销售地位之间的比较关系。市场机会指数法的计算公式为

$$市场机会指数 = \frac{\dfrac{该细分市场的销售额}{整个市场的销售额}}{\dfrac{企业在该细分市场的销售额}{企业销售总额}}$$

通过以上计算，如果市场机会指数大于1，则说明该市场开发潜力较大，见表1-2。

表1-2　市场机会指数法举例

细分市场	销售额		本企业销售额		市场机会选择指数
	金额/万元	比重（%）	金额/万元	比重（%）	
华北市场	3 649	15.02	103	6.19	2.43
中南市场	4 284.5	17.65	214.5	12.90	1.37
东北市场	2 992.5	12.23	163.5	9.83	1.25
华东市场	9 732.5	40.20	561.5	33.75	1.19
西南市场	2 002.5	8.25	319	19.18	0.43
西北市场	1 603	6.65	302	18.15	0.37
销售总额	24 274	100.00	1 663.5	100.00	—

上表计算结果可见，华北、中南、东北、华东地区的市场指数均大于1，开发潜力较大。

2. 市场增长指数法

市场增长指数是从动态的角度反映企业对子市场开发的可能性。市场增长指数法的计算公式为

$$市场增长指数 = \frac{下期预期销售量（额）-本期实际销售量（额）}{本期实际销售量（额）} \times 100\%$$

通过以上计算可知，如果增长指数高，说明该子市场的销售潜力大，开发价值大；反之，则说明开发价值较小，见表1-3。

表1-3　市场增长指数法举例（某车型）　　　　　（单位：台）

类别	细分市场			销售量
	东部	中部	西部	
本期	3 000	2 400	2 200	7 600
下期预计	3 200	3 100	2 400	8 700

由上表计算可得:

东部增长指数 = (3 200 - 3 000)/3 000 × 100% = 6.67%

中部增长指数 = (3 100 - 2 400)/2 400 × 100% = 29.17%

西部增长指数 = (2 400 - 2 200)/2 400 × 100% = 9.09%

计算表明,这一车型的目标市场中部增长指数高,开发价值大。

3. 市场选择指数法

市场选择指数是企业在某细分市场的各考察因素的评分经加权后的总和。市场选择指数法通过相关人员对影响市场选择的各种因素打分,然后按不同的权重将各项得分汇总,选择总分较高的子市场为目标市场(40分以下不选择,40~80分可以选择也可以不选择,80分以上可选择)。计算公式为

某一子市场选择指数 = 第一项权重 × 得分 + 第二项权重 × 得分 + N项…

举例:某车型的三个子市场评价分数及各因素所占权重见表1-4。

表1-4 某车型的三个子市场评价分数及各因素所占权重表

影响因素	权重	细分市场评分		
		A1	A2	A3
市场实际需求量	0.3	90	70	50
市场潜在需求量	0.15	85	65	30
竞争状况	0.25	80	65	20
市场稳定性	0.1	85	70	20
企业生产服务能力	0.2	90	65	20

由上表数据经计算可知:A1细分市场得分为86.25,应当开发;A2细分市场得分为60,为待开发;A3细分市场得分为30.5,可以放弃。

第二节
营销概述

一、营销的概念

企业开展营销活动的最终目的是发现、创造和交付价值,满足一定目标市场的需求,同时获取利润。营销究竟是一个部门还是公司整体的哲学和实践?营销究竟是一门科学、艺术还是技术?针对这些问题,各种营销书籍的描述并不一样。

科特勒认为:营销最简单的定义是"赢利性地营造顾客满意"。这就告诉我们所有营销活动必须从顾客满意和企业赢利这两个有机统一的要素出发,两者不可偏废。因为没有客户满意,企业就不能持续发展;如果企业不能实现盈利,企业就无法继续生存和发展。但这种辩证统一必须以顾客的需求为出发点,以为客户提供实际利益,得到顾客满意为工作目标。

必须明确地是,市场不是一成不变的,营销必须适应客观而且不断变化的市场实际才行,因而营销必须与时俱进,应因而变。从这个意义上讲,营销没有固定模式。第一,世界

各国具有不同的政治、经济和文化，营销的环境各不相同；第二，即使在同一个国家，各种行业的营销方式也不可能一样；第三，就是在同样的行业里，不同的企业，在不同的阶段也可能采用各自不同的营销方式。第四，学习别人的经验必须结合我国汽车市场的实际，不能照搬照抄。

总之，营销是一门实践性极强的学科。实践需要营销理论，而也正是实践在不断丰富着营销理论。

二、几种营销理论

1. 传统的 4P 理论

4P 理论强调营销必须重视产品、价格、渠道、促销四个方面。也有人把 4P 称作营销组合（Marketing Combination）。需要注意的是，4P 之间的关系不仅是一种组合关系，而且是一种营销混合（Marketing Mix），是一种牵一发而动全身的关系。4P 中的每一 "P" 不能脱离其他方面而单独使用，只有把 4P 作为一个有机整体加以整合使用才能产生更大的效果。

2. 现代的 4C 理论

4C 理论强调要关注顾客的需要及欲求。它要求关注顾客的成本，其中包括软、硬成分的整体顾客成本以及产品的认知价值；关注顾客的方便性，强调出售产品的配销通路以及产品带给顾客的方便程度，应以顾客立场认为的方便性为重，而不是传统性生产者立场的安排；关注顾客和企业之间的双向沟通，而不是传统的大众传播式的单向沟通。

3. 竞争条件下的 4RS 理论

4RS 理论是一种以竞争为导向的营销理论，它要求以关联、关系和反应长期拥有客户，延伸和升华客户的便利性，实现双赢。4RS 理论强调关联、反应、关系和回报 4 个方面。

（1）关联

强调与顾客建立关系，形成互助、互求、互需的关系。强调客户关系管理，关注客户价值，实现客户价值。

（2）反应

强调提高市场反应速度，倾听顾客的希望、渴求和需要，及时答复和迅速做出反应，满足顾客需求。

（3）关系

强调与顾客建立长期关系，从交易变成责任，从顾客变成用户，从管理营销组合变成管理和顾客的互动关系。

（4）回报

强调市场营销的真正价值在于为企业带来短期或长期的收入和利润。

4. 科特勒的精准营销理论

科特勒认为许多因素都会影响营销结果，包括行销、政治、调研、细分市场、目标顾客、定位、产品、价格、促销、渠道、人员、包装以及薪酬等各种因素。

不仅如此，科特勒还认为在市场营销过程中必须随需应变、随 "敌" 应变、随机应变。在战略方向、以人为本、顾客满意、差异化、人员能力、竞争、执行管理、低成本、运营流程、创新、反应和焦点集中等要素上把握营销过程，并把这种思考称为精准营销。互联网在营销活动中的广泛应用，为实现精准营销提供了强大的保证，因为营销活动在互联网上形成的巨量数据为营销活动把握客户的情绪倾向提供了可能性，而客户的情绪倾向总是先于购买行为的。因此用好互联网工具，就将在更大程度上做好精准营销。

5. 资料库营销

资料库营销也称为数据库营销，它强调要收集和积累有关顾客对企业及产品的认知、印象识别、支持认同、过去的交易记录，以及个人的资料、财务状况、购买行为等大量信息，经过分析后预测出顾客光顾的可能性。

资料库营销将市场影响因素进行系统的定性化及定量化统计分析，可以帮助企业精确地制定各种营销策略，如进行市场细分、品牌定位，确定目标市场，优化配销通路，制定价格策划，拟定促销组合，进行营销审核等。用好数据库还对发现客户新的购买倾向做出预判，然后进行客户跟踪，以实现再次销售。

6. 关系营销

关系营销把营销活动看成是企业与消费者、供应商、分销商、竞争者、政府机构、外部公众，以及企业内部人员，包括股东之间、管理人员之间、员工之间、部门之间和其他间接影响内部关系的人员发生互动作用的过程。

关系营销认为企业和内外人员以及消费者之间的公共关系是企业营销成败的核心问题，其特点是建立企业与人员或其他组织之间的双向沟通公共关系，而鄙视私人性质的纯人情关系。关系营销的目的是建立一种兼顾双方长远利益且长期稳定合作的双赢关系，而不是个人短期的金钱利益。维护这种关系，必须付出真心、真行动。

7. 忠诚度营销

忠诚度营销认为，顾客对所购买的商品及其服务的整体满意程度，包括生理上的物质性硬满足和心理上、精神上、心灵上服务的软满足，对保证顾客与卖家之间保持良好关系，达到顾客长期不叛离，保持顾客终身价值和继续光顾的可能性具有重要意义。

8. 整合营销

近代信息知识及高科技技术的广泛应用，造成传统的经济现象、市场结构、消费行为，甚至消费者的生活方式、文化理念、价值观念等都发生了翻天覆地的改变。在这种新的情况下许多传统的营销概念都有必要重新整合。整合营销和传统营销最大的区别是它的焦点置于消费者和潜在消费者上，而非传统的公司短期目标（营业额或目标利润）上。

在策略上，整合营销最重要的特点是将消费者的购买诱因转到宣传产品给消费者带来的利益上来。

整合营销重新理顺了营销过程中许多不到位、无效率、概念错误以及不切时宜的缺陷，有益于更精确地执行各种营销战略，提升客户满意度和企业效益，即提升企业的成本效益比。

9. 直复营销

直复营销是指为了达到优质及量化的市场营销目标，公司与顾客及潜在顾客之间进行直接互动式的接触。

直复营销的方法有直邮、电话销售、目录式销售、上门推销、信函推售、招贴推销以及电视、广播、报刊、杂志、电影直销等。随着电子技术的发展，直复营销也开始利用电子媒体，如因特网、电子邮箱、宽频道三合一媒体等。

直复营销系统性地使用了数据库信息，从中找出适合的轻、重度用户及准客户群，在传播组合的策略下进行有效的一对一营销、个性化营销、订制营销等。

直复营销的目标是在公司与顾客之间保持双向沟通，以期建立一种长期的良好关系，确保顾客的满意程度，证明产品及服务的成功。

直复营销的关键在于及时掌握客户信息，适时进行客户接触，有效展示企业价值和客户利益，通过有效的直面营销，提升客户成交率。

10. 无线营销

中国市场是一个以手机为中心的互联网市场。手机的普及使中国成为了全世界最大的手机营销平台。无线营销使汽车营销从普通的品牌构建营销过渡到用户与品牌的深度沟通，使之成为精准营销的重要手段。

无线营销的特征是：主动式传播，实时互动，以及有针对性地选择传播受众。它让企业能够深入地洞察用户的消费形态，建立和保持与消费者之间的主动联系。手机的无线随身性打破了固有的营销方式，正在改变汽车市场的营销格局。

第三节
策 划 概 述

一、策划的概念

关于策划，学术界至今也没有完全一致的概念，不同学者对此有着各自不同的解释。例如：

日本策划家和田创认为，策划是通过实践活动获取更佳效果的智慧，它是一种智慧创造行为。

美国哈佛企业管理丛书认为，策划是一种程序，"在本质上是一种运用脑力的理性行为，是一种对未来采取的行为做决定的准备过程"。

《组织与管理技术》一书认为，策划是在事前决定做何事。

《公共管理》一书认为，策划在本质上是较佳的决定手段，也是行动的先决条件。因此，策划包括确定某机关或事业的目的，以及达到目的的最佳手段，策划在其运作过程中能影响管理者的决策、预算等，简言之，策划即是管理。

《管理原理——管理功能的分析》一书认为，策划是管理者从各种方案中选择目标政策、程序及事业计划的机能。

综上所述，可以认为，策划与智慧、理性、管理、手段和选择有关，策划是做事之前的科学与艺术相结合的思考和谋划。

我国营销策划专家叶茂中经过长期的策划实践，对策划提出了自己独特的理解。他认为"策划是将适合的产品用合适的方法、在合适的时间、合适的地点卖给合适的消费者的一种技巧"。他认为，策划是通过概念和理念创新，利用整合各种资源，达到实现预期利益目标的过程。策划应当具备以下特征：第一，策划必须是创新的；第二，策划必须是有资源的；第三，策划中的各种要素必须是有整合可能性的；第四，策划必须是能够达到一定预期目标的；第五，策划方案必须是可执行的；第六，策划必须是经济的，必须以更小的成本去获取更大的收益。否则，策划就没有意义。

二、策划的核心思想

策划是出谋划策投入预期成本以实现预想目标的行动。营销策划是一种营销管理程序。

1. 策划的任务

策划的任务是维持、发展企业的资源及目标与千变万化的市场机会之间进行切实可行的配合，扩大营销成果。

2. 策划的目的

策划的目的是发展或重新开拓公司的业务与产品，将它们结合起来，以期获得令人满意的利润和发展。策划的课题来源于热心职务的管理者或员工强烈的问题意识。

3. 策划的过程

策划的过程是一个不断发现问题、分析问题、解决问题的过程。策划的具体过程是运用创意去解决某一个难题的活动。

4. 策划的基本功

策划是由专业策划人与企业优势互补，运用科学的方法，设计、选择、执行、评估最佳方案，将拥有有限资源的企业与动荡复杂的环境联动优化、巧妙连接，以实现最佳投入产出比的科学和艺术。

策划的基本功是整合资源，并加以优化连接；创新思考，并"无中生有"地创造新的方法；运用科学和艺术手段，刺激消费者的消费欲望；经济性地安排市场营销活动，并使策划的文案可以实施，结果可以期待。

三、策划、战略、策略、战术的关系

战略需要策划，战术需要策划，策略也需要策划。策划与战略、战术、策略之间有着密切的关系，策划不能离开企业的战略、战术和策略思考，所有战略、战术和策略目标都要通过策划方案去达成，关系如图1-1所示。

市场营销策划运用专业的、创造性的手段，组织各种营销活动，使营销战略、营销战术和营销策略得到更加科学、艺术和丰满的体现，使企业形象和它的产品在消费者和社会公众面前更加突显、更加动人、更加充满活力，在知、情、意、行心理过程的各个阶段，与企业、产品和服务建立更加牢固的联系，从而达到营销战略、营销战术和营销策略所设定的各种目的。

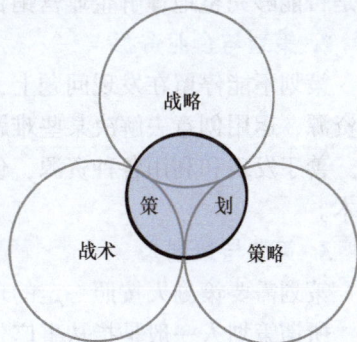

图1-1　策划、战略、策略、战术的关系

四、策划的特征

策划与点子、决策、计划、谋略、战略、策略、咨询不同，前者在预谋性、创造性、科学性、艺术性、可行性、所涉及的知识面和方案撰写等方面的特点和要求程度与后者各有区别。

策划的特点是对象不限，预谋性高，而且一定要有创造性，有较高的科学性、艺术性和可行性，策划所涉及的知识面广泛、方案正规，见表 1-5。

表 1-5 策划含义比较表

项目	策划	点子	决策	计划	谋略	战略	策略	咨询
对象	不限	具体	不限	不限	复杂	不限	具体	不限
预谋性	高	一般	不一定	一般	高	高	较高	一般
创造性	一定有	一般	不一定有	不一定有	一定有	一定有	不一定有	不一定有
科学性	高	一般	高	较高	较高	高	较高	较高
艺术性	高	高	一般	低	较高	一般	较高	一般
可行性	高	一般	高	较高	一般	较高	高	一般
知识面	广泛	较广泛	专业性	专业性	专业性	广泛	较广泛	广泛
方案	正规	一般	不一定	一般	不一定	正规	较正规	正规

五、企业目标与策划人

营销策划是一种富有创造性特征的复杂过程，是一系列要素综合发生作用的结果。

1. 策划与营销目标

营销目标能够给人的行为设定明确的方向，使人充分了解自己每一个行为所产生的效果；使自己知道什么是最重要的事情，有助于合理安排时间；能清晰地评估每一个行为的进展，正面检验每一个行为的效率；能预先看到结果，稳定心情，从而产生持续的信心、热情与动力。

汽车营销企业的主要目标包括：产品的市场占有率（数量、销售额、利润）、组织的创造力、员工的劳动生产率、对人才的吸引力、流动资金以及对利润和利润率的要求。

策划课题来源于营销实际情况与企业目标之间客观存在的差距。能否发现问题，关键在于是否能够完整地理解企业营销目标。

2. 策划与企业资源

策划不能停留在发现问题上，关键是在发现问题以后，艺术性地整合企业所拥有的内、外资源，运用创意去解决某些难题。

善于发现和利用各种资源，包括企业自身的资源和环境资源，才能避免使策划成为无本之木。

3. 策划与策划人

策划需要策划人按照一定的理论逻辑和策划方法展开。

所谓策划人一般是指从事广告和营销策划职业的人。

汽车营销企业的大型项目，可能通过专业的策划机构策划，而营销活动中更多的策划任务则由企业市场营销或品牌管理部门的专职人员承担。

大到制造企业、汽车营销集团，小到一个具体的 4S 店，都应当拥有从事市场营销策划的人才。

策划人要帮助企业解决营销中的实际问题，明确思路，打开市场，提升销售额。策划人必须具备下列相应的素质：

（1）务实的态度

务实的态度是指在策划时必须认准企业实际需要解决的问题，一切从实际出发，充分理解中国汽车市场的多元特点，要反对本本主义，反对闭门造车，做到"不唯书、不唯众、不唯外、不唯名、只唯实"。

（2）务实的方法

务实的方法是指策划必须重视调研。因为营销调研是营销策划的基石，策划人许多好的点子、好的想法，大量的是在对市场的考察中、在和消费者的对话中、在与中间商以及企业内部人员的沟通中产生的。

（3）重视策划过程

任何策划都是一个完整的过程，包括调研、设计方案、培训、指导实施、评估修正等。只有认认真真、一丝不苟地搞好每一个环节，才能取得期望的策划效果，如图1-2所示。

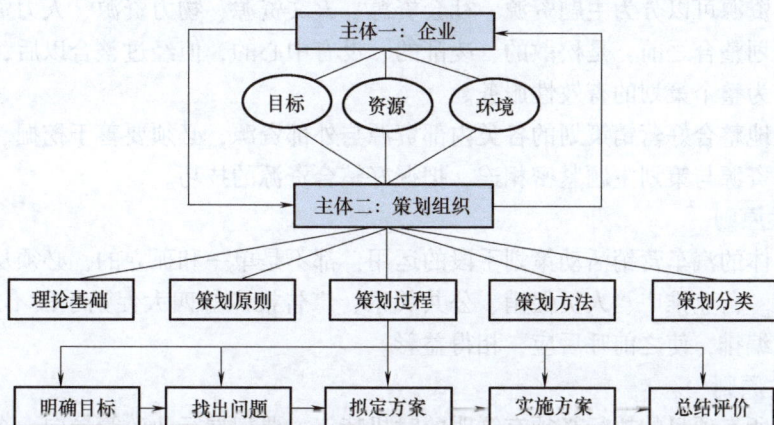

图1-2　企业策划系统图

（4）策划的能力

策划人需要有深厚的理论功底和大量的实践经验。离开对营销问题的深入研究，脱离丰富多彩的营销实践，就不会真正明白什么是企业，什么是营销，企业究竟需要什么。没有理论和实践支撑的策划不可能符合科学性和艺术性原则，也不可能真正创造营销活动的实际效果。

六、策划的原则

1. 战略性原则

战略性原则是指策划必须从企业的整体和大局出发，符合企业的战略。策划的开局、析局、创局、选局、布局、运局、馈局和结局八大过程，都与企业的战略全局密切关联，因为每个局部运作的好坏都会对整个全局造成影响。

战略性原则的主要要求是：策划要从整体性出发，注意全局的目标、效益和效果；策划要从企业的持续发展出发，处理好眼前利益和长远利益的关系；策划要从层次性出发，总揽全局，考虑下一个层次的策划时，应该同上一层次的战略要求相符合。

2. 定位性原则

所谓定位性原则，就是指对具体营销项目进行策划时，必须找准目标。大的方面要确定汽车营销的总体定位，小的方面要确定本次策划项目的具体定位。定位性原则包括主题定位、市场定位、目标客户定位、现场设计定位、广告宣传定位、营销推广定位等。

3. 客观性原则

客观性原则是指在策划运作的过程中，策划人必须通过各种努力，使自己的主观意志自觉能动地符合策划对象的客观实际。

要遵循客观原则做好策划，包括：实事求是地进行策划，不讲大话、空话；做好客观市场的调研、分析、预测，提高策划的准确性；在客观实际的基础上谨慎行动，避免故意"炒作"；策划的观念、理念既要符合实际，又要超前创新。

4. 整合性原则

在营销策划中，必须寻找和整合各种可以利用的资源，包括显性资源和隐性资源。从具体形式来看，资源可以分为主题资源、社会资源、人文资源、物力资源、人力资源等。这些资源在没有策划整合之前，是松散的、凌乱的、没有中心的，但经过整合以后，就会巧妙地连接在一起，为整个策划的有效性服务。

为了有效地整合好营销策划的各类内部资源与外部资源，必须要善于挖掘、发现隐性资源，让可利用资源与策划主题紧密相连，把握好整合资源的技巧。

5. 系统性原则

每一项具体的汽车营销活动策划手段的运用，都不是单一和孤立的，必须从完整的意义上加以系统化。营业推广、人员促销、公共关系、广告推广等四大促销手段不应分割对待，而应加以系统编排，使之前呼后应，相得益彰。

6. 时机性原则

营销策划所有项目的执行必须有鲜明的时机特点，要把握行业政策导向、企业战略的市场节奏、产品的生命周期、销售的季节性变化、市场竞争的变化趋势等机会特征，抓住有利时机，选择相关课题，编写策划方案。

7. 权变性原则

权变就是随机应变。汽车市场面临的是一个动态变化的复杂环境，营销策划要及时准确地把握汽车市场发展变化情况，预测事物可能发展的方向和轨迹，并以此为依据，调整策划目标和修改策划方案。能否做到随机应变的关键是：能否增强动态意识和随机应变观念；能否掌握策划对象的变化信息；能否预测对象的变化趋势，掌握随机应变的主动性；能否及时调整策划目标，修正策划方案。

8. 人文性原则

人文性原则强调在营销策划中把握社会人文精神，深入领会我国人文精神的精髓；理解各地风俗和流行趋势；运用社会学原理，把握好消费者和社会公众的相关特点；凸显产品、服务、渠道的个性；通过社会文化的弘扬，促进产品及企业品牌的形成。

9. 可操作性原则

营销策划的目的是实现预定的策划目标和效果，必须可以操作。可操作性原则要求汽车市场营销策划必须科学、可行。可操作性原则要研究：第一，策划方案是否可行；第二，策划方案是否符合市场变化的具体要求；第三，策划方案是否能够以最小的经济投入达到最好的策划目标；第四，策划方案的实施过程中，是否能够合理有效地利用人力、物力、财力和时间，能否使用最小的消耗和代价争取最大的利益，使风险最小，成功的把握最大。

10. 创新性原则

创新就是策划思考要独到、新颖、有个性，具有超越一般的功能。首先，策划观念要创新；其次，策划主题要创新；再次，策划手段要创新。只有这样，策划才能强烈刺激消费者的感觉，震撼消费者的心灵，激发消费者的购买欲望。

11. 效益性原则

所有营销策划活动都必须进行对业绩提升和客户开发成果的评估，关注效益。评估时间的长短要根据营销活动的规模决定。规模大、过程复杂的营销活动，评估的周期就要相对长一些。一般情况下，以 3 ~ 6 个月为宜。一般认为成功的营销活动导致销售额增长所获得的纯利润应是营销活动投入的 1.5 倍以上；如果销售额增长所获得的纯利润只是营销活动投入的 0.5 倍到 1 倍之间，则说明该营销活动并不成功；销售额增长所获得的纯利润只是营销活动投入的 0.5 倍以下，则说明该营销活动是失败的。

然而，如果进行品牌形象推广，以及效益性活动策划，有时很难将一次活动获得的收益作为评价标准，应当考虑其对品牌整体形象的塑造所起的作用，因为企业品牌形象的塑造是一个长期积累并集成消费者深刻体验的过程。

第四节
策划人必备的能力

营销策划是一种科学性、艺术性很强的知识加工活动，需要相应的能力作为支撑。

一、营销研究能力

1. 营销研究

营销研究的目的是发现市场机会与市场问题，发起、完善与评价营销活动，监测营销绩效。营销研究的手段包括抽样调查、观察研究、定性研究、实验研究、次级资料分析、跟踪研究、零售与广告监测等研究方式。

2. 营销研究的作用

营销研究可以系统地收集、整理、分析和报告有关营销信息；帮助企业准确地了解市场机遇；发现市场营销过程中所存在的问题；正确制定、实施和评估市场营销策略和计划。

3. 营销研究的发展趋势

营销研究的发展趋势是：研究手段的高科技化，研究方法的综合化，研究业务的专门化，项目设计与执行的本土化，研究结果和信息提供方式的多样化。

4. 营销研究人员应具备的业务素质

从事营销研究工作的人员一般需要具备计算机应用知识和技能；分析与研究能力；有关产品及市场的知识；口头和书面交流能力；较强的公关能力。营销研究过程涉及不少统计技术，常用的统计技术包括多元回归分析、判别分析、因子分析、聚类分析、关联分析、多维比例分析、离散选择分析等。有志于在市场营销策划岗位上发展的人也应当掌握这些技能。

二、信息收集能力

1. 信息收集的目的

收集信息的目的是通过发散加工找到与问题有关的尽可能详尽的数据，然后在收敛加工中尽量多地找出最重要的数据。收集信息是寻找问题的继续，可以加深对问题的认识。信息收集的意义在于进一步明确问题，引发全面思考，启示新的角度。

2. 信息的主要来源

信息可以分为一般信息、有关人的信息、潮流信息、先行的主题信息和计划性信息。一般信息来自媒体，需要经常接触；有关人的信息来自各种关系，需要定期接触；潮流信息敏感地反映时代变化，需要保持警觉；先行的主题信息要通过设定主题，有目的地收集；计划性信息需要按照计划独立收集。

3. 信息收集的手段

信息收集的方法很多。商业信息可以通过市场调研、行业信息交流、书报杂志、电子媒体、人际交往等各种途径获得。除此以外，策划人员还可以通过平时并不经意的方法获得信息。收集信息事先一定要确定目标，如果事先不设定清楚目标，信息处理就难以达到目的。收集信息的目的是，通过对信息的分析加工，使策划站在实事求是的基础之上，而且还能充实自己的知识和智能。

三、发现可能的能力

发现力就是寻找的能力，是一种发现新的可能性的能力。锻炼自己的发现力首先要磨炼自己的感性和问题意识。问题意识相对于成见的僵硬具有变化与弹性。培养发现力应时刻注意不带有成见，常持有问题意识，磨炼感性（感觉），拥有多角度的视野。

四、产生创意的能力

创造力也可称作创想力，包括想象新的事物，创造新的事物。以下情况下较容易产生灵感：因为做笔记而减轻头脑负担；持续很好的状态（轻松的时候）；相信自己的智慧；自认为拥有好的环境；有必要的信息；不死守自己的立场。

创意的敌人是思维定式。思维定式的典型表现有书本定势、权威定势、从众定势和经验定势。

五、立体构造的能力

灵感是点，企划是线，以行动为前提的计划则是立体构造。立体构造就是通过现实的评价，将灵感组合起来并将灵感规格化的过程。整理和构成是一种反复的过程。对构成的过程应当检查，检查要点是：是否可行？是否有方法？会不会想象过头？是否能产生立即效应？是否符合目标？除此之外还有更好的方法和点子吗？是否能系统化？是否能持续？是否能平衡各种关系？用以上方法认真检查策划方案可以提高策划的质量。

六、完整策划的能力

策划要用心去做，用挑剔的眼光检查策划的冲击印象，并检查策划的实现可能性。应注意：将想要表现的内容整理出来；组合想要表现内容的顺序；检查是否能造成很强的印象刺激；加上几个简洁的关键词；统一整体的格调。

七、力求成功的能力

提出策划，一定要力求成功。不论营销活动的规模如何，出席的人员多少，都应一样用心去打动参与者的心，做到静动互用、合宜表达。检查策划案可能导致的印象刺激；考虑受众能够接受的程度；预测策划能否使消费者感动；预测策划能否成功。

案例赏析

案例1. 六城市汽车生活素描

北京、深圳、武汉、杭州、昆明和成都六大城市中，北京和深圳是一级城市，生活节奏快，上下班代步使用等工作需要是消费者购车的主要动机。另外，深圳消费者十分注重品牌，选择经销商的主要指标是交通便利。其他4个城市中，杭州经济发达，因此在汽车消费上偏重高档车，广告对于其购车影响不大。武汉汽车工业发达，但武汉人细致、精明，对车价敏感度高，购车时十分重视朋友的意见。昆明和成都作为西部城市的代表，城市环境较好，周边景色优美，因此，这两个城市的消费者购车以出游为目的的比例较其他4个城市高。在昆明，家庭购车过程中，女性意见十分重要，而成都消费者购车多选择规模较大实力较强的经销商。

（1）六城市需求及消费结构比较

六个城市汽车消费增长十分迅速。六城市中，2007年增长率最高的武汉，年增长率为28%，其次为成都，年增长率为26.6%。可见，中国二级市场消费潜力正快速释放。

（2）六城市需求市场份额

从消费结构来看，A级车是各个城市消费最集中的车型，但由于经济发展水平不同，东西部城市汽车消费结构差异较大。成都的消费级别较低，A00级车所占比例在六城市中最高，达到20.4%；杭州、深圳的消费级别较高，B、C级车所占的比例较大，杭州B级车消费比例为33.5%，C级车消费比例为6.2%，深圳B级车消费比例为25.4%，C级车消费比例为7.4%，是六城市中C级车消费比例最高的。

（3）城市购车动机比较

经济条件的提高是人们购车的主要动机，这一特点是六城市的共通之处，武汉47.8%的车主因为经济条件提高，购车享受生活。但六城市也显示了各自的特点。北京、杭州由于上下班距离远而选择购车的比例相对其他城市较高，北京35.8%的消费者购车是上下班代步，杭州此购车动机占比37.2%。而深圳外来创业者多，33.7%的消费者为"工作性质需要"而购车。成都、昆明周边环境优美，为了"外出游玩"而购车的消费者比例较高，分别占9.6%和7.4%。

（4）影响选购的最重要因素

品牌、价格和安全性是中国消费者购车首要的看重因素。六城市中，北京、深圳和成都的消费者对品牌更加看重，所占比例分别为26.7%、28.2%和30.6%。昆明、武汉消费者购车时对价格更加敏感，所占比例分别为29.4%和28.3%。杭州消费者的看重因素较分散，对品牌、价格和安全性三项的看重程度基本相当。

（5）购车主要决策者对比

购车主要决策者更加体现出了各个城市消费者的特征，北京购车家庭中男女购车决策比例相同，均为36.2%。成都、昆明购车家庭中，女性作为决策者的比例高于男性，所占比例高达63.6%。在武汉，朋友同事的意见在购车决策中起到了很大作用，所占比例为44.3%。

（6）汽车广告宣传对购车选择影响对比

六城市总体看，汽车的广告宣传对消费者购车有一定影响，其中，成都和武汉的消费者受广告影响较大，所占比例分别为62.6%和67.1%。杭州和昆明的消费者对汽车的广告宣传不感兴趣，选择基本没有影响的消费者比例为51.2%和29.8%。

（7）车主选择经销商购车的原因对比

车主在选择经销商时，经销店的地理位置是消费者进行选择时考虑的重要因素。深圳消费者是六城中最关注交通便利的，所占比例68%。除了对交通便利因素的考虑，北京消费者比较关注亲朋好友的意见，所占比例34.6%。成都和武汉对经销商规模的关注度很高，所占比例分别为52.5%和48.4%。另外，经销商的价格优惠对昆明、武汉、成都消费者是比较有效的吸引手段，分别有45.1%、34.3%和47.4%的消费者会受价格优惠影响。

（材料来源：Motorlink《每日车市》）

案例2. 斯柯达率先启动无线营销

随着上海大众斯柯达旗下全新车型 Superb 昊锐预售的启动，上海大众斯柯达的官方 WAP 网站正式全面开通。只要是手机拥有上网功能的消费者都可以通过手机随时随地访问这个 WAP 网站，了解昊锐这款车的产品信息以及上海大众斯柯达厂家的最新动态。

只要登录上海大众斯柯达官方 WAP 网站后，便可浏览到图文并茂的内容，包括斯柯达品牌及其旗下的 Superb 昊锐、Fabia 晶锐、Octavia 明锐等车型的相关信息和最新动态。与此同时，还可以了解斯柯达客户专属的特惠活动，并可以方便地将这些活动信息转发给好友或发布至论坛。

除了提供信息服务，这个 WAP 网站还拥有众多功能，比如只需提交所在城市的电话区号便可获悉该城市所有斯柯达经销商的地址、电话等相关信息。

案例3. 通用与 eBay 合作在线卖车

几乎就在斯柯达汽车启动无线营销的同一时间，美国通用汽车也和 eBay 网合作，推出了在线销售汽车的新模式。

通用汽车与 eBay 网联合宣布，在加州正式推出一项测试计划，允许消费者在线与汽车销售商谈判和购买汽车。据此计划，eBay 网将为通用汽车开设一个新的汽车销售网站 gm. ebay. com，通用汽车公司将同意加利福尼亚州的汽车经销商在 eBay 网上展示其所代理的产品（2008 年至 2009 年的通用品牌所有车型），客户可以在网上进行选择。

新网站允许消费者对比各种型号汽车的价格，并可通过该网站砍价、安排贷款和支付购车款，消费者可以选择与汽车经销商通过在线议价模式或者是一口价交易模式完成交易。

案例4. 上海汽车"8 分钟植入"

在青春偶像剧《一起来看流星雨》的第 2 集剧情中，出现了长达 8 分钟的上海汽车名爵品牌植入式软性广告，引起了激烈讨论。此前，汽车更多是与电影合作，如《变形金刚》

《疯狂的赛车》《偷天换日》等，如今，汽车也打起了电视剧的主意。

正如某媒体的评价，对于上海汽车而言，本次的植入式广告是一笔稳赚不赔的买卖。起码，经过这4集的播出，无论是否车迷，都深深地记住了MG3 SW这款被提及最多的车型。而此次的植入引发舆论如此之多的关注，无疑也表明上海汽车在吸引眼球、传递品牌方面获取了一定的成功。本次上海汽车和《一起来看流星雨》的营销合作，有望成为汽车植入营销迸发新动力的代表之作。

本章小结

研究市场营销策划首先必须理解与此相关的市场、营销、策划等基本概念。

简要地讲，市场就是有购买某种商品需求和购买欲望，并有相应支付能力和决定能力的人与组织。

市场细分是企业根据消费者需求的不同，把整个市场划分成不同的消费者群的过程，包括地理细分、人口细分、心理细分、行为细分、受益细分等五种基本形式。

理解市场的目的在于能够找到符合企业特征的目标市场。一个好的目标市场应当具备如下条件：第一，该市场有一定的购买力，企业能够在此取得一定的销售额和利润；第二，该市场有尚未满足的需求，而且有一定的发展潜力；第三，本企业有开拓该市场的能力，而且该市场也未被竞争者完全占领或控制。

营销最简单的定义是"赢利性地营造顾客满意"。营销企业的所有工作都是围绕着顾客满意和企业赢利两大目标展开的，为了达成这两大目标必须加强管理。市场无时不在发生变化，营销思想和营销方法应当与时俱进、以变制变。

策划在市场营销过程中具有重要作用。策划是将适合的产品用合适的方法、在合适的时间、合适的地点卖给合适的消费者的一种技巧，是通过概念和理念创新，整合各种资源，达到实现预期利益目标的过程。

策划必须是创新的，策划必须是有资源的，策划必须是有整合可能性的，策划必须是能够达到一定预期目标的。策划具有很高的科学性和艺术性，策划人员应当具备较高的业务素质和关键能力。

思 考 题

1. 什么是市场？
2. 好的目标市场应当具备什么条件？
3. 什么是营销？分别解释4P、4C、4RS理论。
4. 阐述策划的一般概念、核心思想和策划原则。
5. 汽车营销策划人员应当具备哪些能力？

第二章 市场营销策划方法

1. 理解市场营销策划与企业竞争力之间的关系。
2. 理解策划的基础是资源的联动优化。
3. 理解策划的一般原则。
4. 理解市场营销策划思考方法。
5. 理解市场营销策划与创新的关系。
6. 熟悉市场调查方式、内容与方案撰写。
7. 了解市场营销策划的基本方法。
8. 了解市场营销策划的创意方法。
9. 熟悉营销策划书的构成与撰写。

本章导读

　　学习本章的目的在于理解市场营销策划与竞争、资源的优化联动、创新、市场调查之间的关系；了解市场调研、市场策划、策划创意的方法；熟悉营销策划书的基本构成和撰写重点。

第一节
营销策划与联动优化

一、策划与企业竞争力

　　企业的竞争力包括人力资本力、组织资本力和顾客资本力。为提升企业竞争力，必须充分挖掘企业的智力资本，分析企业拥有的各种资源，按照企业所规定的目标，将各种资源联动优化，展开企业的各种策划活动。离开人力资源策划、企业管理策划和市场营销策划，所有企业内外资源都不可能自行转化为企业竞争力（图2-1）。

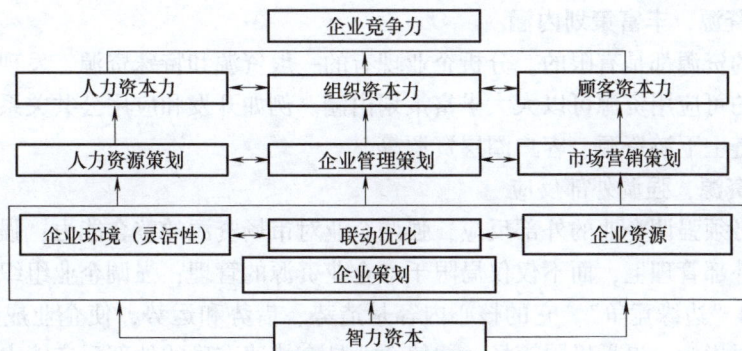

图 2-1　企业竞争力与策划的关系

1. 人力资本力

人力资本力是指企业拥有、配置、发展人力资源的能力。人力资源的指标由人力资源数量指数、人力资源质量指数、人力资源配置指数、人力资源需求指数和人力资源潜力指数综合而成。人力资本力是企业最为核心的竞争能力，这种能力是企业特有的，而且最难被复制的能力。

2. 组织资本力

组织资本力是一个正在不断发展和完善的概念，历经了把组织资本视为组织拥有的信息、组织化的人力资本、组织化的知识和组织化的生产要素等发展过程。组织是一种资源、一种生产要素、一种资本。企业的组织资本力是指深深植根于组织关系之中，不依赖于组织个体而存在的，用于组织协调和激励，从而提高效率、降低成本、获取能力的基础性生产要素。这种生产要素既包括人力资本和物质资本的有机整合，也包括支撑人力资本和物质资本整合的组织环境、制度和结构等因素。组织资本力是企业竞争优势的源泉，也是推动经济发展的中心力量。

3. 顾客资本力

顾客资本力是指企业维护发展顾客关系的能力。顾客是企业的精灵，没有顾客资本力的支撑，企业目标无从谈起。企业竞争力的终极表现是企业的顾客资本力。因为顾客决定着企业存在的必要性，也决定着企业发展的可能性。顾客资本力检验企业的人力资本力和组织资本力。反之，企业的人力资本力和组织资本力又是企业顾客资本力形成的基础。

二、策划与联动优化

1. 策划需要资源支撑

策划的关键是整合企业内外的有效资源，并通过策划过程使之联动优化。不能发掘企业的内外丰富资源作为支撑，营销策划只是无本之木；不能将这些看似互为独立、多元分散的内外资源联动优化，则营销活动会显得苍白无力，缺乏活力，导致成本上扬且少有成效。

2. 环境资源的优化连接

营销策划不但必须善于发现企业内外环境中可以被利用的各种资源，而且必须善于按照目标和连接可能性加以选择和组合，并进行创造性地连接和优化。实现联动优化的工作要点是：

（1）发现资源，丰富策划内涵

任何企业的资源都是有限的。分析企业现有的一般资源和特殊资源，发现市场环境中与营销策划有关的可应用资源可以大大丰富策划内涵。例如开发和应用公共关系资源、异业联盟资源、供应链上下游资源、客户圈层资源等。

（2）整合资源，强调外部反应

资源整合必须强调企业的外部反应，强调企业对市场资源的整合能力；强调将策划管理的重点转移到外部管理上，而不仅仅局限于本企业资源的管理；强调企业组织和社会环境的"界面管理"和"边缘竞争"。它的核心内容是造势、借势和运势，使企业成为一个开放的系统，达成极限指标，逼近极限市场，并使企业具有快速准确的外部反应能力，与外部环境对接流畅，使企业的营销实践和策划过程具有可操作性。

（3）理解环境，运用现代技术

充分发掘企业内外环境可被利用的资源，并加以优化组合，必须充分考虑新经济时代信息化的特征，运用现代信息技术和市场沟通工具，用现代技术选择资源、整合资源并加以优化组合。

3. 掌握策划原则

（1）超前创新

超前创新包括超前思维和大胆创新的意识。创新是发展的不竭动力，没有创新，就没有发展。作为策划人员，一定要充分运用发散性思维、收敛性思维等思维工具。一定要具备超前思维的潜能，一定要有敢于创新的胆识，一定要有勇于打破常规的气魄，勇于、敢于、善于创新营销思路，探索营销方法，大力推广逆向思维、开放性思维和前瞻性思维，做到思想上先人一步，观念上高人一等，时间上快人一拍。

（2）与时俱进

与时俱进是指准确把握时代特征，始终站在时代前列和实践前沿，始终坚持解放思想、实事求是和开拓进取，在大胆探索中继承和发展。要做到与时俱进，在策划活动中必须反对教条主义、本本主义、主观主义和因循守旧的作风和思想方法，使策划活动充满时代气息。

（3）技艺融合

策划既是技术又是艺术。没有技术性的积累，就谈不上艺术性的创造。而有了技术性的充分积累，如果拘泥于成法，不敢越雷池一步，那就难以体现策划的时代性和品牌风格。

（4）综合集成

综合集成是从整体上考虑并解决问题的方法论。综合集成法作为一项技术又称为综合集成技术，它是思维科学的应用技术，既能用到思维科学成果，又会促进思维科学的发展。

综合集成法强调科学理论、经验知识和专家判断的紧密结合。它的主要特点是：定性研究与定量研究相结合，贯穿全过程；科学理论与经验知识相结合，把人们对客观事物的知识综合集成；应用系统思想把多种学科结合起来进行综合研究；根据复杂巨系统的层次结构，把宏观研究与微观研究统一起来；必须有计算机系统支持，不仅有管理信息系统、决策支持系统等功能，还要有综合集成的功能。

4. 理解策划方法

从策划的层次上分，策划可以分为点子方法、创意方法和谋略方法。点子是指有丰富市场经验的营销策划人员经过深思熟虑，为营销方案的具体实施所想出的主意与方法；创意方法是指在市场调研前提下，以市场策略为依据，经过独特的心智训练后，有意识地运用新的方法组合旧的要素并渗入新要素的过程；谋略方法则是指关于某项事物、事情的决策和领导实施方案。

5. 坚持沟通互动

互动不仅反映在策划人员之间，而且还反映在企业相关部门、合作单位和市场之间。策划过程是策划人员与一系列相关人员不断沟通、坚持互动，再加上自己创造性劳动的过程。没有互动，资源就不能充分发掘；没有互动，智慧就不能有效涌流；没有互动，策划的执行会陡增许多障碍。

第二节
市场营销策划思考方法

一、市场营销策划的思维基础

1. 发散性思维

发散性思维和收敛性思维在策划中有着重要作用。在创造性思维中一些新观念、新思想、新方法往往是通过思维的发散获得的。"发散"可以使人思路活跃、思维敏捷，可以提出多种科学方案和别出心裁的、出乎意料的创见。

2. 收敛性思维

思维仅仅停留在发散加工阶段，会使人优柔寡断，对众多方案举棋不定、犹豫不决，难以抓住问题的实质和关键，达不到创造的目的。因此，在创造中不但要有发散，而且要有收敛，发散性思维和收敛性思维是互补的。只有收敛才有发散，问题的最终产生往往是收敛的结果。只有发散了才能为更高层次的收敛提供材料，才能在每次收敛后产生新的成果，才能逐步走向问题的最终解决。

二、市场营销策划与创新

1. 创新的简单定义

创新就是创造性地提出问题和解决问题，创新是赋予资源以新的创造财富能力的行为。创新是以新思维、新发明和新描述为特征的一种概念化过程。创新是人类特有的认识能力和实践能力，是人类主观能动性的高级表现形式，是企业发展的不竭动力。创新包括创新行为、发明行为和创造行为。

2. 管理学、经济学对创新的定义

管理学、经济学将创新定义为：新产品的开发、新市场的开拓、新生产要素的发现、新生产经营管理方式的引进和新企业组织形式的实施。创新必须有系统地抛弃昨天，有系统地寻求创新机会。

3. 创新的评价标准

创新的评价标准是新颖、有价值。创新可以包括低层次创新（初级的、普遍的、多样性的创造）、中间层次创新（具有地区、行业的新颖性，具有一般社会价值，能带来经济和

社会效益）和高层次创造（具有历史性价值、世界新颖性，有划时代意义，有时可以改变整个社会理念，改变科学和技术的面貌）。创新在市场的薄弱处寻找机会，在没有第一的地方创造第一，在已经有第一的地方创造唯一，在新知识的萌芽期寻找机会，在市场的需求和知识中寻找机会。

4. 创新的重点

创新包括原始创新、集成创新和消化吸收再创新。汽车营销策划的重点在于市场营销价值链创新，它不仅体现在硬产品价值链创新上，而且还体现在软产品价值链创新和管理价值链创新上，如图 2-2 所示。

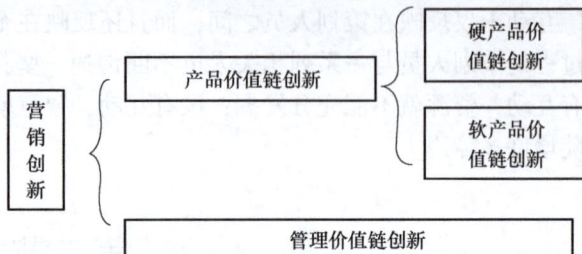

图 2-2　营销价值链创新

（1）硬产品价值链创新

硬产品价值链创新包括：产品开发中的基本概念创新、应用技术创新和产品开发创新；成果转化中的产品工艺设计创新、产品试制创新、产品定型生产创新和工艺设计创新；规模生产中的原料采购创新、生产制造创新和仓储运输创新；销售过程中的营销分析创新、销售网络创新和销售模式创新；售后服务中的客户服务创新。

（2）软产品价值链创新

软产品价值链创新包括：顾客心理研究、顾客需求分析、服务产品开发、建立服务标准、服务产品定型、整体培训、监督系统设计、整体执行、顾客反馈、应对措施、持续改进等方面的创新。

（3）管理价值链创新

管理价值链创新包括：战略决策、政策制定、组织架构、人力资源、财务策略、经营方针、营销管理、企业文化、目标展开和系统激励方面的创新。

三、营销调研与预测

策划应当建立在营销调研的基础之上。

1. 营销调研与预测

营销调研与预测是企业运用科学的方法，有目的地，系统地收集、记录一切与特定市场营销有关的信息，并对所收集到的信息进行整理、分析、预测，从而把握目标市场的变化规律，为市场营销决策提供可靠依据的活动。

2. 营销调研与预测的作用

营销调研与预测对于营销策划具有重要作用，它包括：了解哪些市场存在未满足需求，寻找市场机会；把握市场的现实情况与潜在变化；了解目标顾客对产品价值的需求；了解同业竞争者的营销策略；了解市场面临的各种外在变化；提供调整营销战略和进行营销策划的可靠依据。

3. 营销信息的分类

营销信息可以按照不同的方法进行不同的分类。按照时间序列可以分为历史信息和现实信息；按照加工程度可以分为原始信息和加工信息；按照信息范围可以分为国内信息和国际信息；按照信息流向可以分为纵向信息和横向信息；按照信息内容可以分为市场开发、用户、政治法律、地理、民族、风俗、宗教、观念、价值观、人口、收入、文化、生活习惯、科技发展等信息。

4. 营销信息的来源

国内营销信息的主要来源是销售渠道、消费者、上级主管部门、媒体、市场研究、咨询机构和竞争对手。国际营销信息的主要来源是外国客户与中间商、外国使团、外国传媒、国际组织、驻外机构、国外专业咨询机构、商会、银行、官方与民间信息、国际性交易活动、国内外学术团体等。

5. 营销信息的搜集方法

营销信息的搜集方法一般包括：

（1）调查法

调查国内各厂家同类产品在国内外全年的销售总量和同行业年生产总量，分析同类产品的供需饱和程度和公司在市场上的竞争能力；调查同行业同类产品在全国各地区市场占有量以及公司产品所占比重，分析公司的实际市场地位；了解某地区用户对产品质量的反映、技术要求和产品配套意见，以促进提高质量、开发新品种，满足用户需求；了解同行业产品更新和改进方面的进展情况，分析产品发展新动向；预测产品配套、全国各地区及外贸销售量，平衡分配关系；搜集国外同行业同类产品的技术更新和发展情报，外贸公司面对公司产品的销售意向，确定对外市场的开发方针和销售力度；调查产品销售变化的原因，改进产品、服务和营销。

（2）摘录法

通过网络采集和订购各种有关的公开出版物；通过本企业的系统获取纵向的市场信息；与有关部门进行资料交流，如向银行、税务、财政、工商部门获取信息；通过咨询信息中心获取信息；通过各种信息发布会、展览会、订货会等获取所需信息；通过竞争对手获取信息；从竞争对手的客户和顾客中获取信息等。

（3）采购法

通过购买，获取行业动向和各类统计资料。

（4）交流法

通过与消费者、合作者、竞争者、管理部门交流获取相关信息。

（5）索取法

通过各种形式向相关机构索取资料，获取信息。

6. 市场调查的方法与内容

（1）市场调查的方法

市场调查的方法主要有：抽样问卷调查、开展用户访问、直面征询意见、整理客户函电、组织用户座谈、建立用户档案等。

（2）市场调查的主要内容

市场调查的主要内容包括：

一般消费市场调查，主要包括本企业与竞争品牌的产品市场占有率（包括利润占有率）调查，客户购买动机或理由调查，客户意见调查，客户对公司评价调查，广告宣传效果调查，客户对产品认知度调查，价格调查，对服务质量和满意度调查等。

产品分地区销售状况调查，主要包括用户类型、收入及使用情况调查，对经销商和供应商的调查（主要包括经销与生产条件调查），产品销售与市场占有率调查，销售与生产计划目标调查，质量、规格、用途、服务调查，同行销售动向及销售政策调查，经销商与零售商所掌握的消费动向调查，推销活动效果调查，零售商地域特征调查，经销商经营能力和信用调查等。

7. 市场营销调研方案撰写

市场营销调研方案必须写清楚调研目的、调研对象范围、调研项目、资料来源及整理资料的方法。

8. 市场营销调研注意的问题

市场营销调研需要事先做好充分的准备，包括：制订出指向明确、通俗易懂、易于填写的调查问卷或调查表；确定科学易行的统计分析方法；事先进行小范围的试调研或模拟调查；选定向调查对象发放的礼品；选定具备客观能力的调查人员；组织培训调研人员；确定合理的调查期限；编制调查费用的预算。

9. 市场调查统计分析

市场调查的结果应当进行有效的整理和统计。首先要将调查资料按照调查目的予以分类统计，同时要将统计资料与销售实绩资料、利润核算资料、分产品利润核算资料、销售目标与实际对比资料、人口统计资料、地区经济与收入状况统计资料、其他有可比性的资料进行比较分析。

10. 典型市场调研方法

（1）访问调研法

访问调研的类型主要有：有形式、不隐蔽目的的访问；有形式、隐蔽目的的访问；无形式、不隐蔽目的的访问；无形式、隐蔽目的的访问。访问调研的方法主要包括：面谈访问法、邮寄访问法、电话访问法、留置问卷访问法等。

（2）观测调研法

观测调研法的类型主要有：

实验观测和非实验观测——包括控制状态与不控制状态的观测。

结构观测与非结构观测——包括规定目的和内容与只规定目的的观测。

直接观测与间接观测——包括直接介入与不直接介入的观测。

人工观测与仪器观测——包括使用仪器的观测和不使用仪器的人员观测。

公开观测与非公开观测——包括公开身份与不公开身份的观测。

观测法一般应用在对商品资源的观测，分析供求情况；经营现场的观测，分析营业人员的表现、顾客反映、经营状况；商品库存的观测，分析储存成本、确定库存结构等观察项目。

（3）问卷调研法

问卷调研法的类型主要有：报刊问卷、邮政问卷、发送问卷。运用这一方法的关键是问卷设计要合理。完美的问卷必须具备两个功能：第一是要能将问题传达给被问的人，第二是要让被问者乐于回答。

问卷一般由反映测量内容的若干条陈述性题目构成，这些题目按照被测量者的反应范围或程度标以分数或量值，最后在统计得分的基础上分析判断调研结果。

问卷的基本结构是：

封面信——说明调研者身份、调研内容、目的意义、要求配合要点。

指导语——告知填写方法、要求。

问题和答卷——可以是开放性问题与封闭式问题。

结束语——感谢、征求对问卷的意见。

问卷调查的典型方法有瑟斯通量表法和利克特量表法。

瑟斯通量表法（表2-1）的特点是以等间隔方式拟订有关事物的题目，使问题按照强弱程度成为一个均衡分布的连续统一系统，并分别赋予量值，然后让被测试者任意选择自己所同意的题目。主测者根据所选题目的量值，来确定其态度的倾向及强弱程度。得分越高表明态度的强度越高。

表2-1　采用瑟斯通法对发展电动汽车态度调查的模拟量表

量　表　值	题　号	题　目
7.5	1	发展电动汽车是中国汽车提高国际竞争力的重要方面
2	2	电动汽车的研究应待配套条件成熟后再进行
3.5	3	电动汽车和传统汽车应当共同发展
2	4	电动汽车搞不搞无所谓
0.5	5	电动汽车的发展应当与相关行业的发展联系起来考虑
1	6	中国汽车小排量居多，电动汽车价格高，不适宜大搞
3	7	电动汽车的发展应当有步骤分期发展
2.5	8	电动汽车开发应采用联合开发的方法
4	9	对开发和使用电动汽车应当给予政策支持
5	10	最好是发展油电混合汽车

利克特量表法（表2-2）是美国心理学家利克特在瑟斯通量表法的基础上，设计出来的一种更为简单的态度测量表。该表同样使用陈述性语句提出有关态度的题目，差别是不将题目按内容强弱程度均匀分解成若干个连续系列，而是仅采用肯定或否定两种陈述方式，然后要求被测者按照同意或不同意的程度做出明确回答。供选择的被调查态度程度在量表中用定性词给出，并分别标出不同的量值。程度的差异一般可分为5~7个等级。

表2-2　采用利克特法对发展电动汽车态度调查的模拟量表

题　号	题目：对发展电动汽车态度调查				
等级	非常同意	同意	无所谓	不同意	非常反对
分数	-2	-1	0	1	2
1	发展电动汽车是中国汽车提高国际竞争力的重要方面				
2	电动汽车的研究应待配套条件成熟后再进行				
3	电动汽车和传统汽车应当共同发展				
4	电动汽车搞不搞无所谓				
5	电动汽车的发展应当与相关行业的发展联系起来考虑				
6	中国汽车小排量居多，电动汽车价格高，不适宜大搞				
7	电动汽车的发展应当有步骤分期发展				
8	电动汽车开发应采用联合开发的方法				
9	对开发和使用电动汽车应当给予政策支持				
10	最好是发展油电混合汽车				

11. 市场调研报告的撰写

市场调研报告主要要写清楚调查的目的与项目、调查的方法、调查的对象与范围、调查期间、调查结果分析、决策建议以及其他有必要说明的事项。其格式和结构包括：

（1）扉页

扉页要写清楚组织名称、项目名称、调研承担人、联系方式、报告完成日期、报告接受人或组织。

（2）递交信

递交信要写清楚调研的大致过程、调研组织部门指示。

（3）目录

目录要写清楚报告各部分的组成及页码；图表目录，包括各种表格图表及页码；附录目录，包括附件及页码；证据目录，包括证据材料与页码。

（4）经理览要

经理览要是为管理者写的报告简要。

（5）问题界定

问题界定要写清楚调研要解决的问题和背景材料。

（6）解决问题的方法

解决问题的方法主要是写清楚调研采用的方法。

（7）调研设计

调研设计要写清楚设计类型、所需信息、资料收集、测量技术、抽样技术、现场工作等。

（8）资料分析

资料分析要写清楚分析计划、策略与技术。

（9）调研结果

调研结果要写清楚根据问题调研的性质、目标和获得的结果，并进行逻辑叙述。

（10）局限性与警告

局限性与警告要阐明本次调研由于客观原因导致的局限性。

（11）结论和建议

结论和建议部分要写清楚整个调研得出的简要结论和调研人员对相关事项的建议。

（12）附件

市场调研报告的最后需要附上与调研有关的参考资料和在调研过程中形成的相关附件，以证实调研活动的严肃性和可靠性。

四、市场营销策划的方法

1. 头脑风暴法

头脑风暴法于1939年由奥斯本首先提出。头脑风暴法是指采用会议的形式，如召集专家开座谈会征询意见，把专家对过去历史资料的解释以及对未来的分析，有条理地组织起来，最终由策划者做出统一的结论，并在此基础上找出各种问题的症结所在，提出针对具体项目的策划创意。

专家会议进行时，策划人要充分说明策划的主题，并提供必要的相关信息，创造一个自由的空间，让各位专家充分表达自己的想法。专家人数不应过多，一般以 5~12 人比较合适。会议的时间长短应当适中，时间过长，容易偏离策划的主题；时间太短，策划者很难获取充分的信息。这种策划方法要求策划者具备很强的组织能力、民主作风与指导艺术，能够抓住策划的主题，调节讨论气氛，调动专家们的兴奋点，从而更好地挖掘专家们潜在的智慧。

2. 德尔菲法

德尔菲法是在20世纪60年代由美国兰德公司首创和使用的一种特殊的策划方法。德尔菲法是采用函询的方式或电话、网络的方式，反复地咨询专家们的建议，然后由策划人进行统计，如果结果不趋向一致，就再征询专家，直至得出比较统一的方案。

这种策划方法的优点是：专家们互不见面，不会产生权威压力，因此，可以自由地、充分地发表自己的意见，从而得出比较客观的策划案。

运用这种策划方法时，要求专家具备策划主题相关的专业知识，熟悉市场的情况，精通策划的业务操作。专家的意见得出结果后，策划人需要对结果进行统计处理。

3. 创意法

创意法是指策划人通过收集有关产品、市场、消费群体的信息，进而对材料进行综合分析与思考，然后打开想象的大门，形成意境，然后在策划人不经意时，创意就会突然从头脑中跳跃出来。

创意是经过一个长时间的准备、积累，然后自然而然的流露。它需要策划人具备一定的策划功底，具有渊博的专业知识。策划人要像蜜蜂采蜜一样，从各种鲜花中一点一滴地采集最有效的成分。这种集中概括的心理过程，正是策划所要经历的过程。

4. 灰色系统法

系统是指相互依赖的两个或两个以上要素所构成的具有特定功能的有机整体。系统可以根据其信息的清晰程度，分为白色、黑色和灰色系统。白色系统是指信息完全清晰可见的系统；黑色系统是指信息全部未知的系统；灰色系统是指介于白色和黑色系统之间的系统，即有一部分信息已知而另一部分信息未知的系统。在营销策划过程中，大量存在的是灰色系统。灰色系统法是指利用一些已知的行为结果，来推断行为的原因或未来模糊的不确定性的行为。

5. 智能放大法

智能放大法是指对事物有全面而科学的认识，然后在这种认识的基础上对事物的发展加以夸张的设想，运用这种设想对具体项目进行策划。

由于这种方法受到一定的时间、地点以及人文条件的制约，具体操作要靠策划人自己来准确地把握。

这种策划方法容易引起公众的议论，形成公众舆论的焦点，进而很快拓展其知名度，形成炒作的原料。"没有想不到的，只有做不到的"，这是这种策划方法的原则。

但是，运用这种策划方法不能一味往大处想，而要在现有的客观条件下，充分考虑到公众的心理承受力。太过于夸张，容易导致策划向反面发展，从而彻底改变策划的初衷。从这点上讲，使用智能放大法是有一定风险的。

五、市场营销策划的创意方法

1. 归纳法

归纳法是指将一系列具体的内容按其不同的特点和规律分门别类地归纳在一起的方法。

它是一种从特殊性到一般性的逻辑论证方法，在营销策划中经常用到。例如：汽车与体育不是同类事物，但速度可以成为它们之间的共有特征，于是就可以产生体育营销的创意。

2. 重组法

重组也是发明创造的一种技巧。任何事物都是由若干要素构成的整体，各组成要素之间的有序结合，是确保事物整体功能或性能实现的结构保证。然而，如果有目的地改变事物结构要素的次序并进行重新组合，就有可能引起事物功能或性能的变化，创意的产生正需要这种变化。例如，试乘试驾是一个完整的事物，这与婚纱摄影好像没有关系。但是，如果将试乘试驾和婚纱摄影重组，就可能产生另外一种营销创意。

3. 分析法

做出正确的决定是成功策划的重要特质，通过审慎的分析对策划活动进行评估是策划过程必不可少的一种能力。基于现有的事实和资料、有趣的直觉、事物负面和积极方面的影响，在充分了解自己想法的优劣之后，呈现的一个崭新的视角，都可能带给我们一种新的想法，创意也许就在其中。例如，你要做半版广告，又要搞一次促销活动，而且还要给现场公众发放一些奖品，但只有做1/4版面广告的费用，这事能成吗？其实，你只要为媒体组织的活动提供奖品，把你的活动纳入它的活动之中就可能做到。

4. 扩展法

汽车行业每年都会遇到一些关键事件。利用这些关键事件，扩展营销策划的创意，是一个良机。例如，现在国家在汽车政策上鼓励小排量汽车，推行更高级别的排放标准，政府采购自主品牌汽车，节能环保型汽车认证制度等推出了许多新政，如果能够由此扩展开来，结合自己的产品与服务策划营销活动，就一定能产生许多新的创意。

5. 借鉴法

借他人之长，补己之短，是优秀策划人员常用的手法。目前，汽车市场竞争越演越烈，营销竞争已成为各个企业的重要手段，只要细心观察，富有创意的营销策划案例比比皆是。如果将它拿来加入自己的"调料"，或加以重新组合，一定会有许多新的"大菜"可以创造出来。例如，奶油西兰花、蚝油豆腐就是借鉴西料中用、西味中调而成的杰作。

6. 感悟法

用心聆听、用心思考、用心积累、用心感悟是市场营销策划人员的优秀品质。创意有时来自突发奇想，有时也可以通过脑力激荡产生，但是如果对变化的环境漠不关心，对别人的东西视而不见，感悟就没有基础，创意也会日益枯竭。要做到"无中生有"，必须做到"胸中尽有"，而且在行业中"深入其中"，这样才能感悟出许多新的想法和创意。因为不能做到"胸中尽有"，策划就没有宽度；不能做到"深入其中"，策划就不可能有深度，而感悟恰恰是这种宽度与深度相结合的产物。

第三节
营销策划书的撰写

一、市场营销策划步骤

营销策划应当建立在客观的市场分析调查以及自身诊断的基础之上。一般认为营销策划包括六个步骤：

1. 情景分析

情景分析是指明确企业所处的各种宏观环境，对企业的优势、劣势、机会和威胁进行深入分析。

2. 确定目标

确定目标是指对机会进行排序，然后定义目标市场，设立目标和完成时间表。

3. 对接战略

对接战略将目标与企业战略对接，选择最有效的行动方式来完成目标。

4. 战术思考

战术思考是指将目标分解，充分展开成细节，明确4P组合的执行和各部门人员的任务以及执行时间表。

5. 确定预算

预算是企业为达到策划目标，组织营销活动必须支付的成本。优秀的策划同时强调经济性，以此分解成本压力，扩大营销成果。

6. 行动控制

营销策划的执行必须由措施和时间保证。及时发现和纠正执行中的问题，对达成营销目标具有重要意义。为了保证营销策划达成预期目标，对执行人应当进行确有成效的培训，并对执行结果进行及时的评估。

二、策划书撰写要点

1. 目的思考

目的思考是指对本营销策划所要达到的目标和执行意义进行明确表述，以统一全员思想，协调行动，保证策划和执行高质量地完成。

2. 环境分析

营销策划的前提是对当地同业市场状况、竞争状况及宏观环境有清醒的认识。环境分析的内容主要是：当前市场状况及市场前景分析，包括现实市场及潜在市场状况；市场成长状况、需求变化对未来市场的影响；目前市场生命周期的特征、公司营销侧重点，以及相应营销策略的效果；本公司产品的消费者接受性以及市场发展前景，包括市场风险、市场判断、市场成长性分析等。

3. 市场影响因素分析

市场影响因素分析主要是对影响市场的不可控因素进行分析，如宏观环境、政治环境、经济发展状况、消费者收入、消费结构、消费心理等。

4. 机会分析

营销策划方案是对市场机会的把握和策略的运用，分析市场机会是汽车营销策划的关键。找准市场机会，策划才能成功。市场机会分析包括市场机会与风险的分析和企业优势与劣势分析，从优势中找问题，从劣势中找机会，发掘市场潜力，把握和利用好市场机会。

5. 营销目标

目标是对目的的具体化。营销策划书必须有明确的营销目标。就4S店来讲，这些目标不仅包括销售量、营业额、市场占有率、利润率、入厂台次、配件销量，还包括劳动生产率、资本利润率、客户关系管理的目标等。

6. 营销战略

营销战略包括营销宗旨、营销策略、市场定位、渠道拓展等。

7. 广告宣传

广告宣传包括广告宣传的原则、媒体选择、实施步骤等。

8. 行动方案

行动方案是指根据策划期内各时间段特点，推出各项具体行动方案。行动方案要细致、周密，操作性强又不乏灵活性，还要考虑费用支出，一切量力而行。

9. 费用预算

费用预算包括营销过程中的总费用、阶段费用、项目费用等，其原则是以较少投入获得最优效果，包括如何通过各种协同关系分解费用负担，以及预测效益等。

10. 方案调整

方案调整是策划方案的补充部分。因为在方案执行中，市场情况以及事先预计的各种情况都可能出现各种变化，必须做好方案调整的预案。

三、策划书内容构成

1. 封面

封面包括提出对象、提出者、提出时间，并将题目明确化。

2. 前言

前言包括策划目标及基本方法。

3. 目录

目录是指策划书各部分的题目及对应页码。

4. 策划流程

策划流程包括策划背景，策划目的、现状的分析。

5. 策划概要

策划概要包括策划的目标、策划的内容及创意、策划的细节。

6. 正文

正文包括营销策划目的；市场状况分析、宏观环境分析、产品分析、竞争者分析、消费者分析；市场机会与问题分析，如营销现状分析、市场机会分析；确定具体营销方案，产品定位和 4P 安排。

7. 工作顺序与条件

工作顺序与条件包括计划日程表、预算、收支、人员分配及场地安排、物料准备、相关活动等。

8. 结束语

结束语是策划案的简要小结，同时提出执行本案提请注意的问题。

9. 附录

附录是指资料附件，将策划案中所涉及的主要资料及参考资料、数据来源作为附件。

案例赏析

案例1. 2015年汽车行业的创意营销案例

一次好的营销策划可以帮助品牌和产品在较短的时间内树立口碑，而一次巧妙的公关手段，能将本来陷入危机的案例转为一次营销手段。2015年，由《汽车商业评论》评选的金轩奖在北京车展期间揭晓，评选出的优秀汽车行业创意广告值得我们关注。

1. "敢·爱"系列营销活动

围绕"敢·爱"这个主题，东风英菲尼迪汽车有限公司将目光瞄准了弱势群体，以社会公益行动和梦想基金作为主基调，帮助品牌提升正能量。该案例获得了2015年度大奖——"金轩奖"。

2. "自动驾驶"成亮点

无人驾驶无疑是如今最热门的话题，在2015年，沃尔沃汽车公司Drive Me China网络传播营销获得"年度创新营销奖"。

3. 抗战70周年是主基调

对于2015年来说，抗战胜利70周年的确是年度十分重要的主题。而此次上汽大通的"抗战胜利70周年主题系列传播"获得了"年度主题营销奖"。

4. 自主品牌卖车新招

作为一个自主品牌，奇瑞汽车公司试水电商，巧妙借用"不试不卖"理念解决了当前整个汽车电商的痛点以及消费者"不试不买"的心理，该营销案例获得了"年度电商营销奖"。

5. 变危机为商机

在全新Q5上市时，一汽-大众奥迪公司一度面临车辆陷入沙滩的负面危机，而一汽-大众奥迪公司第一时间选择正面发声、真实面对媒体和受众，并通过领导的幽默解读、妥善的后续维护以及传播，转危为机，借势扩大了正面传播的范围和力度。此案例获得了"年度危机公关奖"。

6. 明星效应帮加分

在MG名爵锐腾上市整合营销案例中，"卷福"的代言加入，再一次强化了MG品牌的英伦血统。在被上汽收购后，MG品牌一直强化在国人心目中的英伦印象，而这次合作，也是2015 MG品牌宣传中很重要的一部分。该案例获得了"年度整合营销奖"。

7. 跨界合作巧用力

北汽绅宝X25车型上市时，与乐视的跨界合作可以说是2015年汽车行业跨界合作的一次十分成功的案例，该案例也获得了"年度跨界营销奖"。借助乐视这个成熟的电商平台，北汽绅宝X25这个陌生的新品在上市之初，结合乐视渠道和自己的线下活动，在较短时间获得了较好的传播口碑。

（资料摘自："一财网"）

案例2. 东风日产苦心成就高雅

奥运会上一曲《我和你》，不仅把莎拉·布莱曼的名字带进了千家万户，更让她承载着神秘的魅力，成为人们心中的"月光女神"。

33

2009 年，莎拉·布莱曼又启动了世界巡演的中国音乐之旅，这次由东风日产来做全程的赞助商。乍看之下，这样的音乐盛事是怎么都与汽车没有任何交集的。

但是，东风日产却因旗下的一款车型——新天籁与莎拉·布莱曼的"天籁"之音这样的文字交集而找到共同点，真是煞费苦心。

案例 3. Escape 用创意吸引消费者体验

主题："路，是 Escape 走出来的"

创意：

① 推出针对媒体与目标客户群的试驾大会。

② 5 秒的电视广告标板率先投放，3 则报纸悬念广告，以动物为主角，以草原、森林、冰山等人迹罕至的大自然为背景，幽默地告诉消费者 Escape 就要来了。

③ 主题性广告，它讲述的是在一个死胡同前，所有的车都倒出来了，只有 Escape 车依然开了进去，留下的只有在垂直墙上的两行轮胎印，上面写着"路，是 Escape 走出来的。"

④ 户外广告除了一堵展示形象广告的大型主题墙外，在 1 楼与 2 楼的室内地面，通往 2 楼自动扶梯处，都有 Escape 的轮胎印，这种铺天盖地的品牌印记，让消费者感受到 Escape 的力量。

⑤ 一个更具创意性的户外广告出现在台北金融中心的中心大厦。在大厦的外墙，两行长长的轮胎印从底楼一直斜斜地延伸到顶楼，轮胎印的尽头是一辆真正的 Escape 车。下挂一幅大标语"路，是 Escape 走出来的"。

⑥ 开通了专门的 Escape 探险网站，供网友及潜在消费者对 Escape 有更深入的了解与认知，同时也通过网站的互动方式进一步提升 Escape 的品牌精神。

本章小结

市场营销策划是市场竞争的重要武器，市场营销策划的基本能力在于能够发掘更多的企业内外资源为企业所用。没有严谨的市场调研，没有资源的优化联动和创新，市场营销策划就可能成为单纯技巧的堆积，而难以与市场的客观需求以及企业的根本目标达成一致。进行市场营销策划必须掌握市场调研、市场策划、创意方法，以及营销策划书撰写等基本技术。

思 考 题

1. 市场营销策划与企业竞争力之间有什么关系？
2. 资源的联动优化在策划中有什么作用？
3. 简述策划的一般原则。
4. 创新在市场营销策划中的作用是什么？
5. 市场调查的主要方式、内容是什么？
6. 市场营销策划的基本方法有哪些？
7. 市场营销策划的创意方法主要有哪些？
8. 一份完整的营销策划书应该包括哪些内容？

第三章　汽车产品策划

学习目标

1. 理解产品的整体概念和消费者对产品的实际理解。
2. 了解产品定位的一般方法。
3. 熟悉产品生命周期各阶段的特点和营销策略。
4. 了解产品组合相关概念和汽车产品组合的类型。
5. 了解新产品的概念、分类和开发策略。
6. 掌握新产品的推广策略。
7. 了解品牌的概念和功能。
8. 理解品牌化决策。
9. 了解品牌形象与企业形象的联系与区别。
10. 掌握品牌形象的构成内容和有形要素。
11. 熟悉和掌握品牌创新和传播创意策略。

本章导读

　　通过本章学习，理解产品的整体概念，熟悉产品生命周期各阶段的特点和营销策略，了解新产品的推广策略，加强品牌意识，从而自觉提升服务意识、品牌意识，掌握产品和品牌推广策略，自觉加强个人素质的修炼，提高汽车产品策划的能力。

第一节
产品的整体概念及产品定位方法

一、产品的整体概念

　　人们通常用狭义的定义理解产品，认为产品就是指具有某种特定物质形状和用途的物品，是看得见、摸得着的东西，而市场营销学则从广义的角度理解产品。市场营销学认为，产品是指人们通过购买而获得的能够满足某种需求和欲望的物品的总和，它既包括具有物质形态的产品实体，又包括非物质形态的利益，包括核心产品、期望产品、有形产品、附加产品和潜在产品五个层次（图3-1）。

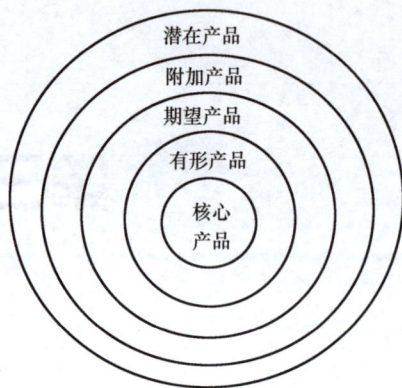

图 3-1　产品整体构成图

1. 核心产品

核心产品也称实质产品，是指向汽车消费者提供的基本效用或利益，是顾客真正要买的东西，因而在产品概念中是最基本、最主要的部分。营销人员的任务就是要把用户所需要的核心利益和服务，即用户所需要的效用提供给用户。汽车消费者购买某种品牌汽车产品并不是为了占有或获得汽车产品的本身，而是为了满足基本效用或利益的需要，这是汽车产品的核心内容。

2. 有形产品

有形产品又称汽车基础产品层，是核心产品借以实现的形式，即向市场提供的实体和服务的形象，通常表现为产品的品种、质量、外观、式样、品牌、风格、装潢、商标和包装等。其中汽车产品的外观是指汽车产品出现于市场时，具有可触摸的实体和可识别的面貌，并不仅仅指其具有的外形。

3. 期望产品

期望产品是指购买者在购买产品时期望能得到的东西。期望产品实际上是指一系列属性和条件，例如汽车消费者期望得到舒适的车厢、导航设施、安全保障设备等。

4. 附加产品

汽车附加产品层又称延伸产品层，是指汽车消费者购买汽车有形产品和汽车期望产品时所能得到的附加服务和利益，即储运、装饰、维修、保养等，例如美国的汽车业通常提供四种担保：基本担保、动力装置担保、腐蚀担保和排放物担保。

汽车附加产品设计应注意：

（1）适度原则

任何汽车附加产品都将增加汽车企业的成本，因此设计人员在设计汽车附加产品时并不是越多越好，应考虑汽车消费者是否愿意承担因此而产生的额外费用。

（2）改进原则

汽车附加产品给予汽车消费者的利益将很快转变为汽车消费者的期望利益。因为竞争者为了吸引消费者需要不断增加汽车附加产品，所以汽车附加产品的设计不是一劳永逸的事情，而应根据消费者的需要和竞争者的动向不断改进。

（3）细分原则

由于汽车附加产品提高了汽车产品的价格，这会促使某些竞争者采取剥除汽车附加产品从而降低价格的办法，来吸引其他细分市场的汽车消费者。为此，在设计汽车附加产品时必须采取市场细分原则，让竞争对手无计可施。

5. 潜在产品

潜在产品是指包括现有汽车产品的所有延伸和演进部分在内，最终可能发展成为未来汽车产品潜在状态的汽车产品，它包括潜在的、所能发掘或提供臆想之外的额外服务或利益。

汽车潜在产品反映现有汽车产品的可能发展前景，如普通汽车可以发展为水陆两用的汽车等。汽车延伸产品主要是今天的汽车产品，而汽车潜在产品则代表着今天的汽车产品可能的演变。

二、准确把握产品的整体概念

现代市场营销关于产品整体概念的五个层次中，实质产品是核心。企业必须在实质产品上下功夫，不断开发创造适合顾客需要的新品种，并提高产品质量，以更好地满足用户的需要。

在开发实质产品的同时，当然不能放松形式产品和延伸产品。形式产品是顾客购买商品时首先获得的印象，对激发顾客购买欲望具有促进作用。延伸产品是伴随顾客购买商品而出现的进一步要求，可以说是解决顾客后顾之忧的产品。企业能在顾客购买商品时同时提供这些服务，顾客就会放心地购买，安心地使用企业的产品，对其他顾客也能起到一种示范和广告作用。

期望产品则为企业不断改进产品、开发新产品提供了方向。

三、产品整体概念的特征及意义

1. 产品整体概念的特征

产品整体概念是对市场经济条件下产品概念的完整、系统、科学的表述。产品整体概念指明了产品是有形特征和无形特征构成的综合体；适应了市场消费需求水平的提高和市场竞争焦点不断转移的态势，有益于产品整体概念的外延，使市场竞争在一个新领域顺利开展；清晰地体现了一切以市场要求为中心的现代营销观念；指明了产品的差异性和特色是市场竞争的重要内容；把握产品的核心产品内容可以衍生出一系列有形产品。

2. 产品整体概念的意义

产品整体概念是市场经营思想的重大发展，对全面考察企业的经营有着重大意义。产品整体概念以消费者基本利益为核心，指导整个市场营销管理活动，是企业贯彻现代市场营销观念的基础。产品整体概念把对消费者提供的各种服务看作是产品实体的统一体，以消费者容易觉察的形式来体现消费者购物时所关心的更多因素，让消费者获得好的产品形象，进而确立有利的市场地位。在产品整体概念的五个层次上全面打造企业的特色，有利于区别竞争产品，凸显产品差异性特征和企业特色，有利于打造企业的品牌特色。

四、产品概念的扩展思考

产品包括核心产品、有形产品、期望产品、附加产品和潜在产品五个层次。把产品的概念再扩展开来思考，可以发现产品的内涵实际上要比想象的更加丰富。消费者在购买汽车产品时，是把产品的价值、完整的服务、营销人员的价值以及营销企业的质量融合在一起加以思考的。

在营销实践中，客户对于产品的评价不仅表现在对产品本身，而且将产品与服务、人员、渠道、形象等诸多因素都联系起来，进行更为广泛的整体思考，见表3-1。

表 3-1　消费者对产品的实际理解

产　品	服　务	人　员	渠　道	形　象
特色	订货方便	能力	专业化	品牌
性能	送货	资格	效能	标志
一致性	安装	谦恭	方便	覆盖面
耐用性	客户培训	诚实	维修点	文字及视听传媒
可靠性	维修	可靠	联络	事件
可维修性	多种服务	负责		诚信
风格		沟通		担保
		尽心		

1. 优秀的产品质量

产品质量包括风格、特色、性能、一致性、耐用性、可靠性、可维修性等。

2. 完整的服务产品

一般人简单地认为汽车服务就是售后服务。事实上客户对于产品服务的理解要比营销人员的传统思考更加丰富。完整的服务产品包括：

环境服务——向客户传达愉快感觉。

顾问服务——帮助客户选择。

购买服务——便利客户购买。

委托服务——减轻客户负担。

产品服务——保证产品质量。

售后服务——担负长期责任。

咨询服务——递送知识信息。

附加服务——扩大服务内涵。

朋友服务——建立牢固关系。

品牌服务——打造标准形象。

3. 可信的人员价值

人员价值也是产品的组成部分，它包括业务人员的品格、专业知识、能力、态度和给客户留下的印象。

4. 便捷的销售渠道

消费者购买汽车产品，不仅考虑产品与服务，而且对渠道也十分关注。他们对渠道的考察主要是渠道的专业化水平、工作效能、沟通方便性以及维修点的信誉和联络便捷性。

5. 可靠的企业品牌

品牌是企业在长期运作过程中在消费者心中沉淀下来的良好感觉。客户在选购汽车产品的时候往往把企业的价值观、战略、作风、体制、结构、人员、技巧、文化、管理、营销、财务等品牌要素作为产品价值的一部分加以考虑。

五、产品定位的方法

1. 产品定位概述

产品定位以市场定位为基础，受市场定位指导，但比市场定位更加切中要害、深入人心。产品定位是产品在潜在客户心中占有的位置，可以从产品特征、包装、服务等多方面进行研究。

在产品定位的过程中，必须谙熟竞争对手的情况，在得知消费者消费习惯的变化时，必要及时对产品进行重新定位。

产品定位是为产品营造一定特色，赋予一定形象，以适应顾客的需要和偏好，在目标客户的心中留下深刻印象的过程。

对一个具体产品进行定位，必须考虑市场需求、战略选择、产品策略、产品特质、创意价值、产品组合、生命周期、品牌策略、渠道策略、定价策略、营销策略、服务策略、市场选择、经销商选择、上市策略、趋势预测等要素。

2. 产品定位的方法

（1）特色定位法

产品特色定位法也称差异定位法，是使所销售的产品、服务与竞争者产生差异性，使产品与服务成为消费者"想要的产品"。产品特色定位始于差异性，而且必须对目标市场有意义才行。

有效的定位首先必须把公司的营销贡献差异化，使其为消费者提供的价值能比竞争者更大，有更大的竞争优势。公司可实行有形产品差异化、服务差异化、品牌差异化、贡献差异化等，但选择的差异化要对消费者最重要、最有用，让消费者最喜爱，并且容易识别而又对其信任。

例如，宝马的定位是"纯粹驾驶乐趣"，以此吸引顾客开宝马；奔驰的定位是"领导时代，驾驭未来"，以此吸引顾客坐奔驰；奥迪的定位是"突破科技，启迪未来"，强调它的科技含量；沃尔沃的定位是"关爱生命，享受生活"，强调它的安全性；索纳塔的定位是"中国新动力，衡量价值新典范"，突出它的性价比。

任何产品都不可能十全十美。在产品不能凸显整体优势的情况下，可以用成分优势的方法凸显部分优势，以此彰显产品与竞争对手的差异性。

许多优质品牌的汽车有时并不全面阐述自己的优势，往往利用某一部分强烈地反映差异和特色，效果十分显著。

产品特色定位非常容易被模仿，但这些特征如果确实是产品本来就有的特征，就不容易被模仿。为此，产品特色定位不能虚构差异、炒作差异，必须是产品、服务确有特色。

（2）利益定位法

利益定位法也称主要属性定位法。利益定位的前提是深刻了解客户的真实需求和产品所提供的利益，目标市场认为很重要才能起到作用。不能发现消费者认为非常重要的利益点，便无法进行正确定位。

在消费者心目中，汽车的特征莫过于品质优秀、选择性大、价格合理、服务到位、维修方便等，在为产品与服务定位时，必须牢记这些特征。特别需要注意的是，必须强调汽车的品质和价值，避免过分强调价格。

例如，一汽丰田倡导的"四高"、"两低"能在市场上得到广大消费者的认可，关键是强调了汽车的价值，利益定位十分明确。所谓"四高"指的是高性价比、高安全性、高二手车残值、高品质服务，打造物超所值；"二低"是指低故障率、低使用成本，实现省钱省心。

（3）用途定位法

不同消费者购买汽车的理由各不相同，其购车后的用途也大不相同，找出产品的正确使用者和购买者，会使用途定位在目标市场上显得更突出，这种方法也称使用者定位法。用途定位法还可以从消费者何时使用及怎样使用产品的角度对产品进行定位，这种方法也称使用定位法。

例如，在广大的农村市场，一直以来低速汽车依靠价格优势占据了主流市场，但随着农民收入水平的不断提高以及汽车下乡等利好政策的出台，轻型货车和微型客车成为低速汽车升级的重要替代产品。近几年，轻型货车企业纷纷看中广阔的农村市场，不仅积极开发经济型产品，下沉销售网络，更是千方百计地拿到低速汽车的公告资质，来满足消费者购车后上农牌的需求。北汽福田汽车股份有限公司（简称"北汽福田"）、沈阳金杯车辆制造有限公司（简称"沈阳金杯"）、安徽江淮汽车股份有限公司（简称"江淮汽车"）等企业正是采用了用途定位策略，在轻型货车和低速汽车这一商用车领域夺得了自己的市场份额。

（4）竞争定位法

竞争定位法是直接针对竞争者，而不是针对某一产品类别，隐指竞争者潜在弱点，为自己寻求更有利定位的定位方法。挑战特定竞争者的定位法，虽然可以在短期内获得成功，但就长期而言，必须具有充足的条件。因为竞争者，特别是对手属于强有力的市场领袖时，对手不但不会松懈，而且会更加清醒地采取对应措施，使自己的定位更巩固。挑战强有力的竞争对手，必须考虑管理者的态度、公司的资源、可能投入的资金，以及自己可以提供使用者认为具有明显差异性产品的能力。一家竞争力处在下游的公司很难正面挑战竞争力强大的公司。

例如，前几年有的企业在条件不足的情况下推出了"中国第一跑"，想与世界跑车比美，结果业绩与期望背道而驰，很不理想。

（5）类别定位法

类别定位法是一种非常普遍的定位方法。当自己的产品在市场上属于新产品时，这种方法特别有效，包括在开发新市场或为既有产品进行市场深耕的时候，效果都非常理想。两厢车与三厢车的竞争，SUV、MPV在市场中的异军突起，都是这种定位的典型例子。

（6）关系定位法

当产品没有明显差异，或竞争者的定位和公司产品有关时，关系定位法就非常有效。利用形象及感性广告手法，可以成功地为这种产品定位。关系定位的核心是将交易与责任挂钩，以此建立与消费者的牢固关系。

例如，2004年上海大众推出"特选二手车"，上海通用推出"诚新二手车"，一汽-大众推出"认证二手车"，2005年一汽丰田推出"安心二手车"，2006年东风悦达起亚推出"至诚二手车"，2007年东风标致推出"诚狮二手车"，广汽本田推出"喜悦二手车"等，这些都把建立牢固的客户关系放到重要位置上加以定位，大大推动了这些品牌的销售，增进了这些品牌与消费者的关系。

（7）问题定位法

采用问题定位法时，产品的差异性显得并不重要，但需要关注目标市场，关注客户的特殊需要，针对某一特定问题加以定位。

例如，路虎针对目标市场客户的特殊需求建立了路虎长城体验中心，帮助车主充分开发自己爱车的潜力。体验中心提供的特色服务包括：24小时全地形救援，售后预约服务，尽兴体验各级别项目。路虎的展车不甘心被规规矩矩地摆在地面上陈列，而是用一个倾斜的半圆坡把所有车型最漂亮的姿态呈现出来。但是在路虎体验中心进行试乘体验、接受培训需要收费，最高达到每个客户300元，这在整个汽车市场是不多见的。

（8）文化定位法

汽车已是人类精彩生活的一部分，具有不同文化和历史背景的各类汽车厂商实际上都有自己的产品文化。这些文化经过沉淀，就会有自己的血统及历史文化，当然就会成为经典产品，如图3-2所示。

a) 高贵

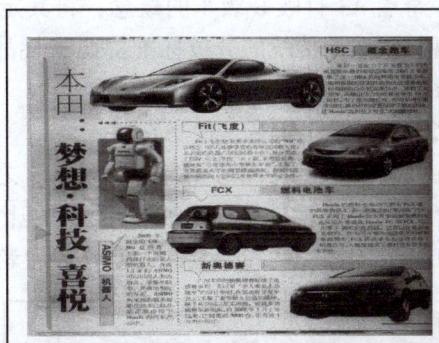

b) 科技

c) 浪漫

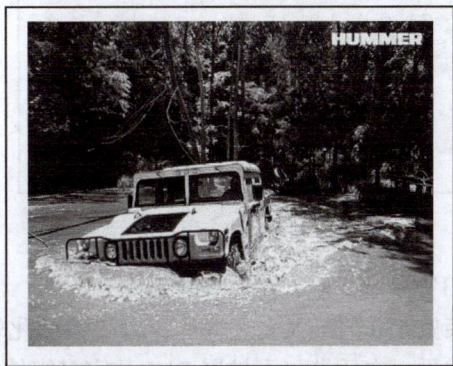

d) 强悍

图3-2 不同汽车产品的文化定位

我国自主品牌开发的历史最早可以追溯到解放、红旗、上海、北京等产品，但那时我们对品牌的思考并不像现在那样强烈，改革开放以后开发的新产品又大都历史不长，还需要时间的磨砺和历史的沉淀。

目前，我国还不是一个汽车品牌的富国，必须执行强有力的品牌战略，去打造我国汽车的优秀品牌，它的核心是深刻的文化内涵、丰富的品牌联想、可以体验的品牌故事、特殊的品牌价值，以及随潮流而动的历史性角色。

可以相信，随着我国汽车厂商对品牌文化的日趋重视，以及中国汽车在世界范围内的影响越来越大，中国汽车自主品牌一定能够走向世界，并被更多的消费者所认可。

3. 产品定位案例

汽车厂家每推出一款新品，总会对产品进行创造性定位，力图最大化地显示产品的个性，赋予产品独特的身份或代号，以赢得产品的细分市场。

（1）奇瑞首创B00级车

按照汽车分级标准，汽车一般可以分为A级（包括A0和A00）、B级、C级、D级车。

奇瑞 A3 是奇瑞公司用 B 级车标准打造的与 A 级车争锋的战略车型，它脚踏 A 级和 B 级车"两只船"，定位为既有 B 级车的宽体、技术含量和舒适性，又有 A 级车的节油、经济和灵活性。奇瑞 A3 打破 B 级车的概念，将其定位为 B00 级车，比 B0 还多个 0。奇瑞 B00 级车的出现，俨然向传统的分级标准提出了挑战，不禁让人猜想，B00 来了，C00、D00 还会远吗（图 3-3）。

（2）"睿翼"定名二代马 6

一汽马自达借二代马 6 定名"睿翼"之机，抛出"新手"、"老手"全新市场划分模式，提出"驾驶零难度，停车零难度"，试图让二代马 6"新老通吃"，使其成为新车主的心中偶像，优异的操控性和安全性也使其成为老车主的梦中情人（图 3-4）。

图 3-3　奇瑞 A3 定位 B00 级

图 3-4　二代马 6"睿翼"

（3）荣威 550 开启数字化轿车新时代

荣威 550 的最大卖点就是开启了数字化轿车时代，被誉为代表了本土品牌 A 级轿车的最高水平。它凭借"可扩展 RMI 数字多媒体交互系统""Dual- Bus 数字智能行车管家系统""Syn- Tech 数字个性升级模块""Silver Stone 一体化数字仪表显示"等数字化配置，迎合了现代消费者的娱乐需求（图 3-5）。

（4）第八代雅阁定位为"B ++"级

第八代雅阁一上市就将自己定位为"B ++"级轿车，它以 4945mm 的超长车身、2800mm 的轴距造就了超越同级车的豪华舒适空间，这一卖点成为雅阁与老对手凯美瑞抗衡的砝码。其中特别是两个"+"用得很好，在性能上既区别了 B 级车，价格上又不夸张地往 C 级车上凑，使广本的个性在此一览无余（图 3-6）。

图 3-5　荣威 550 开启数字化轿车新时代

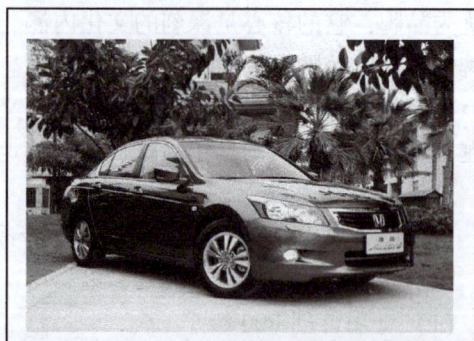

图 3-6　第八代雅阁定位为"B ++"级

六、产品市场定位分析的主要内容及具体步骤

产品市场定位是一个综合策划的过程，必须遵循基本步骤进行具体分析（图3-7）。

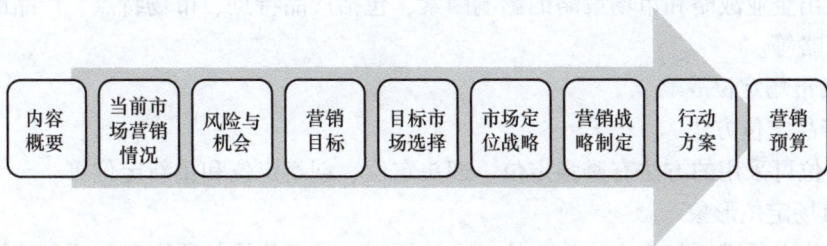

图 3-7 产品市场定位分析步骤图

1. 内容概要

描述产品市场定位的分析背景，包括分析产品市场的总体情况，本企业的主要营销目标，说明本企业产品策划的主要工作措施。

2. 当前市场营销情况

1）行业市场状况分析：包括行业发展趋势分析、宏观经济发展趋势分析、政策趋势分析、分车型销售趋势分析、分区域销售趋势分析等。

2）宏观环境状况分析：包括人口环境、经济环境、技术环境、政治法律环境、社会文化环境的分析。

3）区域市场状况分析：包括区域市场趋势分析、区域经济趋势分析、区域分车型销售趋势分析、区域竞争趋势分析、区域价格趋势分析、区域消费者特征分析等。

4）竞争品牌与相应产品状况分析：包括竞争者规模分析、竞争者市场份额分析、竞争者产品质量分析、竞争者产品价格分析、竞争者营销战略分析、竞争者竞争意图分析等。

5）产品分销状况分析：包括价格分析、市场占有率分析、产品成本分析、营销费用分析、利润分析等。

3. 风险与机会分析

包括品牌的总体 SWOT（优势、劣势、机会、风险）分析和产品、价格、渠道、促销的复合 SWOT 分析。

4. 营销目标分析

1）财务目标分析：包括利润最大化分析、股权收益最大化分析、股东权益最大化分析、股东财富最大化分析、股东价值最大化分析等。

2）营销目标分析：包括销售目标分析、目标市场分析和问题风险分析。

3）客户满意度目标分析：包括汽车可靠性满意度、服务方式满意度、产品满意度、客户满意度、服务满意度等指标的各项分析。

5. 目标市场选择分析

（1）战略选择

分析本企业应采用何种市场战略。可供选择的市场战略一般有市场集中化战略、产品专门化战略、市场专门化战略、有选择的专门化战略、完全市场覆盖战略等。

（2）营销策略

分析说明本企业采用的是差异化市场策略，还是无差异化市场策略或集中化市场策略。

（3）影响因素

明确指出企业战略和市场策略的影响因素，包括产品特点、市场特点、产品的生命周期和竞争者策略等。

6. 产品市场定位战略

（1）产品定位方法

产品定位可采用的方法有避强定位、迎头定位、创新定位和重新定位等。

（2）市场定位形象

市场定位必须遵循与客户价格定位一致的原则、易于传播的原则和与项目实体定位一致的原则。

7. 营销战略制定

（1）STP 分析

在市场细分方面，包括确定市场细分原则和描绘细分市场特征；在目标市场选择方面，包括评价各细分市场和选择目标细分市场；在市场定位方面，包括明确各细分市场定位和如何向市场传播和送达市场定位信息。

（2）4Ps 分析

1）产品分析。产品分析包括产品定位分析、产品生命周期分析和产品组合策略分析。产品定位分析主要是明确产品在特色定位、利益定位、用途定位、竞争定位、关系定位、问题定位、类别定位、文化定位等诸多定位方法中选择哪种定位方法。产品生命周期分析包括对产品种类生命周期、产品形式生命周期以及产品品牌生命周期的分析。产品组合策略分析的重点是明确在扩大汽车产品组合策略、缩减汽车产品组合策略、高档与抵档产品策略、产品异样化和细分化策略等诸多策略中选择哪种策略。

2）品牌策略。品牌策略包括产品品牌策略、产品品牌命名策略、品牌数量策略和品牌延伸策略。产品品牌策略主要是明确在品牌化决策、无品牌商品化决策和品牌归属决策中采用何种策略。产品品牌命名策略是明确在众多产品品牌命名的方法中采用何种方法。品牌数量策略是明确在统一品牌策略、个别品牌策略、扩展品牌策略、同一品牌与个别品牌共同策略和多品牌策略中选用哪种策略。品牌延伸策略的重点是明确产品在品牌纵向延伸、品牌横向延伸和品牌升级等策略中选择何种策略。

3）价格策略。明确在以利润为导向、以销量为导向、以竞争为导向、以质量为导向、以销售渠道为导向，以及以生存为导向的众多价格策略中选取何种策略。

4）渠道策略。明确在渠道长度策略中选用直接渠道还是间接渠道；在渠道宽度策略中采用独家分销渠道策略，还是密集型渠道策略，或是选择性分销渠道。

5）促销策略。明确如何综合运用公共关系、营销推广、广告传播、人员推广等促销手段，保证销售目标的实现。

8. 行动方案

行动方案中要明确做什么、何时开始做、何时完成、谁来做以及成本需要多少。

9. 营销预算

营销预算要明确固定费用和变动费用，开列一张实质性的预算损益表。

第二节
产品生命周期与营销策划

一、产品生命周期

产品生命周期是指产品的市场寿命，即一种新产品从开始进入市场到被市场淘汰的整个过程，分为导入期、成长期、成熟期和衰退期四个阶段（图3-8）。

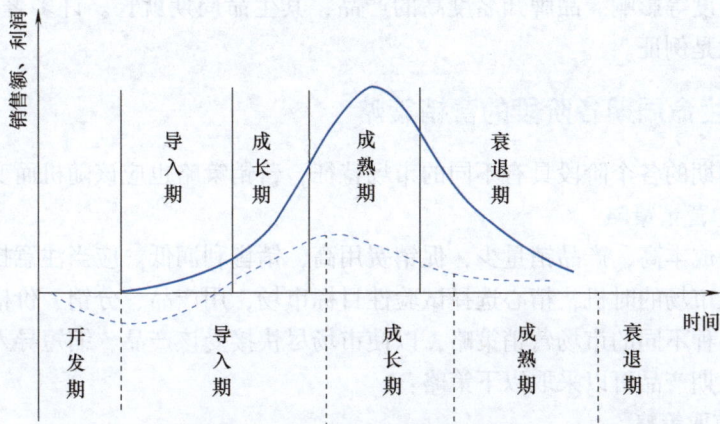

图 3-8 汽车产品生命周期曲线

注：实线为销售额变动趋势，虚线为利润趋势。

二、产品生命周期各阶段的特点

1. 导入期
导入期的产品刚刚投入市场，少数追求新奇的顾客可能购买，但大多数顾客对产品还不了解，所以销售量比较低。在这一阶段，产品不能大批量生产，生产成本高。为了扩展销路，需要对产品进行宣传，促销费用高，再加上销售额增长缓慢，获取利润的压力很大。

2. 成长期
顾客对产品逐步熟悉，大量的新顾客开始购买，市场逐步扩大。产品大批量生产，生产成本相对降低，企业的销售额迅速上升，利润也迅速增长。竞争者感到有利可图，纷纷参与竞争，使同类产品的供给量增加，价格随之下降，企业利润增长速度逐步减慢，最后达到生命周期利润的最高点。

3. 成熟期
市场需求趋向饱和，潜在的顾客已经很少，销售额增长缓慢直至转而下降。在这一阶段，竞争逐渐加剧，产品售价降低，促销费用增加，企业利润开始下降。

4. 衰退期
由于科学技术的发展，新产品或新的代用品的出现，诱使顾客的消费习惯发生改变，使原来产品的销售额和利润额迅速下降，这时产品进入衰退期。

三、产品种类、形式、品牌及生命周期

产品种类是指具有相同功能及用途的所有产品。产品形式是指同一种类产品中，辅助功能、用途或实体销售有差别的不同产品。而产品品牌则是指企业生产与销售的特定产品。如舒适型帝豪轿车，轿车表示产品种类；舒适型是轿车的产品形式；舒适型帝豪轿车则专指舒适型轿车的一种特定产品，一种产品品牌。产品种类的生命周期要比产品形式、产品品牌长，有些产品种类生命周期中的成熟期可能无限延续。产品形式一般表现出上述比较典型的生命周期过程，至于品牌产品的生命周期，一般并不规则，它受到市场环境及企业市场营销决策、品牌知名度等影响。品牌知名度高的产品，其生命周期就长。许多著名的国际品牌，百年经久不衰就是例证。

四、产品生命周期各阶段的营销策略

产品生命周期的各个阶段具有不同的市场特征，营销策略也应该随机而变。

1. 导入期的营销策略

导入期制造成本高，产品销量少，促销费用高，销售利润低。应当注意投入产品要有针对性，把握进入市场的时机，精心选择试验性目标市场，用产品、分销、价格、促销四个基本要素组合成各种不同的市场营销策略，以使市场尽快接受该产品，缩短导入期，更快地进入成长期。导入期产品可以采取以下策略：

（1）快速掠取策略

快速掠取策略即高价格和高促销策略。采用高价格有利于树立产品形象，有利于企业获取较多毛利，更有利于回收成本和推动高强度促销。高促销有利于吸引目标顾客购买产品。采用这一策略的条件是：产品有质量优势，消费者对产品品牌了解不足，但市场的容量较大并且稳定；产品的价格弹性较低，企业急于占领市场。

（2）慢速掠取策略

慢速掠取策略即高价格和低促销策略。采用这种策略的目的在于增加利润，回收资金，减少未来的风险。采用这一策略的条件是：产品价格弹性低，市场容量稳定但不大，或容量大但不稳定；竞争对手较弱，品牌作用不明显；企业注重短期收益，不注重长远的市场占有率。

（3）快速渗透策略

快速渗透策略即低价格和高促销策略。该策略注重企业长远的占有率和规模优势。采用这一策略的条件是：产品价格弹性大，可以降低成本，增加销量；产品市场容量大且稳定，市场竞争激烈。高促销有利于品牌的传播，争取更多的潜在消费者。采用这种策略需要大量的资金支持，一般被实力雄厚的大企业所采用。

（4）慢速渗透策略

慢速渗透策略即低价格和低促销策略。低价格有利于产品进入市场，低促销有利于降低成本。采用这一策略的条件是：产品价格弹性大且市场容量大。低价本身就在争夺占有率，如果新产品是原有产品的改进品，消费者对产品的品牌已经熟悉，或者该产品已经是名牌产品，则促销的作用就不大，低促销有利于产品的竞争。

2. 成长期的营销策略

成长期的消费者已经熟悉该产品，消费习惯已经形成，销售量也迅速增长，老顾客有可能重复购买，并且带来了新的顾客。这个阶段时产品进入创利时期，所用的策略主要是创造优势来提高占有率和增加利润。主要有：

（1）改进产品策略

改进产品的性能和提高产品的质量，扩大产品的深度，增强服务，延伸利益，开发产品新用途。

（2）适当降价策略

在扩大生产的基础上，选择适当的时机进行适当降价来提高销量和利润。

（3）扩充渠道策略

寻找新的目标市场，选择有利的销售渠道，有效地控制目标市场。

（4）强化促销策略

广告宣传的重心从介绍产品转变为宣传产品特色，树立品牌形象，争取创立名牌，提高品牌知名度，使消费者产生偏爱。

3. 成熟期的营销策略

成熟期产品销售量增长缓慢，逐步达到最高峰，然后缓慢下降，产品的销售利润也从成长期的最高点开始下降。成熟阶段是产品收获的黄金阶段，企业应采取积极的营销策略设法延长这个阶段的时间，宜采取主动出击的策略，尽量延长成熟期，或开发新市场，使产品生命周期出现再循环。

（1）改良产品

对原有产品进行创新，改进性能，提高质量，改进外观和款式。如电视机产品在我国已进入成熟期，在价格大战中许多企业选择低价竞争，但有的企业却另辟蹊径，提高产品性能而不降价，既树立了企业形象，又吸引了一定层次的消费者。

（2）开拓新市场

产品进入成熟阶段，群雄鼎立的市场格局已经形成，争夺竞争者已经控制的市场变得相当困难。此时，开拓市场主要是对企业现有市场进行深度的开发，如以累计购买量的价格折扣、会员优惠卡、提高售后服务等来稳定原有的消费者并增加重复购买率和购买数量。此外，还可重新细分市场，发现新的需求和新的目标市场，应用产品差异策略来扩大市场销售量。

（3）创新营销组合

如改进产品的包装、调整产品的价格、优化销售渠道，促销应从宣传产品用途、宣传企业品牌转变为塑造企业形象，宣传企业的理念和社会目标，努力提升企业的形象和声誉。

4. 衰退期的营销策略

衰退期产品销售量急剧下降，利润很低，大量的竞争者退出市场，消费者的消费习惯已经改变。这一阶段的关键是企业需要果断地决定如何转移市场或者退出市场。可供选择的策略有：

（1）持续策略

由于众多的竞争者退出市场，暂不退出市场的企业的市场空间有所增加，在一定时期维持营销甚至缩减推销人员，减少促销费用等措施后尚可获得一定的利润。

（2）集中策略

由于市场容量衰退，一些目标市场的营销效率下降。企业应放弃低效率的目标市场，在一定时期内集中力量经营少数效率较好的目标市场。

（3）放弃策略

对衰退较快的产品，企业通过维持现有产品不能获得利润或需要抽出资金发展其他产品时，应当立即放弃这个衰退的产品。

（4）转移策略

衰退期产品在某些地方可能是新产品，例如桑塔纳汽车在进入中国时，对中国市来讲是全新产品，但在其他地方并不如此。为此，采用转移策略，将在当地已经处于衰退期的产品转移至原来没有使用过这类产品的新市场，可以延长产品的生命周期。

五、产品组合与营销策划

1. 产品组合相关概念

汽车产品组合又称产品搭配，是一个汽车企业生产和销售的所有汽车产品线和汽车产品品种的组合方式，是一个汽车生产和销售企业全部汽车产品的结构。企业为了实现营销目标，充分有效地满足目标市场的需求，必须设计一个优化的产品组合。

（1）产品项目

产品项目是指按产品目录中列出的每一个明确的产品单位，一个产品项目就是由一种型号、品种、尺寸、价格、外观等组成的产品。例如，一个车型系列中各种不同档次、质量和价格的特定品种。

（2）产品线

产品线指在某种特征上互相关联或相似的一组产品，通常属于产品大类的范畴。这种类别可以按产品结构、生产技术条件、产品功能、顾客结构或者分销渠道等进行划分，譬如汽车产品的某一车型系列就是按产品结构划分的一条产品线。企业可视经营管理、市场竞争、顾客服务等具体要求来划分产品线。

（3）产品组合的衡量

产品组合的衡量通常可以采取以下四个变数，即产品组合的宽度、产品组合的深度、产品组合的长度、产品组合的相融度。

产品组合的宽度是指企业具有多少条不同的产品线。例如，中国第一汽车集团公司（简称"中国一汽"）就有高级轿车、载货汽车、轻型载货汽车等多条产品线。

产品组合的长度是指产品组合中的产品品种总数。例如，上海汽车工业（集团）总公司（简称"上汽集团"）一共有30多种汽车产品，这就是它的汽车产品线的长度。

产品组合的深度是指产品线中的每一产品有多少项目。例如，桑塔纳系列由普通桑塔纳、桑塔纳2000和桑塔纳3000等多个项目构成。

产品组合的相融度是指各条产品线在最终用途、生产条件、分销渠道或其他方面相关联、相融合的程度。例如，大型汽车生产企业集团的各种车辆产品，虽然最终用途差别较大，但生产条件、分销渠道相似，同时生产和销售这些产品没有多少冲突。

2. 汽车产品组合的类型

汽车产品组合分为广度性组合和深度性组合两种类型。例如，汽车超市和汽车专营店所经营的产品组合就属于两种不同的类型。汽车产品组合的具体类型有：

（1）全线全面型

全线全面型是指企业着眼于向任何顾客提供各种所需产品的产品组合类型。该种组合要求企业同时拓展产品组合的广度和深度，增加产品线和产品项目，力求覆盖每一细分市场，但对产品线之间的关联程度则没有限制，可以是狭义的全面全线型，即扩展产品线后关联程度仍然紧密；也可以是广义的全线全面型，即扩展产品线后关联程度松散，甚至是多元化经营。

（2）市场专业型

市场专业型是指企业向某一市场或某一类型顾客提供所需的各种产品的产品组合类型。它是以满足同一类型顾客为出发点，着重考虑拓展产品组合的广度，即依据同类顾客需求设置产品线。

（3）产品线专业型

产品线专业型是指企业只生产某一种类型的不同产品项目来满足市场需求的产品组合类型。采用这一组合的企业只拥有一条产品线，可根据市场需求增加这一产品线的深度，扩展产品项目。

（4）有限产品线专业型

有限产品线专业型是指企业只生产某一产品线中一个或少数几个产品项目来满足市场需求的产品组合类型。通常小型企业采用这一组合类型，因为所需资金相对较少，可发挥企业专长，但它的风险比较大。

（5）特殊产品专业型

特殊产品专业型是指根据消费者的特殊需要而专门生产特殊产品的产品组合类型。这种组合的市场竞争威胁小，适合小型企业，但难于扩大经营。

（6）特别专业型

特别专业型是指企业凭借其特殊的生产条件生产能满足顾客特殊需求的产品的产品组合类型。采用这一组合可排斥竞争者涉足。

3. 汽车产品组合策略

汽车产品组合策略是根据汽车企业的目标，对汽车产品组合的广度、深度和相容度进行决策，确定一个最佳的汽车产品组合。

（1）扩大汽车产品组合策略

扩大汽车产品组合策略包括三种做法：

① 扩大汽车产品组合的广度。一个汽车企业在生产设备、技术力量所允许的范围内，既专业又综合地发展多品种。扩大汽车产品组合的广度可以充分利用企业的各项资源，使汽车企业在更大的市场领域中发挥作用并且能分散汽车企业的投资风险。上海大众汽车有限公司（简称"上海大众"）在扩大汽车产品组合广度上的做法是从普通桑塔纳到桑塔纳2000到帕萨特再到经济型轿车。

② 加深汽车产品组合的深度。从总体来看，每个汽车公司的汽车产品线只是该行业整个范围的一部分。例如，宝马公司的汽车在整个汽车市场上的定价属于中高档范围。加深汽车产品组合的深度，可以占领同类汽车产品更多的细分市场，迎合更广泛消费者的不同需要和偏好。上海帕萨特是在帕萨特轿车基本型的基础上，研制开发出的豪华型车和变形车，这

就是加深产品组合深度的例子。位于不同市场地位的企业加深汽车产品组合的深度，可以向下（低档）扩展、向上扩展（高档），也可以双向扩展。

③ 加强汽车产品组合的相容度。一个汽车企业的汽车产品尽可能地配套，如汽车和汽车内饰、汽车涂料等。加强产品组合的相容度，可提高汽车企业在其行业或某一地区的声誉。但扩大汽车产品组合往往会分散经销商及销售人员的精力，增加管理困难，有时还会使边际成本加大，甚至由于新产品的质量、性能等问题，而影响本企业原有产品的信誉。

（2）缩减汽车产品组合策略

缩减汽车产品组合策略同样可以从缩减汽车产品组合的广度、深度、相容度三种不同的方式展开。采取缩减策略的好处是：集中精力与技术，对少数汽车产品改进品质、降低成本；对留存的汽车产品可以进一步改进设计、提高质量，从而增强竞争力；使脱销情况减少至最低限度；使汽车企业的促销目标集中，效果更佳。采取该策略会使汽车企业丧失部分市场，增加汽车企业经营风险。因此，一个汽车企业对于某种汽车产品，在决定是否淘汰之前，应三思而后行。

（3）高档与低档汽车产品策略

高档汽车产品策略是在一种汽车产品线内增加高价汽车产品，以提高汽车企业现有的声望。如在上海大众为桑塔纳 2000 加装 ABS、电子防盗装置等多项国内首次采用的先进装置使其成为"时代超人"。这样既可增加原汽车产品的销量，又可逐步推动高价汽车产品的销售。

低档汽车产品策略是在高价汽车产品线中增加廉价汽车产品项目，目的是利用高档名牌汽车产品的声誉，吸引购买力较低的消费者，使其慕名购买廉价汽车产品。这两种策略，都有一定的风险，都可能引起汽车消费者的混淆。

例如，采取高档汽车产品策略的汽车企业，如果要改变企业在汽车消费者心目中的原有形象，是很不容易的，其新增的高档车可能会失去意义；而采用低档汽车产品策略的汽车企业，如果处理不当，会损害企业原有名牌产品的声誉。

（4）汽车产品异样化和细分化策略

汽车产品异样化和细分化均属扩大汽车产品组合策略。汽车产品异样化是指在同质市场上汽车企业为强调自己的产品与竞争产品有不同的特点，避免价格竞争，尽可能地显示出与其他产品的区别，以在不完全竞争市场上占据有利地位。汽车产品细分化则是指在市场细分化基础上产生的汽车产品策略。汽车产品异样化实质上是要求汽车消费者需求服从生产者的意志，而汽车产品细分化则是从汽车消费者的需求出发，而且承认汽车消费者的需求是不同的，它充分体现了汽车市场营销的观念。

六、新产品开发与营销策略

1. 新产品的概念

新产品突出的是一个"新"字。一般情况下把市场第一次出现的产品、企业第一次生产和销售的产品，都称为新产品。

（1）科技上讲的新产品

科技上讲的新产品是指过去没有而现在被发明创造出来的产品，例如纯电动汽车。

（2）营销学上的新产品

营销学上的新产品包括：在老产品基础上加以革新和改进的产品，甚至包括仅仅改换了包装方式的产品；在现有产品系列中增加品种和规格有差异的产品，以及引进的其他市场已有的产品。例如，目前我国每年上市的上百款新车型，大多属于此类。

2. 新产品的分类

（1）全新产品

全新产品是指第一次生产、第一次上市的前所未有的产品。如比亚迪电动汽车就属于科技上的全新产品。

（2）重新定位的新产品

重新定位的新产品是指投放到新的目标市场上的产品。

（3）新引进的新产品

新引进的新产品是指市场上已经出现，但企业是第一次生产的产品。例如斯柯达昊锐就属于新引进新产品。

（4）连续性新产品

连续性新产品是指原有产品基础上改造而得的产品，包括现有产品线增补产品、改良性产品、革新性产品。例如新领驭就属于连续性新产品。

3. 新产品开发策略

（1）新产品设计开发的心理策略

新产品开发必须注意：立足市场需求；适应消费习惯、消费模式、消费心理、消费决策、消费观念等消费变化；了解消费者个性，赋予产品以品牌个性，适应目标消费群的个性特征；讲究实用、科学合理；突出产品的使用价值、观赏价值、内容形式的完美统一，符合审美情趣；符合社会潮流，关注流行、创造流行、引领流行。

（2）新产品开发流程

为了使新产品能够顺利推向市场，让更多的消费者接受，在新产品开发过程中必须遵循新产品开发流程。流程顺序是：根据市场需求，进行产品新构思；在众多方案中，筛选构思方案；在高性能化、多功能化、微型化、方便化、节能化、多样化、系列化、知识化、人性化、时尚化等众多新产品开发方向中，选择产品未来的市场目标，建立新产品概念，赋予产品个性；研究市场竞争格局，进行商业分析；集中企业资源，开发研制新产品；分析目标市场，进行市场试销；经过精细策划，安排新产品正式上市。

（3）新产品开发的市场策略

主要是采用空档策略和重新定位策略。空档策略是指回避供过于求或供求相近、潜力不大的产品，努力开发市场供应空档的产品；重新定位策略是指重新定位，焕发产品新的生命，延长产品生命周期。

4. 新产品推广策略

（1）影响新产品推广的因素

影响新产品的因素主要有：产品因素，包括产品的优越性、适应性、可试用性和沟通性；心理因素，包括产品的流行心理、象征心理、求实心理、便利心理、安全心理和惠顾心理。

（2）新产品推广策略

新产品上市被消费者采用需要一个过程。新产品从发明或创造到推广是新产品的扩散过程，首先要让消费者了解新产品。消费者之间存在很大的差异性，一视同仁地进行推广，成本高、效果差。两级流动传播理论认为，消费者对新产品的响应率取决于消费者的个性与新产品的特征，可以采取两级传播进行新产品扩散。两级传播包括：一级传播，集中能量、有针对性地通过新闻媒介传播到舆论领袖中去；二级传播，通过舆论领袖流向更广的大众。

（3）认识客户类型与特点

新产品推向市场时，不同类型的客户有不同的特点，也会用不同的方式接受新产品。其中：创新者敢于冒险、乐于接受新事物，这类客户大概占消费者的 3% ~5%；早期使用者是最早接受新事物的人，但比较谨慎，这类客户大概占消费者的 10% ~15%；中期接受者较慎重，比一般人先接受，但不会带头，这类客户大概占消费者的 34%；晚期接受者疑虑重重，行动迟缓，不主动接受新产品，这类客户大概占消费者的 34%；落伍者传统观念强烈、保守固执，往往等到市场上普遍使用这类产品时才开始使用。这类客户大概占消费者的 5% ~16%。

（4）尊重心理规律

新产品推广必须遵循消费者的心理规律，营销策划人员的所有思考和安排都是为了让消费者完成接受新产品的心理过程，包括知晓、兴趣、评估、试用、采用等几个阶段，因为消费心理规律揭示消费者的购买行为一定产生在这些过程以后。

第三节
产品品牌策划

一、品牌与品牌化

1. 品牌的概念

品牌是构成产品整体的一个重要组成部分，在现代市场营销中的作用越来越大。品牌决策成为企业市场营销策略的重要内容，实施名牌战略已成为众多企业的战略选择。

著名营销大师科特勒说过："品牌是一种名称、术语、标记、符号或设计，或是它们的组合运用，其目的是辨认某个销售者或某群销售者的产品与服务，使之同竞争对手的产品和服务区分开来。"

品牌名称是品牌中可以被读出声音的部分。

品牌标志是指品牌中不可以发声的部分，包括符号、图案或明显的色彩或字体。

品牌本质上代表着企业向消费者长期提供的特定产品、利益和价值。只有当这些产品、利益和价值被消费者所感知、所偏爱时，品牌才能折射出无比耀眼的光辉，显现其强大的力量。品牌的核心是企业的产品或服务在消费者心目中经过长期沉淀而形成的一种心理感觉。它由一连串故事、形象、联想、体验、产品、服务等元素构成。一个品牌就是一种承诺，通过相关的、差异化的、一致的服务创造顾客价值和企业价值。

2. 商标的概念

商标是一个专门的法律术语，是品牌或品牌的一部分，经向有关部门依法注册并取得专用权后，称为商标。商标一经核准，商标持有人便享有专用权。这是一项重要的工业产权和知识产权，他人未经许可不准使用。如果私自使用他人商标，便构成商标侵权。在市场经济条件下，商标依照其知名度高低和获利大小，具有不同的价值，是企业的一项重要的无形资产，其产权和使用权可以依法转让和买卖。在我国，商标的概念有所不同，我国习惯上对一切品牌，不论其注册与否，统称为商标，而另有"注册商标"与"未注册商标"之分。商标是品牌的重要识别符号，但商标不等同于品牌。

3. 品牌的功能

（1）商品的识别功能

它能直接、概括地反映商品的产地、形状、用途、成分和性能等，便于消费者识别和认知这一商品。

（2）企业形象的象征

它代表了商品生产、服务企业的产品质量与功效，经营特色与承诺，有利于优化企业形象。

（3）消费者权益保护功能

消费者可以依照品牌识别符号区别真伪，选择产品和服务，确保品牌承诺的兑现，维护合法利益。

（4）品牌增值的功能

品牌在消费者心目中的感觉可以使品牌自身价值增值或贬值。良好的质量、外观、功能、服务、知名度、美誉度可以得到消费者的认知和忠诚，不仅使无形资产增值，而且给企业带来利益。

二、品牌与汽车

1. 品牌与质量

随着消费者的理性消费意识日益增强，人们开始习惯于通过品牌认知来形成对产品及服务优劣的市场识别。尤其在产品品牌的影响力都具特色，难以区别的前提下，服务品牌开始成为差异化的识别元素。

在诸多中外合资的汽车企业中，品牌已成为中外方利益协同的战略元素，所以中国汽车品牌的打造呈现出强劲的本土化特点。当前售后服务品牌的打造已成为各大汽车厂家提升渠道凝聚力，提高经销商整体运营水平的有效工具。品牌价值体现在利用品牌创造更高的价格或更大规模的能力上。

一个优秀的汽车品牌，一般都视发展品质重于利润和规模。没有质的约束，品牌价值就可能缩水。在竞争日益激烈的汽车市场，这种意识正被更多的厂商所接受，所以每家厂商都通过不同的策略打造自己的品牌。

品牌与质量之间有着密切的关系，应该说越是在公众心目中被认可的品牌其产品和服务的质量表现就越好。

2. 品牌与个性

汽车不仅仅是简单的代步工具，它还体现出主人的思想、性格、身份、抱负和性格。当各种汽车在价格上不能拉开明显距离的时候，消费者会将汽车个性与自身性格相联系，并深深受到品牌个性的影响。为此，各个汽车厂商无一不重视自己的品牌形象及其个性的塑造。可以认为世界汽车发展史，实际上就是一部激动人心的汽车品牌发展史。汽车所能展示的品牌力量很少有其他商品可以超越，品牌甚至已经成为企业决胜市场的尚方宝剑。

三、品牌化决策

1. 品牌化决策

品牌化是赋予产品和服务一种品牌所具有的能力。品牌化的根本是创造差别使自己与众不同。品牌化不能只强调品牌的属性和某些利益，品牌也有风险，品牌的实质应当包含它的价值、文化和个性。推行品牌化对营销者具有促进产品销售，树立企业形象，保护企业合法权益，约束企业的不良行为，有助于扩大产品组合的作用。对于消费者来说则具有便于消费者辨认、识别、选购商品的作用，维护消费者利益的作用，促进产品改良而有益于消费者的作用。

品牌化决策是有关品牌的第一个决策，就是决定该产品是否使用品牌。在激烈的市场竞争中，品牌对消费者、对企业以及对整个社会都有重要的作用。

2. 无品牌商品化决策

在发达的市场经济条件下，品牌化是一种趋势。但是，要使一个品牌成功地打入市场，往往要花费巨额的费用，导致成本的大量增加，一旦经营失利，将得不偿失。因此，近些年在美国等发达国家又出现一种"非品牌化"趋势，目的是降低广告和包装费用，降低成本和价格，以此增强竞争能力。

在这种情势下，各种不同牌号的汽车就其功能而言并没有多大的区别，面对趋同化商品的大量出现，消费者面临着更加众多、更加广泛、更加无所适从的选择，这使企业日益求助于企业的声誉管理。

所谓企业声誉，是指人们看待某一公司是好是坏的一种实质性的总体评价。这种评价是一种价值判断和道德判断，在很大程度上取决于利益相关者，它与企业的管理伦理密切相关。好的声誉会培养人们对该企业的一种信任或信赖，而且这种声誉只有通过领导知名度、员工参与度、顾客满意度和社区和谐度才能获得，进而产生"光环效应"。由此可见，任何企业在重视品牌化建设的同时，必须同时重视企业声誉的塑造。

3. 品牌归属决策

一旦决定对产品使用品牌，制造商对品牌归属就面临三种选择：一是制造商品牌，也称生产品牌或全国品牌，这是制造商使用自己的品牌；二是经销商品牌，也称中间商品牌或自有品牌，即中间商向制造商大量购进产品或加工订货，用中间商的品牌把产品转卖出去；三是上述两种品牌同时存在，即一部分产品用制造商品牌，另一部分产品用中间商品牌。目前大量的4S店基本上使用汽车制造企业的品牌，容易忽视自己的品牌，这是汽车经营企业需要高度注意的。

四、品牌命名策划

1. 品牌命名

品牌命名是创立品牌的第一步。好的品牌命名，不仅是企业永久性的精神财富，而且能唤起人们美好的联想，使拥有者和消费者得到鞭策和鼓励。

（1）品牌命名的时机

新公司创立时，让一个承载企业理想的名称与之共同成长；新产品推出时，用一个新名字说明产品的新颖性；新的产品类别被创造时，用一个直观、易记的名称建立壁垒，让竞争对手难以逾越；新活动启动时，用一个新名称来表达活动的主张和诉求；新服务执行时，选择一个名称创造或拥有一个梦想；新项目开展时，选择一个名称来指引项目的方向；企业重组时，设计一个强有力的品牌化集合体来强化顾客忠诚度，坚定品牌的纽带。另外，企业在收购时，渠道冲突时，启动危机公关时，发现现有名称不支持产品特性、成分或服务理念时，遇到宣传阻力时都是品牌命名的重要时机。

（2）品牌命名程序

品牌命名要遵循科学的命名程序，通过前期调查、会议，联想大量词语，针对品牌的具体情况，选择适合自己的命名策略。品牌命名需要通过法律审查、语言审查、内部筛选、目标人群测试等各个环节进行认真的审核，以避免法律纠纷，避免有语言障碍的名称，最后才可以从经过初步筛选的几个名称中决定出最终的命名。品牌命名要掌握合法、尊重文化与跨越地理限制、简单明了、易读易记、暗喻功能、启发正面联想、个性突出、风格独特等要点。

2. 品牌命名策划

品牌命名需要策划，品牌名的选择应当注意：

① 品牌名的传播力要强，要能最大限度地让品牌传播出去，不但使消费者记得住，而且能自然而然地联想到品牌的属性。

② 品牌名的亲和力要强。品牌的亲和力取决于品牌名称用词的风格、特征、倾向等因素。它的前提是贴合目标消费者的偏好，通过扩大焦点征服消费者的心。

③ 品牌名的保护性要强。被命名的品牌应当合法注册，防止给别人创造钻营的机会。

品牌命名的方法众多。例如，有人在实践中就总结出了"7 势命名法"，很有见地。

（1）立势命名法

这种命名法强调名字铿锵有力、豪情万丈、音调洪亮、富有气势。比亚迪的 F3、F6，吉利的帝豪等产品，在品牌命名上就明确了志存高远的企业价值观。

（2）醒势命名法

这种命名法产业背景清晰，吻合行业特征，暗含商品属性与服务定位的寓意，锁定目标客户群。例如：在二手车领域，上海大众推出"特选二手车"，上海通用推出"诚新二手车"，一汽-大众推出"认证二手车"，一汽丰田推出了"安心二手车"。在此之后，东风悦达起亚推出的"至诚二手车"，东风标致推出的"诚狮二手车"，广汽本田推出的"喜悦二手车"不仅丰富了二手车品种，增加了消费者的选择，而且发挥了品牌效应，增强了消费者对品牌的忠实度。

（3）取势命名法

取势命名法的关键在于根据已知的、潜在的关联来命名品牌。一个新颖、独特的品牌名称能使普通产品变成极具吸引力的商品，演绎优美的意境，同时给受众带来欢乐和享受的美好祝愿。长安汽车，红旗汽车，奇瑞汽车中的风云、旗云、东方之子、瑞虎等都体现了这种策略。这种集美好祝福与愿望于品牌名称之中的命名方法，可以制造一种内在的消费行为驱动力，很容易最终转化成为消费动机、购买行动。

（4）审势命名法

审势命名法的技巧在于，客观审视自己的长处和资源优势，把企业产品或品牌与自身所独有的这种优势结合起来。荣威 750 的命名，就彰显了上海这座城市的科技能力和上海汽车消化吸收国外技术的优势。

（5）预势命名法

预势是一种极为重要的商业能力。预势命名法的特点是客观有效地预测品牌未来，建立着眼于未来的品牌战略，不仅要简洁明了，便于传播和联想，具有时代感，而且还要符合国际一体化的商业趋势，有利于对未来市场的扩张。神龙汽车有限公司（简称"神龙汽车"）的凯旋、C2、萨拉·毕加索、富康、爱丽舍、赛纳、标致 307、标致 206 等品牌目光绝非只针对眼前。

（6）借势命名法

借势命名法不必组字构词而是直接借用、挪用、占用已有传播影响力基础的词汇，它的最大优势在于，可以用草船借箭的方法开拓市场，大大减小品牌推广阻力，节省广告费用，降低品牌推广成本。例如一汽-大众的捷达、宝来、高尔夫、奥迪等产品，以及诸多合资品牌的命名都采用了借势的方法。

（7）溶势命名法

随着越来越多的国际品牌进驻中国，着眼于国内市场的建设与推广，给品牌英文名称一个好的中文解释，显得越来越重要。来自德国的著名汽车品牌 Mercedes-Benz，当年在进入国内市场时有人叫宾士，也有人称之为本兹，晦涩难懂，品牌特征并不清晰。为了扭转这种局面，Mercedes-Benz 迅速将它更改成中文汉字里意韵俱佳的品牌名称"奔驰（汽车）"，使品牌名称与品牌属性、产品诉求完全吻合，而且使之具有美好的意愿。

五、品牌形象策划

1. 品牌形象与企业形象

形象是人们反映客体而产生的一种心理图式，是各种规则和结构组成的错综复杂的粗略概括或标志。

按照这个逻辑，品牌形象是存在于人们心理的关于品牌的各要素图像及概念的集合体，它是市场竞争条件下一种产品或服务差异化含义的联想的集合，是消费者对传播过程中所接收到的所有关于品牌的信息，进行个人选择与加工之后留存于头脑中的有关该品牌的印象和联想的总和。

企业形象设计与品牌形象设计是两个既有联系又有区别的概念，不能混为一谈。企业形象设计也称 CI 设计，它以企业标志为核心，将企业的经营理念全面、系统地体现在企业的视觉识别系统中，便于企业进行全方位系统化和规范化的管理。CI 系统由企业理念（MI）、企业行为（BI）、视觉识别（VI）三部分组成。

2. 品牌形象的构成内容

良好的品牌形象是企业在市场竞争中的有力武器，深深地吸引着消费者。品牌形象包括有形的内容和无形的内容。

品牌形象的有形内容又称"品牌的功能性"，即与品牌产品或服务相联系的特征。它把产品或服务提供给消费者的满足与品牌形象紧紧联系起来，使人们形成感性的认识。

品牌形象的无形内容是指品牌的独特魅力，是企业赋予品牌的，并为消费者感知，接受的个性特征。在现代汽车市场，人们对商品的要求不仅表现在商品本身的功能性上，而且把要求转向商品带来的无形感受上，它还表现在人们的情感体验、身份显示、地位象征、心理满足等个性化要求上。

品牌形象是一个系统，是品牌的灵魂。品牌形象中的"形象"不是狭义上人们对形象的认识，而是一个系统，包括品牌的外观形象、品牌的功能形象、品牌的情感形象、品牌的文化形象、品牌的社会形象以及品牌的心理形象。品牌形象策划是在对一个形象系统的设计策划，不只是简单的品牌命名和品牌商标设计。

3. 品牌形象的有形要素

品牌形象的有形要素包括产品形象、环境形象、业绩形象、社会形象、员工形象等。

（1）产品形象

产品形象包括产品质量、性能、造型、价格、品种、规格、款式、花色、档次、包装设计以及服务水平、产品创新能力等。

（2）环境形象

环境形象主要是指品牌的生产环境、销售环境、办公环境和品牌的各种附属设施。其中最重要的是销售环境的设计、造型、布局、色彩及各种装饰等，更能展示品牌文化和品牌形象的个性等。

（3）业绩形象

业绩形象是指品牌的经营规模和盈利水平，主要由产品销售额、资金利润率及资产收益率等组成。它反映了品牌经营能力的强弱和盈利水平的高低，是品牌生产经营状况的直接表现，也是品牌追求良好品牌形象的根本所在。

（4）社会形象

社会形象是指品牌通过非营利性的以及带有公共关系性质的社会行为塑造的良好品牌形象，以博取社会的认同和好感。它包括奉公守法，诚实经营，维护消费者合法权益；保护环境，促进生态平衡；关心所在社区的繁荣与发展，做出自己的贡献；关注社会公益事业，促进社会精神文明建设等。

（5）员工形象

企业员工是品牌生产经营管理活动的主体，是品牌形象的直接塑造者。员工形象是指品牌企业员工的整体形象，它包括管理者形象和员工形象。

管理者形象是指品牌管理者集体尤其是企业领导人的知识、能力、魄力、品质、风格及经营业绩给本品牌员工、品牌同行和社会公众留下的印象。管理者形象好，可以增强品牌的向心力和社会公众对品牌的信任度。

员工形象是指品牌企业全体员工的服务态度、职业道德、行为规范、精神风貌、文化水准、作业技能、内在素养和装束仪表等给外界的整体形象。品牌是员工的集合体，因此，员工的言行必将影响到品牌的形象。员工形象好，可以增强品牌的凝聚力和竞争力，为品牌的长期稳定发展打下牢固的基础。

4. 品牌形象的设计逻辑

消费者对品牌的感知，最先往往是品牌的外观形象，例如品牌的名称、商标等，然后才是品牌的功能形象、情感形象和文化形象等深层次的形象。消费者由外而内的感知品牌，从最表象处理解品牌的核心和灵魂，因此品牌设计必须反过来首先确定品牌的灵魂，然后才设计品牌的社会形象、文化形象、情感形象、功能形象和外观形象，这是因为品牌的其他形象

57

设计都是为了体现品牌灵魂形象而设计的。所谓品牌灵魂是指品牌形象系统中处在最核心位置的品牌的心理形象，它是品牌形象系统中最深层的形象。确定好品牌各项目标形象后，要以清晰、全面、准确的文字、措辞、语言表达出来，逻辑要清楚，最终形成品牌目标形象设计书。

5. 品牌形象评判

品牌形象可以用品牌知名度、品牌美誉度、品牌反映度、品牌注意度、品牌认知度、品牌美丽度、品牌传播度、品牌忠诚度及品牌追随度等方法加以度量。

品牌知名度是指品牌被公众知晓的程度，包括公众知名度、行业知名度、目标受众知名度等。

品牌美誉度是指品牌获得公众信任、支持和赞许的程度，也可从公众美誉度、行业美誉度、目标受众美誉度等三个方面加以研究。

品牌反映度是指品牌引起公众感知的反映程度。

品牌注意度是指品牌引起公众注意的能力，主要指品牌在与公众接触时的引人注目的程度。

品牌认知度是指品牌被公众认识、再现的程度。

品牌美丽度是指品牌从视觉上给人的美的享受。

品牌传播度是指品牌传播的穿透力。

品牌忠诚度是指公众对品牌产品使用的选择程度。

品牌追随度是指品牌使用者能否随品牌变迁而追随品牌。

六、品牌数量策划

1. 统一品牌策略

统一品牌策略也称家族品牌策略或一揽子品牌策略。所谓统一品牌是指将一个品牌运用到整个产品线中的所有产品项目中去，也就是说这个企业无论生产多少种类的产品，无论其产品的经营范围拓展到多少个不同的市场，它只采用一个品牌。

采用统一品牌策略的企业往往将企业名称缩写，设计成统一品牌的名称与视觉标志，将品牌的名称与企业的名称统一起来。

采用统一品牌策略有利于企业树立统一的形象和提高整体识别度，极大限度地加深消费者对这个品牌的印象与记忆，并可以节约大量的包装和促销费用。但是，当企业想要占领不同的细分市场，并采取不同的差异化市场策略时，统一品牌策略也存在严重的缺陷，可能会使企业不同的市场细分与差异化经营策略难以实施。这是因为：采用统一品牌策略的企业，个别产品在个别市场的偶然失误也可能影响到整个企业的形象与声誉，甚至一损俱损。

2. 个别品牌策略

个别品牌策略是指企业对各种不同产品分别采用不同的品牌。它将一个个不同的独立品牌分别运用在一条产品线中的各个不同的产品项目中，同一条产品线中的各个不同的产品项目因为它们之间的细微差别而被冠以不同的品牌。

企业的不同市场细分策略与差异化的经营战略，往往可以因个别品牌策略的有效使用而获得明显成效，最终使企业获得成功。

个别品牌策略可以把个别产品的成败同企业的声誉分开，不至于因个别产品信誉不佳而影响其他产品，不会对企业整体形象造成不良后果。

采用个别品牌策略可以提高某一个品牌在消费者心中的记忆度，但实行这种策略企业的广告费用开支很大，对提高整个企业的知名度并塑造企业的统一形象没有帮助。最好的办法是先做强企业品牌，以企业品牌带动个别品牌。

3. 扩展品牌策略

扩展品牌策略是指企业利用市场上已有一定声誉的品牌，推出改进型产品或新产品。采用这种策略，既能节省推广费用，又能迅速打开产品销路。

这种策略在我国汽车市场上使用较多，最近几年每年新推出的数以百计的新车型中，大部分都是改进型产品。

采用这种策略的前提是扩展的品牌在市场上已有较高的声誉，扩展的产品也必须是与之相适应的优良产品。否则，扩展品牌策略也会影响现有产品的销售或降低已有品牌的声誉。

4. 统一品牌与个别品牌共同策略

统一品牌与个别品牌共同策略是指企业先给各种产品命以不同的品牌名称，然后在各种品牌名称前一律冠以企业名称。

例如一汽-大众、一汽奥迪、一汽红旗等兼收两种品牌策略的优点，目的是靠响亮的公司名称，来促进各种产品的销售，如图3-9所示。

a) 一汽-大众   b) 一汽奥迪   c) 一汽红旗

图3-9 中国一汽的统一品牌与个别品牌共同策略

5. 多品牌策略

多品牌策略即一个企业的产品使用多个品牌，多品牌会影响原有单一品牌的销售量，但几个竞争品牌的销售量之和又会超过单一品牌的销售量。

随着企业的发展，吉利又将品牌战略调整为吉利、沃尔沃、领克三个品牌（图3-10），

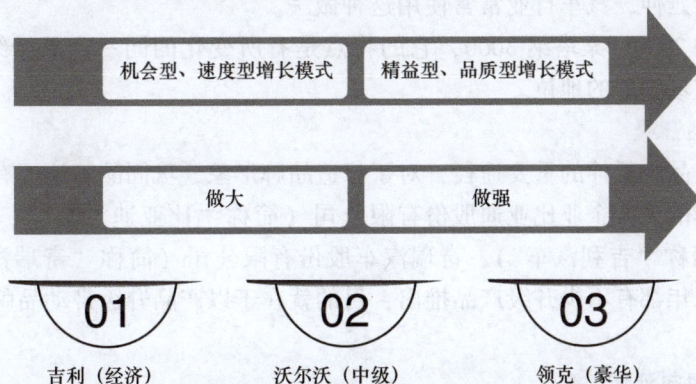

图3-10 吉利汽车的多品牌策略

分别代表经济、中级、高级的品牌特征，意蕴从机会型、速度型增长模式向精益型、品质型增长模式转变，从做大向做强转变。

七、品牌创新策略

品牌创新策略是指企业改进或合并原有品牌，设立新品牌的策略。品牌创新有两种方式：一是渐变，使新品牌与旧品牌造型接近，随着市场的发展而逐步改变品牌，以适应消费者的心理变化。这种方式花费很少，又可保持原有商誉。二是突变，舍弃原有品牌，采用最新设计的全新品牌。

例如：上海大众的新领驭就是原来的帕萨特 B5，只是采用了全新设计的新品牌。这种方式能引起消费者的兴趣，但新品牌需要大量广告费用支持，如图 3-11、图 3-12 所示。

图 3-11　上海大众帕萨特 B5

图 3-12　上海大众新领驭

八、品牌延伸策划

品牌延伸是品牌集中的实现方式。品牌延伸包括两种类型：一种是产品线品牌延伸，用原品牌推出新产品项目；另一种是新产品品牌延伸，它是用原品牌推出新产品，把原品牌延伸到新产品类别。

品牌延伸有利于迅速提高消费者对新产品的认知率，能使新产品顺利地进入市场；有利于新产品避开市场风险，降低市场导入成本；有利于提升品牌整体形象，提高品牌整体效益。

1. 品牌纵向延伸

在某个品牌获得成功后，推出该品牌新的经过改进的产品，接着再推出该品牌更新的产品，向纵向不断延伸，汽车行业常常使用这种做法。

例如桑塔纳 2000、桑塔纳 3000，它的特点是有所变化的同一产品始终使用同一品牌，巩固企业在该市场领域的地位。

2. 品牌产品升级

品牌升级是品牌延伸的重要途径，对于打造品牌形象，巩固品牌地位有着重要作用。目前中国自主品牌的三大企业比亚迪股份有限公司（简称"比亚迪汽车"）、浙江吉利控股集团有限公司（简称"吉利汽车"）、奇瑞汽车股份有限公司（简称"奇瑞汽车"）均完成了产品的升级。每年都有不少升级产品推出，目的就在于以产品升级带动品牌升级，提升自己的品牌形象。

3. 品牌的横向延伸

品牌的横向延伸就是把成功的品牌用于新开发的不同产品。例如比亚迪开发电动汽车，通用开发小排量汽车等。

九、品牌传播策划

品牌不仅需要用心打造，而且需要传播。所有的品牌形象只有得到社会普遍认同才能够成为真正的品牌，这就需要对品牌进行有效的传播。现代社会信息高度发达，传播方式十分丰富。不同传播方式有自己的特点，传播效果也各不相同。

1. 动态媒体传播

动态传播媒体主要有电视、电影和广播等，如电视广告、新闻专题片、电视购物、电视商城、广播购物等。

（1）电视广告

电视的表现力极为丰富生动、声情并茂、动静结合、虚实相间、表现自如，是当代社会最受关注的媒体之一。利用电视对品牌进行传播（表3-2）的优点是表现力丰富、传播面广、传播速度快、影响力大；缺点是成本高昂、互动性差、缺乏针对性，且因为可以夸张而缺乏真实感。

表 3-2　电视传播的特点

媒 体 特 征	优　　点	缺　　点
传播面大	活动影像＋听觉冲击	渗透起点成本高
影响力大	到达率高	信息寿命短
视听结合	有实力的广告主形象	受众针对性差
诉求力强	经销商的支持	制作周期长成本高
表现手段多样	成本效率好	广告干扰度大

（2）影视作品

电影是各种高端品牌竞相角逐的媒体，将产品、品牌及其代表性的视觉符号甚至服务内容融入电影、电视剧、话剧等作品中，可以强化品牌宣传效果，继而达到营销目的。这种传播方式称为植入式营销。

例如，上海大众斯柯达明锐参与拍摄电影《疯狂的赛车》（图3-13），上海汽车荣威550全程赞助话剧《杜拉拉》（图3-14）。

图 3-13　上海大众斯柯达明锐参与
拍摄电影《疯狂的赛车》

图 3-14　上海汽车荣威 550 全程
赞助话剧《杜拉拉》

（3）广播广告

广播传播（表3-3）迅速、覆盖率高、针对性强、价格相对低廉。它的优点是成本低、投放灵活、有一定的受众针对性，具有流动性，能够提供听众参与的机会；缺点是覆盖率低，信息容量小，听众集中力分散，广告干扰度大，看不到产品的形象。

表3-3　广播传播的特点

媒 体 特 征	优 点	缺 点
传播迅速	成本低	覆盖率较低
覆盖率高	投放灵活	信息容量小
针对性强	有一定的受众针对性	听众集中力分散、短暂
表现力强	具有流动性	广告干扰度大
费用低廉	能提供听众参与的机会	不能看到产品的形象

2. 静态媒体传播

静态传播是指利用报纸、杂志、海报、邮件、广告式订单、街头海报、体育场广告牌、城市巨幅广告等静态媒体来进行品牌营销活动。其优点是价格低廉，可储存、传播面较广，针对性比较强；缺点是传播速度慢，信息容易失真，表现方式呆板，互动性差等。报纸传播优缺点见表3-4。

表3-4　报纸传播的特点

心 理 特 征	优 点	缺 点
消息性	快速、时效性高	色彩还原差
广泛性	权威性、信任度高	不适应灵活运作
信赖性	信息量大而全	只有平面视觉冲击
教育性	有一定的受众针对性	广告干扰度大
方便性	制作成本低	缺少真实发行量
保存性	消费者购买便宜	信息出现一次性

3. 人员传播

人员传播是一种口碑传播，是品牌传播最直接、最有力的方式。人员传播是指直接由营销人员通过上门推广、巡回展销、现场订货、演出宣传、展厅销售、销售服务等直接方式传播品牌。利用营销人员直接的营销过程传播品牌的优点是针对性强、感知性强、互动性强、灵活多变、生动具体、情感体验真切；不足之处是费用高昂、传播速度慢、传播范围不广，且传播效果受营销人员个体素质的影响较大。

4. 网络媒体传播

网络传播是近年来一种全新的品牌传播方式，包括网上广告、网上商店、网上购物、网络销售等。网络传播具有高效率、低成本、不受时间限制、平等、互动、资源共享、选择自由度大、实现一对一沟通的特点。

网络媒体传播（表3-5）的优点是传播速度快，信息更新快，信息传递准确，表现力丰富，形式多样，互动性强，成本低，可储存，不受时间和空间限制。现在已经有越来越多的厂商通过网络媒体推广自己的品牌。

表 3-5　网络传播的特点

传播特征	形　式	优　点	缺　点
个性化	品牌条幅广告	受众针对性强	覆盖率较低
内容丰富	站点赞助广告、视频短片等	信息多媒体展示	到达人口成本仍然较高
便利性	下载时连带的广告形式	互动性强	信息可靠性辨识困难
互动性	插入广告、互动游戏等	可以明显显示效果、增强趣味性	服务水准有所降低
手段多样	E-mail 广告等形式	价格便宜	网站广告出现了杂乱现象

例如东风日产骊威前瞻性地考虑到将经典游戏连连看和经典小车骊威合二为一，造就出众多兴奋点，进行品牌推广。从奢侈品牌宝马、保时捷、奥迪、兰博基尼到马自达、本田以及东风、奇瑞等大小厂商纷纷试水网络视频短片营销来推广自己的品牌。

5. 综合方式传播

品牌传播策划的目的是成功塑造企业、产品以及服务的品牌，必须从这一根本目的出发，按照目标形象要求、目标市场状况以及自身综合条件等各种因素，科学、合理地选择和组合传播的方式，全面、准确、直观地表现出品牌的目标形象特点，注意对投入与产出效益的研究，做到花最少的钱而得到最大的效果。

综合方式传播是指综合运用几种传播方式，全方位对品牌进行传播宣传，好处在于能充分避免采用单一方式的不足，更为经济地、全方位地打造企业的品牌形象。

6. 品牌传播媒体评价

在品牌传播过程中要想取得良好的效果，必须考察和评价所选传播方式的基本特点。一般可以从传播媒体的权威性、覆盖面、触及率、毛感点、重复率、连续性、针对性和投入效益 8 个方面加以考察。关于品牌传播媒体评价指标将在第六章第三节汽车广告策划中详细叙述。

7. 品牌传播创意策划

创意是品牌营销策划的灵魂所在。品牌传播需要对品牌传播过程中的各个细节和内容进行创意设计。所谓创意就是准确地、创造性地表达出品牌形象设计的意图，让绝大多数的目标消费者易于感知并乐于认同。

创意的精髓是"巧"，但绝不是天马行空。创意必须遵循一定的原则，符合主题要求。品牌营销策划中的综合创意，是对品牌营销活动中的综合内容和过程的创意，只有这样创意才能符合成功塑造品牌形象的要求。

案例赏析

案例 1. 帝豪品牌：吉利汽车的多品牌战略！

吉利汽车销售公司总经理曾经说"没有吉利汽车的多品牌战略就没有帝豪品牌，也就没有吉利汽车。"

吉利帝豪品牌能够引起业界关注和消费者认可，得益于吉利汽车的战略转型。

2007 年之前，吉利汽车按照"以低价换销量"的思路发展，因此低质低价成了吉利汽车的品牌形象，但吉利汽车的销量并没有如预期中那样快速增加。

随后吉利意识到，消费升级已经起航，这是一次新的商机。中国企业要参与国际竞争，一定要在技术上有所突破，实现战略领先、技术领先，把中国的成本优势转为创新优势。吉利汽车的战略转型不是以价格为核心，而是以技术提升为中心。

2007年5月，吉利汽车发布"宁波宣言"，开始从"造老百姓买得起的好车"向"造最安全、最环保、最节能的好车"转型，全面追求技术、品质、品牌和服务的提升，并重新梳理和规划了品牌组合架构，新设了帝豪、全球鹰和英伦三大子品牌。

为了推进帝豪品牌的优质形象，2009年8月18日，帝豪EC718上市，价位区间为8.28万~11.18万元，但拼抢的并不是1.6L细分市场，而是1.8L市场。这是一款肩负着吉利汽车走向中高端市场、进行战略转型的重点车型。

2015年吉利汽车中期业绩报告显示，公司上半年实现销售收入138.01亿元，同比增长36%；净利润达14.04亿元，同比增长26%；每股盈利为0.15元，同比增长26%。

帝豪品牌这样的业绩是吉利汽车吸金能力的具体体现，而同业绩相辅相成的，则是吉利汽车销量的攀升。

在2015年年底的"吉利品牌之夜"年会上，吉利汽车发布了全新的品牌使命——造每个人的精品车。在这一品牌使命下，淬炼出了全新一代吉利汽车的品牌精神：动感精致、自信激扬。

为了帝豪品牌的发展，吉利在营销方式上也更为年轻化。以"向上马拉松"为年度主题活动，新帝豪挖掘出了其产品中所蕴含的"向上"精神，并将"向上"精神进行延伸，贯彻到了围绕着新帝豪所做的各种营销工作中，比如向上图书馆等，将新帝豪车主阳光和富有责任感的一面呈现出来。这种通过营销活动塑造车主形象，并最终提升新帝豪产品影响力的做法，也在很大程度上推动了新帝豪销量的攀升。

从"向上"系列营销中已可以看出，吉利的品牌传播正更变得加鲜明，更有时代的特点，更聚焦，也更能传递出年轻一代人的主流态度。这正体现了吉利"动感精致、自信激扬"的品牌使命，从而激发起消费者对吉利品牌的深度认知和认同。

帝豪品牌的成功关键在于吉利汽车打造的独立品牌形象，同时，帝豪的成功不仅仅是一个品牌的成长，更是成为吉利品牌打造高端形象的基础。

（资料摘自：新浪博客）

案例2. 汽车史上单次召回规模最大的丰田召回事件

丰田的"问题踏板"终于还是波及了中国市场，尽管之前，它曾信誓旦旦地表示过"并不涉及中国市场"。记者昨天获悉，天津一汽丰田已经向国家质量监督检验检疫总局递交了召回报告，决定自2010年2月28日开始，对2009年3月19日至2010年1月25日生产的75 552辆RAV4车辆进行召回，召回原因则和丰田之前在北美和欧洲的召回基本相同——油门踏板。

仅仅在此之前的一个星期，1月21日，丰田汽车宣布，因油门踏板存在质量问题，丰田汽车在美国召回包括凯美瑞、卡罗拉等主力车型在内的8款共计230万辆汽车；1月25日，丰田又在欧洲召回200万辆存在相同问题的汽车；之后，丰田宣布在北美暂停销售这8款车型，同时，丰田还要求其设在北美的五家汽车组装厂将从今年2月1日起"停产整顿"；1月27日，丰田又宣布，同样因油门踏板问题，丰田将再追加召回109万辆问题车。到目前为止，丰田因油门踏板而召回的车辆已超过546万辆，成为汽车史上单次召回规模最大的事件。

"为何对中国市场的召回延迟了一周？丰田必须有合理解释。"对此，业内有关专家表示，丰田在中国市场召回7万多辆RAV4，这几乎是这款车型在中国市场销售的全部数字，也就意味着所有的RAV4都存在油门踏板的隐患，这是否会导致之前很多订货的购车人因此退车，目前还很难预料。

"丰田近期的大规模召回，和它一直以来实施的'零部件通用'政策不无关联，丰田的采购体系过于单一，就会导致一损俱损的局面。"业内有关专家表示，"此外，丰田这几年的扩张太急太快，而管理却跟不上，就会出现'萝卜快了不洗泥'的现象。"

（资料来源：中国青年报）

案例3. 汽车产业总体技术路线图

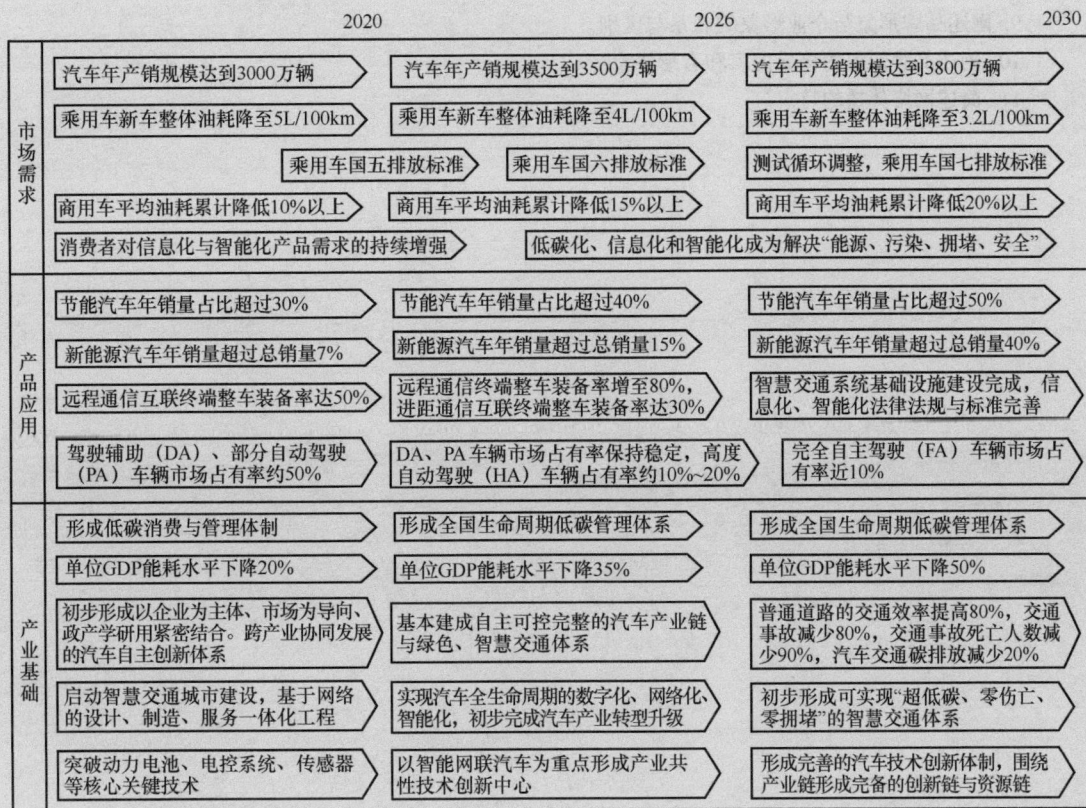

	2020	2026	2030
市场需求	汽车年产销规模达到3000万辆	汽车年产销规模达到3500万辆	汽车年产销规模达到3800万辆
	乘用车新车整体油耗降至5L/100km	乘用车新车整体油耗降至4L/100km	乘用车新车整体油耗降至3.2L/100km
	乘用车国五排放标准	乘用车国六排放标准	测试循环调整，乘用车国七排放标准
	商用车平均油耗累计降低10%以上	商用车平均油耗累计降低15%以上	商用车平均油耗累计降低20%以上
	消费者对信息化与智能化产品需求的持续增强	低碳化、信息化和智能化成为解决"能源、污染、拥堵、安全"	
产品应用	节能汽车年销量占比超过30%	节能汽车年销量占比超过40%	节能汽车年销量占比超过50%
	新能源汽车年销量超过总销量7%	新能源汽车年销量超过总销量15%	新能源汽车年销量超过总销量40%
	远程通信互联终端整车装备率达50%	远程通信终端整车装备率增至80%，进距通信互联终端整车装备达30%	智慧交通系统基础设施建设完成，信息化、智能化法律法规与标准完善
	驾驶辅助（DA）、部分自动驾驶（PA）车辆市场占有率约50%	DA、PA车辆市场占有率保持稳定，高度自动驾驶（HA）车辆占有率约10%~20%	完全自主驾驶（FA）车辆市场占有率近10%
产业基础	形成低碳消费与管理体制	形成全国生命周期低碳管理体系	形成全国生命周期低碳管理体系
	单位GDP能耗水平下降20%	单位GDP能耗水平下降35%	单位GDP能耗水平下降50%
	初步形成以企业为主体、市场为导向、政产学研用紧密结合。跨产业协同发展的汽车自主创新体系	基本建成自主可控完整的汽车产业链与绿色、智慧交通体系	普通道路的交通效率提高80%，交通事故减少80%，交通事故死亡人数减少90%，汽车交通碳排放减少20%
	启动智慧交通城市建设，基于网络的设计、制造、服务一体化工程	实现汽车全生命周期的数字化、网络化、智能化，初步完成汽车产业转型升级	初步形成可实现"超低碳、零伤亡、零拥堵"的智慧交通体系
	突破动力电池、电控系统、传感器等核心关键技术	以智能网联汽车为重点形成产业共性技术创新中心	形成完善的汽车技术创新体制，围绕产业链形成完备的创新链与资源链

本章小结

在对汽车产品进行分析时，应侧重从以下几个方面进行：第一，对汽车产品的性质进行了解，即从汽车产品的核心层、形式层、期望层、延伸层和潜在层五个方面进行分析。第二，在进行汽车产品组合的搭配时，不仅要考虑组合的因素，还应结合汽车组合策略来进行选择和应用。第三，在汽车产品的不同生命周期阶段，也应采用不同的应对策略。第四，在市场营销活动中，应努力进行品牌推广，合理选择使用品牌，使品牌更好地发挥作用，并根据产品和服务的特点采用不同的品牌策略。

思 考 题

1. 什么是产品的整体概念？
2. 消费者对产品的实际理解是怎样的？
3. 产品定位的一般方法有哪些？
4. 简述产品生命周期各阶段特点和营销策略。
5. 简述产品组合的相关概念和汽车产品组合的类型。
6. 什么是新产品？新产品怎样进行分类？
7. 详细阐述新产品的推广策略。
8. 了解品牌的概念和功能。
9. 阐述品牌形象与企业形象的联系与区别。
10. 阐述品牌形象的构成内容和有形要素。
11. 简述网络传播的特点。

第四章　汽车价格策划

学习目标

1. 了解影响汽车价格的客观因素。
2. 熟悉汽车的价格体系。
3. 熟悉汽车的定价目标。
4. 熟悉汽车的定价程序。
5. 熟悉汽车的定价方法。
6. 理解汽车价格策划原则。
7. 熟悉汽车价格策划程序。
8. 熟悉汽车新产品定价策略。
9. 熟悉价格竞争策划。

本章导读

价格是商品价值的货币表现，是商品与货币交换比例的指数，也是商品经济特有的一个重要经济范畴。在影响消费者心理与行为的诸多因素中，价格是最具刺激性、敏感性的因素之一。研究价格问题的目的是掌握消费者对价格及其变动的心理反应与活动规律，进行确有成效的价格策划，制定出既符合消费者需求，又能增加企业效益的价格。

第一节
定价与价格影响因素

一、影响价格的客观因素

1. 商品价值对价格的影响

商品价值是凝结于商品中的社会必要劳动量，这是商品价格的内在决定因素。值得注意的是，21 世纪是消费者的"梦幻消费时代"，生理上的特质满足已不是诉求的重点，心理上、情感上、心灵上的"造梦"，才是顾客整体满足的中心点。产品价格的成分中，特质成本愈来愈低，服务、品牌、信任、安全、舒适、方便、速度、愉快、省时、有趣、刺激、有效、合适、准时、时髦、流行等转化成分才是价格组成的主要部分。

2. 供求关系对价格的影响

供求关系是决定价格的重要因素。

（1）需求对价格的影响

供求关系影响价格，首先表现在需求对价格的影响上。需求既是一种愿望，又是一种能力。需求对商品价格的影响是指消费者在某一时间点上和某一价格条件下对某种商品或劳务愿意购买并能够购买的数量。它受商品本身的价格，相关商品的价格，消费者的个人偏好、预期、收入水平的影响。

（2）供给对价格的影响

供求关系影响价格，也表现在供给对商品价格的影响。供给与需求相对应，同样既是一种供给能力，又是一种供给欲望，是指在一定时期内，生产者在一定价格条件下愿意并且能够提供的某种商品或劳务的数量。商品价格与预期主要影响供给欲望，生产要素的价格与技术水平主要影响供给能力。在卖方市场条件下，商品短缺、供不应求，购买者争相购买，卖者在市场中起主导作用，在交易中处于有利地位，即使提高价格也能把商品卖出去。但在买方市场条件下，商品过剩、供大于求，买方处于有利地位，购买者对商品的选择余地大，虽有支付能力，但往往持币待购，等到出现预期的情境时才会购买。买方市场条件下，卖方不得不按照消费者的预期降低价格出售商品，以减少库存，这时的价格就会下降。

3. 货币价值对价格的影响

货币是价值的符号，价格是以货币形式表现的价值。影响价格变动的内在因素有商品的价值量和货币的价值量。在币值不变的条件下，商品的价值量增加，价格上升；商品的价值量减少，价格下降。在价值量不变的条件下，货币价值量增加，价格下降；货币价值量下降，价格上升。货币价值稳定，价格也稳定。如果纸币发行量超过了流通中实际需要的货币量，就可能引起货币贬值，导致通货膨胀；反之，纸币发行量低于流通中实际需要的货币量，则可能导致市场不景气，经济萎缩。

4. 市场竞争对价格的影响

从理论上讲，产品价格是由企业自身决定的，但事实上价格在很大程度上要受到生产者和消费者竞争强度的影响。为了应对市场竞争，不少企业会通过调整价格，以在市场上争取主动。市场竞争与价格竞争不可分割。所谓价格竞争，是指企业运用价格手段，通过价格的提高、维持或降低，以及对竞争者定价或变价的灵活反应，与竞争者争夺市场份额。价格竞争易于仿效，很容易招致竞争对手以牙还牙的报复，以致两败俱伤，最终不能提高经济效益。引发价格竞争的主要原因是市场竞争，目的可能出于迅速提升市场占有率，清理库存，回笼资金，攻击或防卫竞争产品等。

5. 国家政策对价格的影响

国家政策对价格的影响是宏观调控的重要内容，它对商品价格的影响是综合的，既考虑国家经济的宏观形势，又考虑商品的生产成本，也就是商品的价值；既有政治因素又有经济因素；既考虑供求关系又考虑商品价值；既考虑国家利益又考虑厂商和消费者利益。国家政策对汽车价格的形成包括直接影响和间接影响两个部分。例如，对于不同排量汽车的消费税政策，国家并没有直接对汽车的价格进行干预，但它间接影响汽车的价格；又如，国家对新能源汽车、汽车下乡、老旧汽车报废更新、降低购置附加费比例的政策，都会直接影响某些汽车的价格形成与确定。

6. 国际价格对国内价格的影响

随着中国经济对外开放度的提高，国际价格必然会对国内价格产生更多的影响。开放度提高意味着越来越多的商品可以跨国进行贸易，因而国内价格有向国际价格靠近的趋势，总体物价水平开始遵循"一价定律"。国外物价上涨首先传递给国内的进口价格。国内价格除受国外价格影响之外，同时受汇率以及国内经济状况和货币政策的影响。汇率直接影响本国的进口价格，进而影响国内的生产者价格指数 PPI 和消费者价格指数 CPI。如进口消费品价格上涨，在一价定律和价格示范效应的作用下，国内同类消费品价格也将上涨。

7. 影响汽车价格的其他因素

影响汽车价格的因素，除了以上宏观因素外，还涉及许多微观的因素。例如：汽车成本，包括生产、流通过程中耗费的物化劳动和活劳动；汽车特征对消费者的吸引力；汽车市场结构、汽车企业销售渠道和促销宣传以及汽车企业的整体营销战略与策略都会对汽车产品的定价产生影响。

二、汽车价格体系

1. 汽车价格的构成

汽车价格的构成是指组成汽车价格的各个要素及其在汽车价格中的组成情况。汽车价值决定汽车价格，汽车价格是汽车价值的货币表现。在价格形态上，汽车价值转化为汽车价格构成的是汽车生产成本、汽车流通费用、国家税金和汽车企业利润等四个要素。汽车价格的具体构成是：

（1）汽车出厂价格

　　　汽车出厂价格＝汽车生产成本＋汽车生产企业的利税

（2）汽车批发价格

　　　汽车批发价格＝汽车出厂价格＋汽车批发流通费用＋汽车批发企业的利税

（3）汽车直售价格

　　　汽车直售价格＝汽车批发价格＋汽车直售费用＋汽车直售企业的利税

2. 汽车价格体系

汽车价格体系是指在国家整个汽车市场中，各种汽车价格之间相互关系的总和。从价格学的角度来看，价格体系一般分为三个分体系，即比价体系、差价体系、体现我国价格管理体制的各种价格形式体系。从汽车市场营销学的角度来看，汽车价格体系主要指差价体系。汽车差价是指同种汽车因为购销环节、购销地区、购销季节以及汽车质量不同而形成的价格差异。它可以分为汽车购销差价、汽车批零差价、汽车地区差价、汽车季节差价和汽车质量差价等几种。正确认识和掌握汽车产品的差价体系，对于促进汽车生产发展，扩大汽车产品流通，减少汽车流通环节，降低汽车流通费用，提高汽车经济效益，有着非常积极的作用。

三、汽车定价目标

1. 以利润为导向的汽车定价目标

利润是汽车企业存在和发展的必要条件，也是汽车企业营销所追求的基本目标之一。汽

车企业一般都把利润作为重要的汽车定价目标,这样的目标主要有三种:

（1）利润最大化目标

以最大利润为汽车定价目标,指的是汽车企业期望获取最大限度的销售利润。一般来说,汽车企业追求的是长期利润的最大化,在某些特定的情况下,汽车企业也有可能会通过汽车价格的提高而追求短期的最大利润。

（2）目标利润

以预期的利润作为汽车定价目标就是汽车企业把某项汽车产品或投资的预期利润水平规定为汽车销售额或投资额的一定百分比,即汽车销售利润率或汽车投资利润率。汽车新品种的开发和上市等汽车企业活动都将引起投资的增加,因而新近投资的回收和报酬则是汽车企业定价时所必须要考虑到的因素。

（3）适当利润目标

有些汽车企业为了保全自己,减少市场风险,或者限于实力不足,以满足适当利润作为汽车定价目标。这种情况多见于处于市场追随者地位的中小汽车企业。适当利润目标的限度可以随着汽车产销量的变化、投资者的要求和汽车市场可以接受的程度变化等因素有所变化。

2. 以销量为导向的汽车定价目标

这种汽车定价目标是指汽车企业希望获得某种水平的汽车销售量或汽车市场占有率而确定的目标。

（1）保持或扩大汽车市场占有率

汽车市场占有率是汽车企业经营状况和汽车产品在汽车市场上的竞争能力的直接反映,对于汽车企业的生存和发展具有重要意义。因为汽车的市场占有率与汽车企业的利润有着很强的关联性,而汽车市场占有率一般比最大利润容易测定,也更能体现汽车企业的努力方向。因此,有些汽车企业把保持或扩大汽车市场占有率看得非常重要。许多资金雄厚的大汽车企业,喜欢以低价渗透的方式来建立一定的汽车市场占有率;一些中小企业为了在某一细分汽车市场获得一定优势,也十分注重扩大汽车市场占有率。但是,汽车市场占有率的提高并不一定会带来汽车企业利润的增加。

一般来讲,只有当汽车企业处于以下几种情况时,才适合采用这种低价渗透的定价目标:该汽车的价格需求弹性较大,低价会促使汽车市场份额的扩大;汽车成本随着销量增加呈现逐渐下降的趋势,而利润有逐渐上升的可能;低价能阻止现有和可能出现的竞争者;汽车企业有雄厚的实力能承受低价所造成的经济损失;采用进攻型经营策略的汽车企业。

（2）增加汽车销售量

这是指把增加或扩大现有汽车销售量作为汽车定价目标。这种方法一般适用于汽车的价格需求弹性较大,汽车企业开工不足,生产能力过剩,只要降低汽车价格就能扩大销售,使单位固定成本降低,汽车企业总利润增加的情况。

3. 以竞争为导向的汽车定价目标

这是指汽车企业主要着眼于竞争激烈的汽车市场,以应对或避免竞争为导向的汽车定价目标。在汽车市场竞争中,大多数竞争对手对汽车价格都很敏感。在汽车定价以前,一定要广泛收集市场信息,把自己生产的汽车的性能、质量和成本与竞争者的汽车进行比较,然后以对汽车价格有决定性影响的竞争对手或汽车市场领导者的价格为基础，来制定本企业的汽车价格。这种定价目标通常采用的方法有三种：一是与竞争者同价；二是高于竞争者的价格；三是低于竞争者的价格。汽车企业在遇到同行价格竞争时，常常会被迫采取相应对策，如：竞相削价、压倒对方；及时调价、价位对等；提高价格、树立威望。在现代市场竞争中，价格战容易使双方两败俱伤、风险较大，所以很多企业往往会开展非价格竞争，如在汽车质量、促销、分销和服务等方面多下功夫，以巩固和扩大自己的汽车市场份额。

4. 以质量为导向的汽车定价目标

这是指汽车企业为在市场上树立汽车质量领先地位的目标，而在汽车价格上做出的反应。优质优价是一般的市场供求准则，研究和开发优质汽车必然要支付较高的成本，自然要求以高的汽车价格得到回报。从长远来看，在一个完善的汽车市场体系中，高价格的汽车自然代表或反映着汽车的高性能、高质量及汽车企业所能提供的优质服务。采取汽车质量导向目标的汽车企业必须具备以下两个条件：一是生产高性能、高质量的汽车；二是提供优质的服务。

5. 以生存为导向的汽车定价目标

当汽车企业遇到生产能力过剩或激烈的市场竞争要改变消费者的需求时，就要把维持生存作为自己的主要目标，此时生存比利润更重要。这时的汽车企业往往会采取大规模的价格折扣来保持汽车企业的活力和生命力。对于这种汽车企业来讲，只要他们的汽车价格能够弥补变动成本和一部分固定成本，即汽车单价大于汽车企业变动成本，就能够维持汽车企业的生存。

6. 以销售渠道为导向的定价目标

对于那些需经中间商销售汽车的汽车企业来说，保持汽车销售渠道畅通无阻，是保证汽车企业获得良好经营效果的重要条件之一。为了使销售渠道畅通，汽车企业必须研究汽车价格对中间商的影响，充分考虑中间商的利益，保证中间商有合理的利润，促使中间商有充分的积极性去销售汽车。

四、汽车定价程序

汽车企业在汽车新产品投放市场，或者在市场环境发生变化时需要制定或调整汽车价格，以利于汽车企业营销目标的实现。由于汽车价格涉及汽车企业、竞争者、汽车消费者三者之间的利益，掌握汽车定价的一般程序，对于制定合理的汽车价格是十分重要的。

1. 明确汽车目标市场

在汽车定价时首先要明确汽车目标市场。汽车目标市场是汽车企业生产的汽车所要进入的市场，具体来讲，就是谁是本企业汽车的消费者。汽车目标市场不同，汽车定价的水平就不同。分析汽车目标市场一般要分析该汽车市场消费者的基本特征、需求目标、需求强度、潜在需求量、购买力水平和风俗习惯等。

2. 分析影响汽车定价的因素

（1）汽车产品特征

汽车产品是汽车企业整个营销活动的基础，在定价前，必须对汽车进行具体分析。汽车定价主要分析汽车的生命周期、汽车性能、汽车质量、汽车对购买者的吸引力、汽车成本水平和汽车需求弹性等。

（2）市场竞争状况

在竞争的汽车市场中，任何汽车企业为汽车定价或调价时，必然会引起竞争者的关注。为使汽车价格具有竞争力和盈利能力，汽车定价或调价前，要对竞争者主要进行如下分析：同类汽车市场中主要竞争者是谁，其汽车产品特征与汽车价格水平如何，各类竞争者的竞争实力如何等。

（3）货币价值

汽车价格是汽车价值的货币表现，汽车价格不仅取决于汽车价值量的大小，而且还取决于货币价值量的大小。

（4）政策和法规

国家的经济政策和法规对汽车企业定价有约束作用，因此，汽车企业在定价前一定要了解国家对汽车定价方面的有关政策和法规。

3. 确定汽车定价目标

汽车定价目标是在对汽车目标市场和影响汽车定价因素综合分析的基础上确定的。汽车定价目标是合理定价的关键。不同的汽车企业、不同的经营环境和不同的经营时期，其定价目标是不同的。在某个时期，对汽车企业生存与发展影响最大的因素，通常会被作为汽车定价目标。

4. 选择汽车定价方法

汽车定价方法是在特定的汽车定价目标指导下，根据对成本、供求、汽车企业产销能力等一系列基本因素的研究，运用价格决策理论，对汽车产品价格进行计算的具体方法。汽车定价方法一般有三种，即以成本为中心的汽车定价方法、以需求为中心的汽车定价方法和以竞争为中心的汽车定价方法。这三种方法能适应不同的汽车定价目标，汽车企业应根据实际情况择优使用。

5. 确定汽车定价策略

汽车定价策略主要有汽车新产品定价策略、折扣和折让定价策略和针对汽车消费者心理的定价策略。在激烈的汽车市场竞争中，汽车企业为了实现自己的营销战略和目标，必须根据产品特点、市场需求及竞争情况，采取各种灵活多变的汽车定价策略，使汽车定价策略与汽车市场营销组合中的其他策略更好地结合，促进和扩大汽车销售，提高汽车企业的整体效益。

6. 最后确定汽车价格

确定汽车价格要以汽车定价目标为指导，选择合理的汽车定价方法，同时也要考虑其他因素，如汽车消费者心理因素，汽车产品新老程度等。最后经分析、判断以及计算，为汽车产品确定合理的价格。

五、汽车定价方法

汽车定价方法是指汽车企业为了在目标市场上实现定价目标，给汽车产品制定一个基本价格或浮动范围的方法。汽车定价的方法主要有汽车成本导向定价法、汽车需求导向定价法和汽车竞争导向定价法三种。

1. 汽车成本导向定价法

汽车成本导向定价法是以汽车成本为基础，加上一定的利润和应纳税金来制定汽车价格的方法。常用的以汽车成本为基础的定价方法主要有以下两种：

（1）汽车成本加成定价法

汽车成本加成定价法是一种最简单的汽车定价方法，即在单台汽车成本的基础上，加上一定比例的预期利润作为汽车产品的售价。售价与成本之间的差额，就是毛利润。

汽车成本加成定价法的计算公式为

$$汽车成本利润率 = (要求达到的总利润/总成本) \times 100\%$$

例如：某个汽车企业一年要求达到的总利润为 6 000 万元，总成本是 30 000 万元，只生产某种汽车产品 2 000 台，产品税率为 10%，计算结果是：

$$成本利润率 = (6\ 000/30\ 000) \times 100\% = 20\%$$

汽车成本加成定价法的优点是：

① 能使汽车企业的全部成本得到补偿，并有一定的盈利，使汽车企业的再生产能继续进行。

② 这种计算方法简便易行，由于确定汽车成本比确定汽车需求容易，因而将汽车的价格钉住汽车成本，可以极大地简化汽车企业的定价程序，同时也使汽车企业不必经常根据汽车需求的变化来调整汽车的价格。

③ 有利于国家和有关部门通过规定成本利润率，对汽车企业的汽车价格进行监督。

④ 如果汽车行业都采用此法，就可缓解汽车价格竞争，保持汽车市场价格的稳定。

汽车成本加成定价法的缺点是：

① 由于汽车成本加成定价法忽视了汽车市场的需求和竞争对手的价格，只反映生产经营中的劳动耗费。因此，根据这种方法制定的汽车价格必然缺乏对汽车市场供求关系变化的适应能力，不利于增强汽车企业的市场竞争力。

② 汽车企业成本纯属是企业的个别成本，而不是正常生产、合理经营下的社会成本，因此，有可能包含不正常、不合理的费用开支。

③ 这种定价方法是以卖方的利益为出发点的，它不利于汽车企业降低成本。另外，加成率只是一个估计值，缺乏科学性。

因此，这种定价法主要适用于汽车生产经营处于合理状态下的企业和供求大致平衡、成本较稳定的汽车产品市场。

（2）汽车目标成本定价法

汽车目标成本定价法是指汽车企业以经过一定努力预期能够达到的目标成本为定价依据，加上一定的目标利润和应纳税金来制定汽车价格的方法。这里，目标成本与定价时的实际成本不同，它是企业在充分考虑未来营销环境变化的基础上，为实现企业的经营目标而拟定的一种"预期成本"。

汽车目标成本定价法计算公式为：

$$汽车目标成本利润率 = (要求达到的总利润目标成本/目标产销量) \times 100\%$$

汽车目标成本定价法的特点是：汽车目标成本的确定要同时受到价格、税率和利润要求的多重制约，即汽车价格应确保市场能容纳目标产销量，扣税后销售总收入在补偿按目标产销量计算的全部成本后能为汽车企业提供预期的利润。此外，汽车目标成本还要充分考虑原材料、工资等成本价格变化的因素。

汽车目标成本定价法是为谋求长远和总体利益服务的，较适用于经济实力雄厚、生产和经营有较大发展前途的汽车企业，尤其适用于新产品的定价。采用汽车目标成本定价法有助于汽车企业开拓市场，降低成本，提高设备利用率，从而提高汽车企业的经济效益和社会效益。

2. 汽车需求导向定价法

汽车需求导向定价法是一种以需求为中心的定价方法。汽车企业依据汽车消费者对汽车价值的理解和对汽车需求的差别来定价，而不是依据汽车的成本来定价。

（1）对汽车价值的理解定价法

所谓对汽车价值的理解定价法，就是汽车企业按照汽车消费者对汽车价值的理解来制定汽车价格，而不是根据汽车企业生产汽车的实际价值来定价。因此，在对汽车定价时，要先估计和测量出由汽车营销组合中的非价格因素在顾客心目中建立起来的对该汽车的认知价值。对汽车价值的理解定价法同汽车在市场上的定位是相联系的。其方法是：先从汽车的质量、提供的服务等方面为汽车在目标市场上定价；决定汽车所能达到的售价；然后估计在此价格下的销量；由汽车销量算出所需的汽车生产量、投资额及单台汽车成本；再计算该汽车是否能达到预期的利润，以此来确定该汽车价格是否合理，并可进一步判明该汽车在市场上的命运如何。

（2）对汽车需求的差别定价法

这是根据对汽车需求方面的差别来制定汽车的价格。这种汽车定价的方法首先是要注重适应消费者的不同特性，而将汽车成本的补偿置于次要的位置。采用这种汽车定价方法，可以使汽车企业的定价最大限度地符合汽车市场的需求，从而促进汽车销售。总之，对汽车需求的差异定价法能反映汽车消费者对汽车需求的差别及变化，有助于提高汽车企业的市场占有率。但这种定价法不利于成本控制，且需求的差别不易精确估计。

3. 汽车竞争导向定价法

汽车竞争导向定价法是依据竞争者的价格来定价，使本汽车企业的价格与竞争者价格相类似或保持一定的距离。这是汽车企业为了应对汽车市场竞争的需要而采取的一种特殊定价方法。这种方法的特点在于汽车的价格不与汽车的成本或需求发生直接关系。汽车竞争导向定价法主要有四种。

（1）随行就市定价法

随行就市定价法以同类汽车产品的平均价格作为汽车企业定价的基础。这种方法适合汽车企业既难于对消费者和竞争者的反应做出准确的估计，自己又难于另行定价时运用。采取随行就市定价法并不是要汽车企业采取与竞争对手完全一样的汽车定价策略，汽车企业在制定汽车价格时，要有别于其他竞争对手，而汽车企业的市场营销策略亦要与之相协调，以应对竞争对手的价格竞争。

（2）相关商品比价定价法

相关商品比价定价法是以同类汽车产品中消费者认可某品牌汽车的价格作为依据，结合本企业汽车产品与消费者认可的汽车成本差率或质量差率来制定汽车价格。

（3）竞争投标定价法

在汽车交易中，采用招投标的方式，由一个卖主（或买主）对两个以上并相互竞争的潜在买主（或卖主）出价（或要价），最后择优成交的定价方法称为竞争投标定价法。此定价法主要在政府处理走私没收汽车和企业处理多余汽车时采用。

（4）拍卖定价法

拍卖定价法是由汽车卖方委托拍卖行，以公开叫卖的方式来引导汽车买方报价，利用汽车买方竞争求购的心理，从中选择最高汽车价格成交的方法。汽车的拍卖定价法一般多用于二手车的交易中。

第二节
汽车价格策划

一、汽车价格策划原则

1. 服从整体

价格策划是企业为了实现一定的营销目标而协调处理各种价格关系的活动。它不仅仅指价格的制定，还包括在一定的环境条件下，为了实现特定的营销目标，协调配合营销组合的其他各有关方面，构思、选择并在实施过程中不断修正价格战略和策略的全过程。价格策划必须从整体出发，根据不断变化的内外部环境与条件，对原有的战略、政策及策略进行适时、适当的修正或调整，这是保证价格策划有效性的基本条件。

2. 弄清背景

进行价格策划要以市场为背景或以企业为背景，将企业内部的价格工作作为一个整体，注意各个局部之间的协调，从而把握策划的整体性和系统性。以市场为背景是指结合市场状况，把价格策划建立在对现有竞争者和潜在竞争者的状况，以及竞争者对本企业行为可能产生的反应进行全面清醒分析的基础上。以企业为背景是指要考虑企业资源限制和资源优势，考虑到企业价格工作与其他各项工作的衔接，不能脱离企业的背景独立进行价格策划。

3. 注意协调

要处理好不同产品或服务价格的协调、同一产品或服务价格的协调、具体价格制定与整体企业价格政策的协调，这是进行价格策划的基本前提。

4. 以变制变

价格策划必须要有动态观念。在营销活动中，从来不存在一种适合于任何企业，适用于任何市场情形的战略、政策和策略。成功的价格策划必须适应市场的客观变化和它的区间适应性，而且与企业经营总体目标相一致。成功的价格策划还要立足历史和现实，更要放眼未来。尽管价格调整较其他营销策略的调整简单，但仍然需要注重对未来的分析，包括对竞争者的未来状况、消费者的未来状况、企业未来可以使用的资源状况等的分析，以保证价格策划具有强大生命力。另外，成功的价格策划还要考虑选择最佳时机，适时变动。

5. 出奇制胜

出奇制胜意在用对方意料不到的方法取得胜利，这是汽车价格策划的重要技巧。在大多数企业采用一以贯之的汽车定价策略时，以对手和市场难以预料的方法进行价格策划，可以取得意料不到的好效果。例如，当相当多的企业纷纷采用降价策略时，某品牌汽车在坚持市场价格的同时，将其中可以降价的空间部分让利给经销商，对外张扬了"一分价钱一分货"的产品形象，对内扩大了经销商的利益，调动了经销商的积极性。此计可谓一箭双雕。

二、汽车价格策划程序

1. 选择定价目标

进行价格策划首先要确定定价目标，明确是为了达成利润目标、销量目标，还是竞争目标。

2. 核算产品成本

产品的生产过程是活劳动和物化劳动的消耗过程，工业企业在一定时期内为进行生产活动所发生的全部费用，即用货币形式表现的生产耗费就是该时期的生产费用。为生产一定种类和数量的产品所支出的生产费用总和，就是产品成本。任何价格策划不可能脱离成本的思考，有些企业盲目追求市场占有率而忽视了利润占有率，这与企业的宗旨不符，也不符合价格策划的基本目的。

3. 调查和预测竞争者的反应

企业在进行价格策划时，不仅要考虑购买者的反应，而且要考虑竞争者的反应。特别是当某一行业中企业数目很少，又是提供同质产品，从而使购买者颇具辨别力与相关产品的价格知识时，竞争者的反应就显得愈加重要。调查和预测竞争者的反应，可以通过内部资料和借助统计分析。可以通过企业情报活动去获得竞争者考虑程序及反应形式等重要情报。用统计分析方法来研究企业过去的价格反应，也可以得知竞争者适应价格变化的对策。

4. 选择定价方法

明确了产品成本、进行价格策划的目标和竞争者的反应，就可以根据产品的特质、市场定位等各种情况，选择定价方法进行价格策划。

5. 确定定价策略

确定定价策略必须明确定价与产品的关系、定价与销售渠道的关系、定价与促销的关系，目的是使价格策划更加有利于刺激消费者的购买欲望，有利于经销商积极性的调动，有利于企业销售目标的达成。

6. 确定最终价格

确定最终价格是汽车产品价格策划的结果，成功与否必须接受市场的检验。在汽车市场上，经常可以看到有些产品由于定价不妥或价格变动不及时，不适合市场的客观状况与变化，导致销售不畅、市场地位发生消极变化的例子，应当引以为戒。

三、汽车定价策略

汽车价格竞争是一种十分重要的汽车营销手段，汽车企业要实现既定的汽车营销目标，就不仅要研究汽车定价的方法，还要研究汽车定价的策略。在激烈的汽车市场竞争中，汽车企业为了实现自己的营销战略和目标，必须根据产品特点、市场需求及竞争情况，采取各种灵活多变的汽车定价策略，使汽车定价策略与汽车市场营销组合中的其他策略更好地结合，促进和扩大汽车销售，提高汽车企业的整体效益。因此，正确采用汽车定价策略是汽车企业取得汽车市场竞争优势地位的重要手段。

1. 汽车新产品定价策略

汽车新产品定价策略就是对汽车企业推出的新产品所采取的定价策略。若汽车新产品定价得当，就可能使该汽车新产品顺利进入市场，打开销路，占领市场，给企业带来利润；反之，若汽车新产品定价不当，就有可能使该新产品失败，从而影响汽车生产企业的效益。

（1）撇脂定价策略

这是一种汽车高价保利策略，是指在汽车新产品投放市场的初期，将汽车价格定得较高，以便在较短的时期内获得较高的利润，尽快地收回投资。采用这种定价策略制定的汽车价格称为汽车撇脂价格或汽车撇油价格。

汽车撇脂定价策略的优点是：

① 汽车新产品刚投放市场，需求弹性少，尚未有竞争者，因此，只要汽车新产品性能超群、质量过硬，就可以采取高价，来满足一些汽车消费者求新、求异的消费心理。

② 由于汽车价格较高，因而可以使汽车企业在较短时期内取得较大利润。

③ 定价较高，便于在竞争者大量进入市场时主动降价，增强竞争能力，同时，也符合消费者对价格由高到低的心理。

汽车撇脂定价策略的缺点是：

① 在汽车新产品尚未建立起声誉时，高价不利于打开市场，一旦销售不利，汽车新产品就有夭折的风险。

② 如果高价投放市场销路旺盛，很容易引来竞争者，从而使汽车新产品的销路受到影响。

在采用这种定价策略时一定要注意它的适应条件。这种汽车定价策略一般适应于以下几种情况：

1）汽车企业研制、开发的这种技术新、难度大、开发周期长的汽车新产品，用高价也不怕竞争者迅速进入市场。

2）这种汽车新产品有较大的市场需求，由于汽车是一次购买，享用多年，因而高价市场也能接受。

3）高价可以使汽车新产品一投入市场就树立起性能好、质量优的高档品牌形象。

4）汽车生产能力有限或汽车企业并无意扩大汽车产量。

（2）渗透定价策略

渗透定价策略是指在汽车新产品投放市场时，将汽车价格定得较低，吸引大量的消费者，以便使汽车消费者容易接受，很快打开和占领市场的一种策略。

汽车渗透定价策略的优点是：一方面可以利用低价迅速打开新产品的销路，占领市场，从多销中增加利润；另一方面低价又可以阻止竞争者进入，有利于控制市场。

汽车渗透定价策略的缺点是：投资的回收期较长，见效慢，风险大，一旦渗透失利，企业就会一败涂地。

下列情况适宜采取渗透定价策略：第一，制造这种汽车新产品所采用的技术已经公开，或者易于仿制，竞争者容易进入该市场。利用低价可以排斥竞争者，占领市场。第二，投放市场的汽车新产品，在市场上已有同类汽车产品，但是生产汽车新产品的企业比生产同类汽车产品的企业拥有更大的生产能力，并且该产品的规模效益显著，大量生产定会降低成本，收益有上升趋势。第三，该类汽车产品在市场中供求基本平衡，市场需求对价格比较敏感，低价可以吸引较多顾客，可以扩大市场份额。第四，出于竞争或心理方面的考虑，汽车企业想尽快占领某块汽车市场以求在同行业中占据领先地位。

2. 折扣和折让定价策略

汽车的价格可以分为标价和成交价。标价是指汽车对外标明的价格，而成交价则是指汽车企业为了鼓励消费者购买，在汽车标价的基础上，相对地降低售价后得到的汽车价格。这种情况常发生于批发和提前付款时。

在市场营销中，汽车企业为了竞争和实现经营战略的需要，经常对汽车价格采取折扣和折让的优惠政策，直接或间接地降低汽车价格，以争取消费者，扩大汽车销量。灵活运用折扣和折让策略，使汽车价格与汽车市场营销组合中的其他因素更好地配合，是提高汽车企业经济效益的重要途径。

具体来说，折扣和折让的一般做法有数量折扣、现金折扣、交易折扣、季节折扣、运费让价等。

3. 针对消费者心理的定价策略

这是一种运用心理学的原理，根据汽车消费者心理要求所采用的定价策略。通过汽车消费者对汽车产品的偏爱或忠诚，诱导消费者增加购买，扩大市场销售，获得最大效益。

（1）整数定价策略

高档汽车定价时往往定成整数，使其不带尾数。这种定价方法可以给汽车消费者造成汽车属于高档汽车的印象，提高品牌形象，满足汽车消费者显示身份的心理需求。整数定价策略一般适用于档次较高、需求的价格弹性比较小、价格高低不会对需求产生较大影响的汽车产品。这是由于选购高档汽车的消费者一般都是高收入阶层，接受较高的整数价格不会产生异议。

（2）尾数定价策略

尾数定价策略是与整数定价策略相对的一种定价策略，它迎合汽车消费者求廉的心理，在汽车定价时，采取不取整数而带尾数的定价策略。带尾数的汽车价格在直观上会给汽车消费者产生价格精准和便宜的感觉，可以提高消费者对该定价的信任度，从而激起消费者的购买欲望。尾数定价策略一般适用于档次较低的经济型汽车，这类汽车的价格高低会对需求产生较大影响。

（3）声望定价策略

声望定价策略是指根据汽车产品在消费者心目中的声望、信任度和社会地位来确定汽车价格的一种定价策略。声望定价策略可以满足某些汽车消费者的特殊欲望，如地位、身份、财富、名望和自我形象等，还可以通过高价格显示汽车的名贵优质。声望定价策略一般适用于具有较高知名度、有较大市场影响的、深受市场欢迎的著名品牌汽车。

（4）招徕定价策略

这种策略把某种汽车产品的价格定得非常高，或者非常低，以引起消费者的好奇心理和观望行为，带动该企业其他汽车产品的销售。招徕定价策略常为汽车超市、汽车专卖店所采用。

（5）分级定价策略

这是指在定价时，把同类汽车分为几个等级，不同等级的汽车，采用不同价格的一种定价策略。这种定价策略能使消费者产生货真价实、按质论价的感觉，因而容易被消费者所接受。而且这些不同等级的汽车若同时提价，对消费者的心理冲击不会太大。但是，分级定价策略的等级划分要适当，级差不能太大或太少，否则会起不到应有的分级效果。

（6）习惯定价策略

有些汽车已经在消费者的心目中形成了一个较为稳定的习惯价格，这类汽车产品的价格若稍有变动（尤其是提高价格），就会引起消费者的不满，容易使消费者产生抵触的心理。对于这类汽车产品，汽车企业一般不宜轻易调价。

（7）幸运数字定价策略

这种定价策略是根据汽车消费者对某些数字的偏好来确定汽车价格的一种汽车定价策略，如认为"8"字可以带来"发"财、"发"达；认为"6"字可以事事如意、"六六"大顺等。采用相应的幸运数字作为定价依据，容易使汽车购买者对该汽车产品产生心理上的良好感觉，可以为自己带来好运，从而诱使消费者购买汽车。这种定价策略常常被用于节日促销，幸运数字与节日的美好气氛相结合，更容易促进汽车的销售。

4. 价格竞争策划

（1）面对竞争对手为抢占市场占有率而降价的应对策略

在这种情况下首先要确定是谁在降价，它的市场地位如何。如果是市场的领导者在降价，自己的品牌又无特殊卖点，只能跟随降价。否则，市场份额会迅速被瓜分。如果企业的实力明显地无法承受降价的压力，可以有计划地退出市场。如果是市场排名后面的竞品降价，跟随降价大可不必。例如，奥迪 A6 系列基本上不随便降价，始终实行坚挺的价格策略，而且销售一直处于旺销状态，这说明降价与否必须考察自己产品的实力。

（2）面对竞争对手为清理库存、淘汰产品而降价的应对策略

在这种情况下，应当辨清真假，确定降价产品对自身老产品是否形成威胁，切忌用新系列产品与竞争对手清理库存产品相抗衡，并密切关注后续新品上市的动向，及时采取应对措施。

（3）面对竞品对手用自杀产品扰乱市场的应对策略

自杀产品的特点一般是顾客满意，商家得利，但企业赔本，它取决于后续替代产品的威力。面对竞品对手用自杀产品扰乱市场时要慎重应对，可根据实际情况确定是跟进、关注，还是置之不理。需要特别注意的是不要使自己陷入价格竞争这个泥潭。

（4）面对竞争对手商家因利益驱动而降价的应对策略

同类产品经销商，为了扩大自己的销售，往往会通过明降和暗降的办法，发起价格战。价格战的关键在于厂家给了商家降价的理由和空间，厂家应予深刻检讨自己的价格体系和销售政策，检讨自己的促销力度和管理流程。

（5）突破价格战迷局的应对策略

市场竞争的核心在于企业间资源实力的较量，通过资源的优化配置，可繁衍出一系列竞争方式，价格竞争是消耗资源最大的一种。企业要预防在价格战中蒙受损失，关键是打造自己的优势，强壮自己的机体，在技术差异化、产品概念创新、品牌优势、服务特色、控制上游供应商、规模效益、降低成本和价格优势等方面创造条件，走出价格竞争的旋涡。

案例赏析

案例1. 特斯拉在华定价策略打破行规，冲击其他进口车

特斯拉在宣布主力车型 Model S 在中国市场的"亲民"售价后，还表示已经制定了在中国市场发展的"积极目标"，并打算未来在中国设厂。

从接受预订，到披露定价策略，再到规划超级充电网的铺设和本土化生产的计划，特斯拉进军中国市场的雄心和方略已经初步显现。业内人士表示，中国市场对高端车需求强劲，同时中国政府支持清洁能源汽车发展，都将令特斯拉受益。从初始定价来看，特斯拉也是希望以打破行规的方式，迅速提升品牌认知度，为扩大销路奠定基础。

特斯拉宣布的主力车型 Model S 85 在中国的售价为 73.4 万元人民币，远低于市场预期。相对在美国本土同款车型的售价，中国市场售价只增加了进口关税、增值税和运输及装卸成本，这意味着特斯拉在中国市场上的销售没有任何加价。

特斯拉如此大胆的定价策略令业内颇感意外。目前，大部分进口车在中国区的售价除了增加必要的税收等成本外，还会至少留出 20% 的利润空间。也就是说，如果按照其他外资车企在中国的定价策略，特斯拉 Model S 85 的售价至少应该接近 90 万元人民币。

对此，特斯拉首席执行官马斯克表示：这样的定价是为了避免"吓跑"中国客户。因为高价"坑"消费者不是一个长远战略。

据特斯拉方面披露的信息，在中国市场销售的 2014 款 Model S 85 车型在美国本土的售价接近 8.1 万美元，在中国市场上的售价较美国本土售价约高出 50%。根据汽车媒体的比价，在中国市场上与 Model S 85 售价相当的车型主要有进口奥迪 S5 和宝马 5 系 GT 轿车等，而据美国汽车比价网站 Edmunds.com 的数据，在美国市场上，奥迪 S5 的售价为 6.4 万美元，宝马 5 系 GT 轿车的售价为 7 万美元。

美国银行分析师洛瓦罗认为，尽管较美国本土售价贵出不少，但特斯拉在中国市场的定价"显著低于预期"。行业分析师认为，特斯拉定价非常合理，有助于吸引很多优质客户购买，而这一"改变游戏规则"的定价策略或许会对其他进口车的定价带来一定冲击。

（资料摘自：中国证券报）

案例2. CS55 考验长安汽车定价策略

中国有句俗语：多生孩子会打架！近日，长安汽车又一款紧凑型 SUV 车型 CS55 的谍照在网上曝光，CS55 的上市将丰富长安汽车在 CS15、CS35、CS75 和 CS95 之后的产品阵营。可是，CS55 的问世，又将考验长安汽车的定价策略，因为这关系着未来 CS55 的命运。

江淮和长安旗下 SUV 命运大不同

国内很多车企，恨不得推出 SUV 车型越多越好，可是并不是推得越多就能越畅销。其中，长安汽车旗下 SUV 和江淮汽车旗下 SUV 的命运，就形成了鲜明的对比。

江淮旗下拥有 S1（又叫 S2 Mini）、S2、S3、S5，以及即将推出的瑞风 S7，就目前在售的江淮旗下 SUV 中，仅有 S3 一款车热销，今年前 11 月累计销量为 17.15 万辆。此外，S2 和 S5 在今年前 11 月销量分别为 4.72 万辆和 2.65 万辆。

相反，长安汽车旗下 CS15、CS35 和 CS75 在今年前 11 月累计销量分别为 6.76 万辆、16.11 万辆和 18.92 万辆。对比可以发现，长安汽车几乎每款 SUV 销量都不差！

多生孩子需差异化培养是关键

为何长安汽车目前推出的全部 SUV 都能畅销？即使是定位最低的 CS15 在今年 11 月也有 10430 辆，然而江淮汽车仅有瑞风 S3 能畅销，其他车型却不那么畅销？其实还是与各车型之间的产品定位和定价密切相关。

长安汽车旗下 CS15、CS35 和 CS75 三款车的价格区间拉开了，不存在相互之间的内讧影响彼此销量问题。然而，江淮汽车的 S1、S2、S3、S5 和 S7 就存在价格重叠，内讧严重，最终导致 S3 抢占了瑞风 S2 的销量，而瑞风 S5 又不能热销起来。

据统计，CS15、CS35 和 CS75 三款车的价格区间分别为 5.79 万～7.79 万元、7.89 万～9.89 万元和 9.28 万～15.88 万元，几乎不存在价格重合。然而，瑞风 S1 的预售价为 5 万元，而 S2、S3 和 S5 的价格区间为 5.88 万～7.68 万元、6.58 万～9.58 万和 8.95 万～13.95 万元之间，就存在大量的价格重合，最终导致内讧，旗下车型相互抢夺消费者。

CS55 考验长安汽车定价策略

长安旗下在售三款 SUV 即 CS15、CS35 和 CS75 的价格重合性很小，但却给 CS55 的定价提出了难题。虽然 CS15、CS35 和 CS75 的价格区间分别为 5.79 万～7.79 万元、7.89 万～9.89 万元和 9.28 万～15.88 万元，但留给 CS55 的价格区间很小。即使抛开不走量的 CS35 的 1.5T 车型的 9.19 万元和 9.69 万元两款车的价格区间，在 CS35 和 CS75 之间也很难找到价格空白部分。

传闻长安 CS55 将搭载长安自主研发的 1.5T 发动机，输出 156 马力的强悍动力，并且定位于紧凑型 SUV 的 CS55，同样采用酷似 CS75 的四轮独立多连杆悬挂。这样，虽然 CS55 的动力和底盘等不会与 CS35 构成竞争，但是与 CS75 之间呢？

如果 CS55 主打 1.5T 车型，留给 CS55 的市场空间只有 CS35 的 1.5T 和 CS75 的 1.5T 之间的市场空白，而目前 CS75 的 1.5T 车型价格区间在 10.58 万～12.38 万元之间，而 CS35 的 1.5T 车型售价为 9.19 万元和 9.69 万元。也就是说，留给 CS55 的价格区间可能只有 9.5 万～10.5 万元之间，而 CS75 的 2.0L 车型价格区间又在 9.28 万元至 12.08 万元之间。

哈弗 H6 和 H2 定价和定位策略值得 CS55 借鉴

不过，CS55 的定价其实可以参考哈弗 H6 和哈弗 H2 的定价，哈弗 H2 和 H6 虽然在价格上有重合部分，但是 H2 和 H6 的车身尺寸大小完全不是一个级别。然而，定位紧凑型 SUV 的长安 CS55，目前长宽高等参数不得而知，不过肯定 CS55 的尺寸比 CS75 要小。

CS55 的车型定位和价格定位，将直接关系到 CS75 的市场表现。毕竟，CS35 和 CS75 留给 CS55 的市场空间区间就很小，CS55 的低配车型可能抢走 CS35 高配车型的市场份额，（这个影响不会太大）也可能抢走 CS75 低配车型的份额。如何在 CS35 和 CS75 之间找到 CS55 的市场定价空白，并且让未来 CS55 的上市不会影响到 CS35 和 CS75 的市场销量，成为未来长安汽车制定 CS55 价格的难题。

（资料摘自：车轱辘）

本章小结

　　汽车价格策略是汽车市场营销组合中一项非常重要的组成部分，它的运用将直接关系到汽车企业的利润获得。对不同的汽车产品应采用不同的价格策略；在产品的不同生命周期中，应使用不同的价格策略；面对竞争对手的价格变动，应采用灵活、科学的价格竞争策略。

思 考 题

1. 哪些因素影响价格？
2. 汽车的定价目标一般有哪几种？
3. 简述汽车的定价程序。
4. 详细阐述汽车的定价方法。
5. 简述汽车价格策划原则。
6. 简要介绍汽车价格策划程序。
7. 阐述汽车新产品定价策略。
8. 怎样进行价格竞争策划？

第五章　汽车分销策划

学习目标

1. 了解汽车销售渠道的功能。
2. 熟悉汽车经销商的作用。
3. 熟悉国内汽车营销渠道的特点。
4. 熟悉汽车中间商的类型。
5. 了解经销商合作关系管理的含义。
6. 掌握改进厂商关系的基本策略。

本章导读

汽车销售渠道是汽车产品或服务从汽车生产者向汽车用户转移的过程中，直接或者间接转移汽车所有权所经历的途径。汽车销售渠道的设计与策划必须适应市场变化。正确认识和改善厂商关系，有利于汽车分销渠道的畅通和市场业绩的提升。

第一节
汽车销售渠道策划

一、汽车销售渠道的概念

1. 销售渠道

销售渠道又称为分销渠道，是指某种商品或服务从生产者向消费者转移的过程中，取得这种商品或服务的所有权或帮助所有权转移的所有企业和个人，即产品从生产者到用户的流通过程中所经过的各个环节连接起来形成的通道。

2. 汽车销售渠道

汽车销售渠道是指汽车产品或服务从汽车生产者向汽车用户转移的过程中，直接或者间接转移汽车所有权所经历的途径。分销渠道的起点是生产者，分销渠道的终点是消费者或用户，中间环节为中间商，包括批发商、零售商、代理商和经纪人。汽车销售渠道的中间环节为汽车中间商和汽车代理中间商。现有的汽车交易市场、品牌专卖店、连锁店、汽车超市等均是直接面向消费者的分销渠道的具体表现形式。

二、汽车销售渠道的功能

建设汽车销售渠道是将汽车产品从制造商转移到消费者手中所必须完成的工作。它的目的在于消除汽车产品与消费者之间的差距，弥补产品、服务和其使用者之间的缺口。

1. 收集信息

分销渠道构成成员中的汽车销售中间商直接接触市场和消费者，最能了解市场的动向和消费者实际状况。这些信息都是企业产品开发、市场促销所必需的。汽车销售渠道能紧密观测市场动态，收集相关信息，并及时反馈给汽车企业。

2. 促进产品销售

分销渠道系统通过其分销行为和各种促销活动来创造需求、扩展市场。人员促销、营业推广等促销方式都离不开汽车销售渠道的参与。

3. 完善客户服务

汽车销售活动必须以客户为中心，各个环节的服务质量直接关系到汽车企业在市场中的竞争实力，因此汽车销售渠道必须为汽车用户提供周到、高质量的服务，提高客户的满意度。

4. 调整市场

分销渠道熟悉市场的实际需求，并向生产企业及时通报这些情况，有利于企业调整市场配置的各种活动。调整活动主要包括集中、选择、标准、规格化、编配分装、备件产品安排等。这一职能可以调整生产者和市场之间的平衡关系，使产品得到顺利、有效的流通。

5. 强化物流效益

要使产品从生产者手中转移到消费者或用户，就需要储存和运输。汽车销售渠道可以协助生产企业解决将何种汽车、以多少数量在指定的时间送达到正确的汽车市场上，实现汽车销售渠道整体的效益最佳。

6. 连接终端客户

汽车销售渠道承担着转移汽车产品的所有权，并就其价格及有关条件达成协议，将厂家生产的产品顺利送达消费者。汽车销售渠道最经常的工作就是寻找可能的购买者，与其沟通，促进成交并向生产者反馈市场信息并向厂家订购产品。

7. 共同承担风险

汽车市场的销售情况变化多样，有高峰也有低谷，渠道中的各个成员，在产品分销过程中都承担与渠道工作有关的风险。当市场销售发生困难时，渠道经销商往往与生产厂家共担风险。

8. 提供间接融资

目前，我国的汽车经销商一般采用向汽车生产厂家支付"保证金"，以及"付款提车"的资金结算制度，这对汽车生产厂家加速资金周转、减少资金占用，起到重要作用。

三、汽车经销商的作用

1. 提供劳动专业化与分工

（1）提高效率降低成本

汽车经销商把一项复杂的任务分成更加具体而简单的工作分配给专门人员完成，将大大提高效率而降低生产成本。

（2）提高规模效益

营销渠道可以使用制造企业的大批单一产品和高效设备，可以使制造企业取得规模效益。

（3）提高销售质量

生产商雇佣渠道成员从事生产商没有能力完成的或渠道成员会完成得更好的事情。因为他们已经与消费者建立了良好的关系，他们的专长提高了整个渠道的总效率，经销商比生产商在汽车营销问题上的办事效率更高。

2. 克服差异

（1）克服数量差异

经销商可以通过储存产品和以合适的数量进行分销来克服数量差异，使出现的产品数量与消费者想要购买的数量相吻合。

（2）克服时间差异

经销商为了满足消费者对产品品种的需求会集中许多必备产品，通过估计需求保持存货，来克服消费者获得产品的时间差异。

（3）减少空间差异

经销商使产品在方便于消费者的地方出现，从而减少空间差异。

3. 提高接触的有效性

经销商通过减少产品从生产商到消费者手中所需要的交易次数，使不同品种的货物出现在同一地方而简化分销过程。

4. 更多的关键作用

（1）提供和传递信息

收集和传递有关营销环境中的市场调查及情报信息，用于制定计划参考。通过经销商的工作将厂家的品牌、产品、服务信息传递给最终消费者。

（2）提供窗口

通过经销商的工作反映厂家的文化、形象及社会表现。

（3）进行促销

开发和传播有说服力的商品信息，找到预期购买者并与他们进行有效对话。代表厂家开展各种营销活动，是汽车制造商在汽车营销活动中的重要助手。

（4）协助配货

定型和完善产品，使之符合消费者的需要。

（5）完成谈判

达成有关产品价格和其他条款的协议，以便转移所有权或占有权。

（6）强化物流

协助制造商运输和存储商品。

（7）支持理财

获取和使用资金以支付渠道运转开支。

（8）承担风险

独立承担渠道运转的风险。

四、汽车销售渠道的类型

1. 汽车销售渠道的类型

（1）按渠道的长度分类

渠道长度是指产品分销所经中间环节的多少和渠道层级的多少。所经中间环节越多，渠道越长；反之，渠道越短。最短的渠道是不经过中间环节的渠道。

（2）按渠道的宽度分类

分销渠道的宽度是指渠道的每个层次使用同种类型中间商数目的多少。多者为宽渠道，意味着销售网点多，市场覆盖面大；少者为窄渠道，市场覆盖面也就相应较小。

受市场特征和制造商分销战略等因素的影响，分销渠道的宽度结构大致有三种类型。

第一种，独家分销渠道。独家分销渠道是制造商在某一地区市场仅有一家代理商或经销商经销其产品所形成的渠道。通常双方协商签订独家经销合同，一方面规定制造商不再在该地区发展经销商，另一方面也规定经销商不得经营竞争者的产品。独家分销渠道是窄渠道。独家代理（或经销）有利于控制市场。

第二种，密集型分销渠道。又叫广泛分销或开放性分销，是指制造商尽可能多地发展批发商和零售商，并由他们销售其产品。

第三种，选择性分销渠道。是指制造商根据自己所设定的交易基准和条件精心挑选最合适的中间商销售其产品。选择性分销渠道通常由实力较强的中间商组成，能有效地维护制造商的信誉，建立稳定的市场和竞争优势。

2. 汽车中间商的类型

汽车中间商是指居于汽车企业与汽车用户之间，参与汽车交易业务，促使交易实现的具有法人资格的经济组织和个人。汽车中间商是销售渠道的主体，汽车企业产品绝大部分是通过汽车中间商转卖给汽车用户的。在实际汽车销售活动中，汽车中间商的类型是多种多样的。按照是否拥有商品的所有权可以分为经销商和代理商；按其在流通过程中所起的不同作用又可以分为批发商和零售商。汽车批发商是从事以进一步转卖汽车为目的，整批买卖汽车的经济活动者，主要包括汽车经销商、特约经销商、销售代理商和总代理。汽车零售商是从事将汽车或汽车劳务销售给最终汽车用户的经济活动者。

（1）汽车经销商

汽车经销商是指从事汽车交易，取得汽车商品所有权的中间商。代理商是受生产者委托，从事商品交易业务，但不具有商品所有权的中间商。经销属于"买断经营"性质，具体形式可能是汽车批发商，也可能是汽车零售商。汽车经销商最明显的特征是将汽车产品买进以后再卖出，由于拥有汽车产品所有权，汽车经销商往往制定自己的汽车营销策略，以期获得更大的效益。汽车经销商作为渠道的中间机构，是连接制造商和消费者的桥梁，是汽车制造商的重要资源。它往往代替制造商完成对消费者的售前、售中和售后服务，是制造商了解市场需求信息的重要渠道。

（2）汽车特约经销商

汽车特约经销商属于特许经营的一种形式，是通过契约建立的一种组织，一般只从事汽车零售业务。特约经销商具有汽车企业的某种（类）产品的特许专卖权，在一定时期和在指定汽车市场区域内销售汽车企业的产品，并且只能销售某个汽车企业的产品，不能销售其他汽车企业的相同或相近产品。汽车产品特约经销商除应具备一般经销商的条件外，还应建立品牌专营机构，有符合要求的专用展厅和服务、管理设施，及专职的销售和服务人员，有较强的资金实力和融资能力，有良好的信用等级。汽车特约经销商并不自动获得汽车企业的有关知识产权，如以汽车企业的商号或汽车产品品牌为自己的公司命名，或者用汽车企业的商标宣传自己。汽车特约经销商要获得这些知识产权的使用权，必须征得汽车企业的同意，并签订使用许可合同。当汽车企业在一定的汽车市场区域内只选择一个特约经销商时，则构成"独家销售"。

（3）汽车销售代理商

汽车销售代理商属于佣金代理形式，是指受汽车企业委托，在一定时期和在指定汽车市场区域及授权业务范围内，以委托人的名义从事经营活动，但未取得汽车产品所有权的中间商。代理商最明显的特征是寻找汽车用户，按照汽车企业规定的价格向汽车用户推销汽车产品，促成交易，以及代办交易前后的有关手续。若交易成功，便可以从委托人那里获得事先约定的佣金或手续费；若汽车产品没有销售出去，也不承担风险。汽车企业对销售代理商条件的要求一般高于特约经销商。虽然销售代理商不用买断汽车产品，对资金的要求低，但实际上它需要投入较大的资金按汽车企业的规范标准，去建设汽车专卖店和展厅。代理商还应具有很强的销售能力，有更高的信用和较强的融资能力，这些都需要经济实力作后盾。汽车销售代理商一般为区域独家销售代理商。

（4）汽车总代理

汽车总代理是指负责汽车企业的全部汽车产品所有销售业务的代理商，多见于实行产销分离体制的企业集团。汽车总代理商一般与汽车企业同属一个企业集团，各自分别履行汽车销售和生产两大职能。除了为汽车企业代理销售业务外，还为汽车生产企业开展其他商务活动。

3. 国内汽车营销渠道的特点

从 20 世纪 80 年代中期开始，以汽车生产企业为主导的营销流通体制初步形成，各大汽车企业尝试建立联营、联合公司，后来品牌授权的 4S 店模式逐渐占据了汽车营销的主导地位。

（1）经销商的功能进一步加强

为使营销流通体制更加规范化，汽车生产企业对专营合资、联营公司不仅提出了专营的要求，还要求有条件地统一门面颜色、统一标准、统一名称，在提供良好服务同时，树立良好的企业形象，并逐步成为集整车营销、零配件供应、整车维修、信息反馈等四功能为一身的经销商（四位一体）。现在的汽车销售专卖店（即 4S 店）就是一个很好的例子。

（2）区域代理成为主要发展方向

随着代理制的实行，许多汽车生产企业为了建立稳定的经销体系和良好的营销秩序，已开始按代理制的要求，在全国一些大的区域建立营销总代理（一级代理），并在此基础上逐步向二级代理和三级代理发展，从而使这些代理经销商能够在特定地区稳定地开拓市场，开展汽车销售业务。

（3）注重经销商的培训和管理

为保证经销商正常运作，汽车生产企业建立各种与之配套的培训中心，负责对具有 4S 功能经销店的工作人员进行培训，指导上岗。汽车企业采取多种形式对经销商员工进行培训。比如近几年，有很多汽车企业与院校合作来培训经销商的员工，也有的企业定期让经销商员工到企业去培训。

（4）建立配套供应中心

配件流通网络通畅，保证用户能买到纯正配件是经销商保持 4S 完整功能的重要条件，为此，大多汽车制造厂商都建立了快速反应的配套供应中心。

（5）完善物流管理中心

物流管理中心主要包括仓储管理和运输管理。仓储管理是依据地区分布科学地设立中转库。运输管理的最终目的就是使车辆尽快地从产地分流出去到达用户手中。

（6）品牌经营初露端倪

品牌经营的特点在于，生产企业对经销商网络从外观形象到内部布局、从硬件投入到软件管理、从售前到售中及售后等所有服务程序，实施统一的规范、统一的标识、统一的形象、统一的管理，并实施统一的严格培训。通过品牌经营不仅规范了市场行为和秩序，而且强化了市场管理，避免过度或恶性竞争，树立了品牌形象。更为重要的是，与非品牌营销相比，品牌经营的各种服务功能进一步得到加强，并且通过经营区域划分，统一价格政策，直接面向终极用户营销，从而减少了流通环节，降低了交易成本。

4. 国内汽车销售模式分析

通过多年的试验和探索，我国主要汽车生产企业建立的营销流通体系几经变化与改进，就目前来看，大致可划分为以下三种模式。

（1）以地区营销代理为主的模式

这一模式的特点是汽车生产企业（企业集团）建立自己的独资营销公司或合资公司，以这些公司作为主要渠道来代理营销企业产品。

（2）以联营、联合营销公司联销为主的模式

这一模式的特点是无须投入大量资金与汽车流通企业合资或建立自己的独资公司，而是生产企业提供厂名（商誉）、周转车，或在经销价格上给予优惠，与原流通企业组成联营、联合经销公司，联合营销厂家汽车。

（3）以特约经销公司专营为主的模式

这一模式的特点是生产企业与流通企业没有资金合作的关系，而是通过提供优惠的汽车经销价格和货款结算方式，将流通企业确定为生产企业的特约经销公司。

5. 汽车交易市场

这种百货超市式的大型汽车交易市场，集纳众多的经销商和汽车品牌于同一场地，形成了集中的多样化交易场所，工商、交管等部门现场办公，并设有专人协办、代办牌照，既提高购车效率，又降低了交易成本。在交易市场内，各地区汽车公司都云集于此，顾客来此，如同置身于国际汽车博览会，选择余地大，能够满足消费者对比、参照的需要和一站式服务的需要。根据经营模式，即市场的管理者是否同时是经营者可以分为两种模式：一是以管理服务为主。管理者不参与经营销售活动，而是由经销商进场经营销售，交易市场只负责作好硬件建设及完善管理。二是以自营为主。其他进场经销商非常少，即市场管理者同时也是主要的汽车销售者。该类型的汽车交易市场约占有形市场的 80% ~ 90%，从销量上看自营与进场经销商各占 50%。

6. 品牌专卖店

这种销售模式通常是汽车制造商与汽车经销商签订合同，授权汽车经销商在一定区域内从事指定品牌汽车的营销活动。汽车制造商通常会对汽车经销商的销售方式、宣传方式、服务标准、销售流程、专卖店的 CI（Corporate Identity System）做出要求。通常，在同一专卖店中只销售同一品牌的产品。品牌专卖是一种以汽车制造商的营销部门为中心，以区域管理中心为依托，以特许或特约经销商为基点，集新车销售（Sale）、零部件供应（Sparepart）、售后服务（Service）、信息反馈与处理（Survey）为一体，受控于制造商的渠道模式。

7. 汽车园区

汽车园区是汽车交易市场规模和功能上的"升级版"。除了规模上的扩张，汽车园区最主要体现在功能上的全面性，除了汽车销售、汽车维修、配件销售等方面，汽车园区加入了汽车文化、汽车科技交流、汽车科普教育、汽车展示、汽车旅游和娱乐等众多的功能。

8. 代理模式

在代理模式中，总代理一般与制造商属于一个集团公司，分别履行生产和销售两大职能。总代理渠道中可以分为多级代理，其中一级代理商是指具有市场开拓能力和资金实力的经制造商特约定点销售的商家；二级代理商是指自己与制造商没有直接的进货渠道而依靠一级代理商进货的商家。它们之间一般以产权或者合作为纽带，可以把商品迅速推向市场，缺点是制造商压力过大，部分代理商缺乏销售动力。在竞争激烈、利润空间越来越小的时候，这种模式将面临巨大的挑战。这种渠道模式在我国汽车市场的发展中曾经起着非常重要的作用。目前，进口汽车主要采取这种模式，如奔驰、宝马、劳斯莱斯等。

9. 汽车超市

汽车超市主要是指那些特许经销模式之外，多品牌经营的汽车零售市场。这是一种可以代理多种品牌汽车并提供这些代理品牌汽车销售和服务的一种方式。汽车超市的特色就是以品牌齐全取胜，在那里，可以看到许许多多来自各种品牌的汽车。汽车多品牌超市的竞争优势在于：一是利用一次性大批进货或买断车型等手段取得价格比较优势，从而让利于消费者；二是从满足消费者个性化、多样化需求，靠服务品牌将汽车产业价值链延伸与扩展。然而，目前国内汽车厂商大多推行品牌专卖代理制，还无法将汽车品牌代理授予汽车多品牌超市经营，汽车超市的车源只能来于 4S 专卖店，因此并没有价格优势，甚至有的汽车厂商还会限制它的汽车产品进入汽车大卖场或大超市。

10. 互联网销售

随着电子商务的普及和互联网服务的日臻完善，网上购车已成为可能，而且会有长足发展。现在，在美国通过互联网销售的汽车，其数量已占美国全年汽车总销售量的 6% 左右，美国 1 000 多家重要的经销商，已有 1/2 以上通过网络销售。在互联网上开辟市场，能最大限度地超越时空和地域的界限，直接同世界各地用户接触，减少交易时间，降低交易成本。事实上，目前在购车前先访问网站的顾客比例已经超过 90%。

五、汽车销售渠道的演变

1. 汽车销售渠道不是静止不变的

在我国，汽车销售作为一个行业是在改革开放以后。在此以前，汽车是作为机电物资进行计划分配的。改革开放以后，汽车走进了市场，销售渠道随之发生根本变化并不断演变。

这是因为：第一，消费者的市场意识随着时间的推移越来越强；第二，消费者新的需求不断产生；第三，产品的丰富加大了消费者选择产品和服务的可能性，并对产品购买后的使用保障有了更多的思考；第四，随着竞争加剧，制造厂和经销商为了把握企业长远的利益，把顾客满意、客户关系经营和营销网络的建设放到了更高的位置上。现在中国汽车的销售渠道是百花齐放，除了4S专卖店以外，各种业态各显神通。随着我国二、三线城市市场的进一步活跃，汽车销售市场营销实践的进一步丰富，计算机与电子商务技术的广泛应用，汽车销售的渠道还会出现种种新的变化（图5-1）。

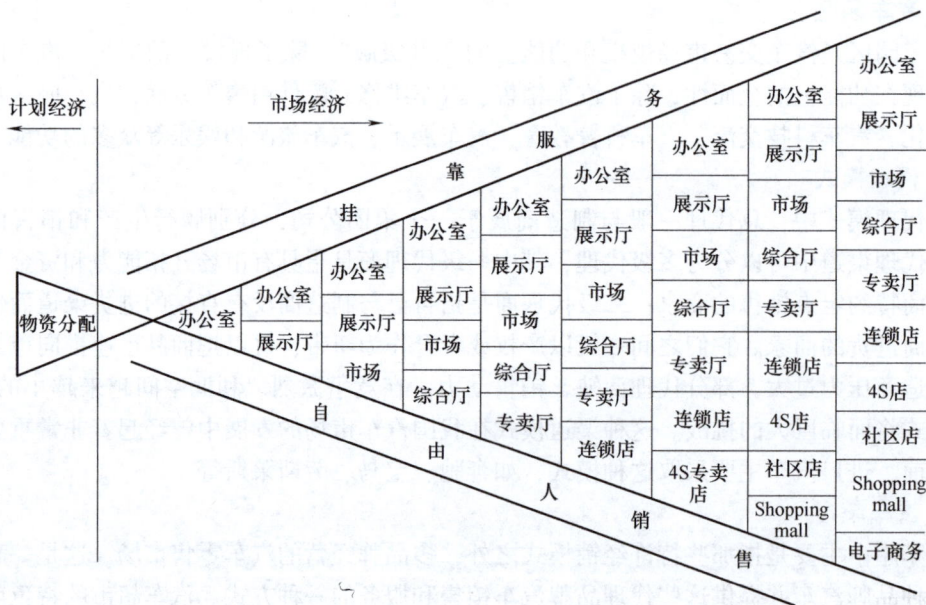

图5-1　我国汽车销售的渠道演变

2. 影响渠道设计的因素

1）产品因素：包括产品定位、价格策略、技术服务等因素。

2）市场因素：包括市场范围、消费者水平、顾客的消费习惯、需求特点及市场竞争情况等。

3）企业自身因素：包括企业的规划、财力、声誉、经销能力与管理水平、服务能力等。

4）中间商因素：包括中间商的理念、实力、经营水平、合作的可能性和服务能力等。

5）环境因素：包括政策法规等宏观因素，还包括具体地区的经济、习俗、地理、人文等各种因素。

3. 渠道设计的标准

渠道设计的基本标准是：能够不间断、顺利、快速地使商品进入消费者领域，具有较强的辐射性，具有商流和物流一致的特点，能够带来显著的经济效益。

4. 样板经销商的选择

样板经销商的选择要有长远眼光。在样板经销商选择上要注意以下问题：第一，样板经销商一定要有较高的配合度，对厂家未来在样板市场中运用的销售模式要完全认同，并愿意承担其中的成本；第二，样板经销商要有比较稳定并能产生良好业绩的销售队伍；第三，样板经销商的管理能力和资金实力要充足而且有余力可挖掘；第四，样板经销商有较大的发展潜力；第五，样板经销商在同业中有一定知名度和较好的美誉度；第六，样板经销商一般不能随意更换，因此要慎重选择。

5. 经销商选择的方法

经销商的选择一般采用评分法进行，即对经销商的能力和条件进行调查、打分和评价，最后以达到标准分值或分值多少为基础，选择合适的经销商。如表 5-1 所示，经销商 A 的综合条件就比经销商 B 高。

表 5-1　经销商选择评分表

评 价 因 素	权　　重	经销商 A		经销商 B	
领导人素质	0.20	90	18	80	16
市场覆盖范围	0.15	80	12	72	10.8
信誉	0.15	90	13.5	80	12
历史经验	0.05	80	4	80	4
合作意愿	0.10	75	7.5	90	9
产品组合情况	0.05	80	4	60	3
财务状况	0.15	80	12	60	9
区位优势	0.10	65	6.5	75	7.5
促销能力	0.05	80	4	80	4
总分	1.00	720	81.5	677	75.3

六、渠道冲突的管理

1. 渠道冲突的类型

渠道冲突是指分销渠道成员之间由于利益之争引起的相互矛盾和冲突，即分销渠道中的一方将另一方视为竞争对手。

（1）水平渠道冲突

水平渠道冲突是指某品牌同一层次经销商之间的冲突，表现为跨区域销售和竞相压价销售等。

（2）垂直渠道冲突

垂直渠道冲突是指同一条渠道中不同层次成员之间的冲突，如批发商与零售商之间的冲突，表现为在信贷条件、提供服务、进货价格诸多方面的不同等。

（3）多渠道冲突

多渠道冲突是指两条或两条以上渠道之间成员之间的冲突，如直接渠道和间接渠道的冲突、代理商与经销商之间的冲突等。

2. 渠道冲突化解策略

（1）销售促进激励

用价格折扣、数量折扣、业绩奖励等方法加强对渠道成员的激励，以具体的利益实现方式刺激渠道成员关注销售，淡化冲突，做到求同存异，在竞争中共同进步。

（2）进行沟通协商

用沟通协商的办法化解已经产生的冲突，寻找共同利益，规范自律行为，建立合作同盟，这是最好的解决渠道冲突，实现各方共赢的成功方法。

（3）优化渠道成员

果断地清理成员中在人格、资信、规模、经营手段上存在严重问题，不遵守游戏规则，且不愿意改进的渠道成员，保证其他成员的利益。

（4）采用法律手段

通过仲裁或诉讼等手段、严肃维护合同规定的方法解决渠道冲突，这是解决渠道冲突的最后选择。

第二节
汽车厂商关系策划

一、市场变化需要合作共赢的厂商关系

1. 资源配置模式将发生革命性变化

中国汽车市场的起步相当艰难；起步阶段从 1956 年到 1996 年整整走了 40 年。改革开放使中国汽车市场走入快车道，从 1997 年到 2010 年的 13 年时间复合增长率超过 30%。目前，中国汽车市场已经进入了普及初期，年复合增长率可以维持在 10% 左右。2016 年，我国汽车销量达到 2803 万辆，同比增长了 13.65%。然而，市场不可能永远保持如此高速，结构调整将使中国汽车市场进入到稳定增长的时代，资源配置也将由此发生重大改变。汽车生产企业的整合已经开始，作为产业链领导地位的汽车生产企业的整合必然影响到整个产业链的格局和发展。在制造环节，现有的集团和区域割据的零部件配套体系不得不进行调整，以满足成本更低的原则；在销售环节，经销商的结构、组织形式、布局也会随之发生比较大的变化；在营销层面，传统的营销方式使企业不堪重负，差异化、区域化和精准化的营销将被广泛使用；在后市场领域，企业的规模将迅速变大，专业、便利、经济的快修连锁模式将迅速成长。

2. 渠道模式和营销方式面临变革

二、三线城市和农村市场将成为我国汽车未来发展的重点市场，这会推动渠道模式变革和营销方式变革。中国从南到北、从东到西的地域跨度很大，经济发展程度上有很大差距，地理气候和历史文化的差异也非常显著，因此，将过去一、二线城市行之有效的渠道模式和营销方式，简单移植到这些地区，必然会出现问题，所以渠道和营销变革不可避免。

3. 多元化市场需要多元化渠道

市场需求变化催生渠道变革，渠道模式将向大型化、多级化和多样化发展。随着汽车市场的发展、城市化进程的加速以及消费者追求更加便利、高效、集约型的服务方式，单纯的"4S"模式的渠道网络已经不能满足市场和消费者的需求。汽车厂商已经开始顺应形势，对目前的渠道政策进行相应调整，并取得了实际的效果。

二、经销商关系管理策划

1. 合作关系管理

合作关系管理（PRM）是企业经营中不可或缺的业务方式，是一种通过识别、获取及保有最佳合作伙伴的营销策略。这样的合伙人包括分销商、批发商、经纪人、代理商、咨询顾问和连锁经销商等。

合作关系管理旨在提升收益，刺激销售，降低成本，使分销渠道项目的投资回报实现最大化。合作关系管理（PRM）有助于促进公司与分销渠道合伙人之间的交流与合作，同时又是一项经营策略。

2. 经销商合作关系管理的含义

经销商合作伙伴管理是客户关系管理（CRM）的重要组成部分，属于客户关系管理的范畴。通过合作关系管理使公司能够在合作伙伴的帮助下高效地管理业务，并有助于建立更成功、更有力的合作关系。合作关系管理使企业能够更好地寻求新的合作伙伴，且有效地管理现有的合作关系。在品牌与客户关系营销框架体系内，合作伙伴是企业塑造品牌的重要途径之一，是企业需要重视的对象，也是企业品牌的传播者之一。但是，许多企业由于传统观念的作用，甲方意识非常强，并没有把合作伙伴当成客户对待，这需要引起汽车厂商的高度重视。

3. 关注汽车市场价值的流动

市场总价值虽然不变，但市场价值是流动的。价值增值是各个产业环节之间相互联动、支撑的结果。随着汽车市场规模的日益扩大，汽车服务产业的发展正在从传统的价值链关系向价值网建设迈进。汽车产业环节之间相互联动、支撑，才能逐步实现价值的增值。授权经销商和服务商的态度、能力、水平是否适应消费者的需求，决定着价值的流动，如图5-2所示。

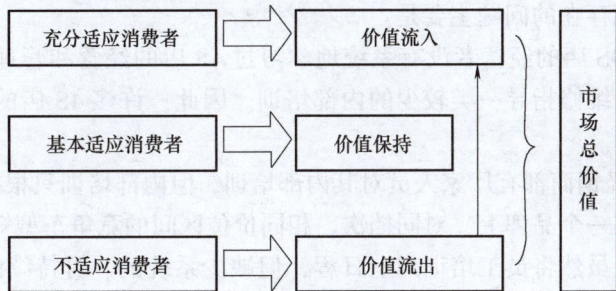

图5-2　汽车市场价值的流动

4. 重视经销商满意度

中国经济的迅速发展使市场供求关系发生了深刻的变化，生产经济日益被生活经济替代，竞争焦点也从产量、质量、推销逐步发展到顾客满足。在现实市场上，谁忽视顾客满意，谁就难以打响自己的品牌，维持自己的市场份额。不管多么辉煌的品牌，如果低估了顾客的期待，品牌价值照样可以发生转移。

整车制造厂的顾客绝非只是终端客户，其中授权经销商也是它的重要顾客。他们的满意度如何，同样可以在很大的程度上影响这些品牌的市场地位。对此，厂家绝对不可掉以轻心。因为经销商满意度，同样是客户关系管理中的重要内容。

5. 必须平衡厂商关系

（1）生产商对经销商的期望

生产商对经销商的期望很高，主要是理念保持一致，资金保证充裕，态度积极服从，营销充满创意，计划接受挑战，订货按时完成，服务独立完成，考核成绩优秀，库存保持满仓，利益实现双赢，风险共同承担。

（2）经销商对生产商的期望

经销商对生产商也有期望，主要表现在权利与义务的一致上。例如：合约公平公正，态度平等可亲，订货公开合理，服务快速反应，产品不要搭售，计划贴近实际，代表形象良好，承诺及时兑现，库存合情合理，利益实现共赢，风险共同承担。

（3）生产商容易产生的问题

生产商不断推出新产品，自身没有足够的资源投入，想依靠经销商来完成新品的上市工作；忽视与经销商的沟通，不了解经销商的竞争力或者实力，过分依靠经销商或者过分不相信经销商；不能准确地把握厂家的市场定位，一味地站在自己的立场上考虑问题，不断出台促销策略和压货措施，不断调整销售政策，让经销商无所适从，在一些琐碎的事情上与经销商经常发生冲突；没有认识到自己不但是制造商，而且更加是服务商。

（4）经销商容易产生的问题

经销商忽视市场开发，变相以吃厂家为生；不断地反复向厂家争取费用，保护老市场、老产品，不愿意进行薄弱市场提升；忽视与厂家的沟通，不主动去理解厂家对自己的期望和疑虑，居功自傲，故步自封，逐步由厂家倚重的对象，转化为需要重点解决的对象；不能准确地定位自己的价值和作用，徒劳地阻止厂家出于战略和长远考虑所采取的措施与行动，一味地站在自己的立场上考虑问题，与厂家产生不必要的冲突。

（5）一般经销商存在的五大问题

一般经销商可能存在的问题主要是：

① 管理。多数4S店的经营者没有系统地学习过4S店的经营和管理，而厂家对其支持的大多是销售技巧、维修指导一类较少的内部培训。因此，许多4S店的营销策划和管理能力较其发展相对落后。

② 培训。大多经销商都有厂家人员对其内部培训，但内部培训只根据自己的车型来讲，销售人员就被限定在一个品牌上，对同档次、相同价位区间的竞争车型知之甚少，在同客户交谈时缺少说服力。虽然将员工培训列上日程，但缺少系统的、可持续的培训计划及内容，多数中途流产。

③ 服务。服务问题是4S店的一个重要问题，车辆在交到维修人员的手中时，实质性的服务才开始。目前，不少经销商依然存在维修人员技术差，维修管理落后，配件假冒伪劣，收费混乱，随意拖延工期，服务水平低，维修技术名不副实等问题。

④ 营销。许多4S店的营销过多地依赖于制造商的计划和支持，自身的宣传与营销没有形成系统，甚至没有详尽的全年宣传计划。广告虽然做但没有对媒体广告消费者到达率的评估，以致不能达到预期效果。由于缺少营销方面的专业人才，经营者面对市场竞争往往是"动态市场，静态决策"，难以料敌先机。

⑤ 品牌。经销商没有鲜明的、自身的企业品牌形象，有的只是代理产品的品牌形象。

（6）厂家应当思考的问题

分销渠道个性化与创新、厂商合作朋友化，是厂商关系的必然趋势。厂家不应仅从现有渠道入手，单纯地进行评估和选择，而应该从产品及消费需求入手，创新、设计、构建出具有自身特色的较理想的分销渠道。厂家应更加尊重经销商的意见，以消费需求、产品和成本为基础，以分销成本的节约和购买的便利性原则出发，设计出最符合产品特征和企业实际情况的具有个性化的渠道；对经销商的业务需求做出快速反应；时刻关注经销商的实际生存状态，帮助经销商克服相关困难。

（7）经销商应当注意的问题

经销商应当尊重市场，及时准确地向厂家反馈市场信息；向消费者准确传递品牌和产品的优秀品质；积极营销，巩固和发展区域市场；严格执行计划、完成计划；与厂家保持经常的、全面的、真诚的沟通；确立荣辱与共的思想，与厂家分享利润与痛楚。

（8）平衡厂商关系

变则通，通则久。分销渠道是整个市场营销的关键性环节，而良好的厂商关系则是渠道畅通的保证。厂商关系并非一成不变，必须随着分销渠道的变革，根据市场的变化进行不断的修正、完善、创新与变革。厂商要获取市场竞争力就要主动迎合这种变化。

（9）汽车厂商关系的未来趋势

随着市场形势的发展，汽车厂商关系的未来趋势是：厂家会越来越把经销商作为它更紧密的合作伙伴，把它当成自己的客户。现在已经有很多品牌的做法在不断体现这样的作风，包括在政策上与经销商的沟通与合作、配合方面等都体现出了这一点。这是市场发展的必然趋势。

案例赏析

案例1. 图解《汽车销售管理办法》5 大亮点

新版《汽车销售管理办法》（以下简称《办法》）于 2017 年 2 月底出台，如此，2005 年出台的《汽车品牌销售管理实施办法》将退出历史舞台。对于汽车流通行业来说，《办法》可能是一个迟到了多年的政策，但它的出台必将牵动从业者的心弦，改善厂商关系，重树经营体系。那么，究竟《办法》能否直击行业痛点？下面为你图解《办法》的 5 大亮点。

取消授权备案制
——允许授权和非授权模式同时存在

亮点一

旧版《办法》

经营方式：单一品牌授权模式
　　　　　建立汽车总经销商、品牌经销商备案制度
授权期限：无规定

新版《办法》

经营方式：允许授权和非授权模式同时存在
　　　　　取消备案制
授权期限：一般不低于3年，首次授权期限不得低于5年。

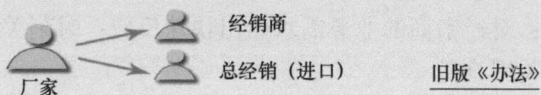

经销商
总经销（进口）
厂家
旧版《办法》

　　新版《办法》并不是取消授权模式，而是取消单一授权模式。比如，之前多为厂家授权体系下的新车销售，即4S店体系，但随着行业发展，汽车卖场、4S店等多种销售渠道出现，新版《办法》肯定了非授权模式的出现，未来渠道也将进一步多元化。

个人　甚至可以　厂家　经销商　总经销（进口）　汽车电商　汽车卖场
新版《办法》

销售与售后分离
——供应商不得限制

亮点二

旧版《办法》

供应商安排销售与售后服务

新版《办法》

供应商不得对经销商要求同时具备销售、售后服务等功能。
供应商不得限制经销商为其他供应商提供配件及售后服务。

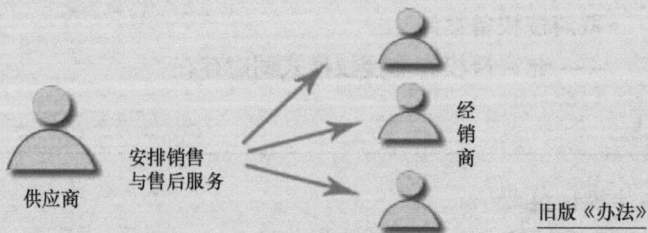

供应商　安排销售与售后服务　经销商　旧版《办法》

　　销售与售后的分离实际上是在鼓励多种经营形式的出现，同时也意在破除垄断，让原厂配件可以在授权与非授权体系中自由流通。

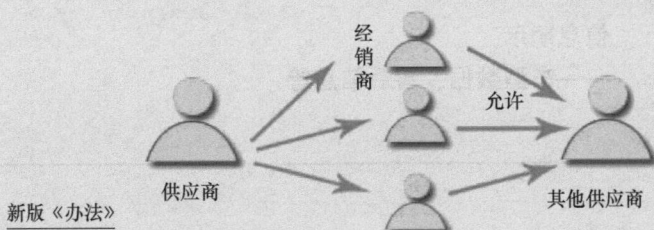

新版《办法》

经销商

允许

供应商　　　　　　　其他供应商

限制供应商干涉经销商
——销售数量、搭售、压库、转售

亮点三

销售数量、压库、搭售与转售尽管在旧版《办法》中对此较少呈现，却一直以来都是经销商抱怨颇多的方面，甚至影响着经销商对厂家的满意度。《办法》在该方面规定供应商多个"不得"，让经销商有了更大的自主经营权。

旧版《办法》

供应商不得强行规定经销数量。
供应商不得进行品牌搭售。

新版《办法》

供应商不得规定汽车销售数量。
供应商不得规定整车、配件库存品种或数量。
供应商不得对经销商搭售未订购的汽车、汽车配件和用品等商品。
供应商不得限制经营本企业汽车产品的经销商之间相互转售；不得限制经销商、售后服务商转售配件。

鼓励共享型、节约型经济
——城乡一体、电商、新能源汽车

亮点四

在国家大力发展新能源车，电子商务迅猛发展，销售渠道下沉三四线、农村市场逐渐进发生机之时，新版《办法》提出了相应的导向性内容，尽管对此没有具体展开，但却指出了未来发展的方向。

旧版《办法》

无规定。

新版《办法》

鼓励发展共享型、节约型汽车销售及售后服务网络。
- 加快发展城乡一体的销售及售后服务网络。
- 推动汽车流通模式创新，积极发展电子商务。
- 大力加强新能源汽车销售和售后服务体系建设。

信息明示
——车型数据、售后信息等

亮点五

旧版《办法》

> 无规定。

新版《办法》

> 经销商、售后服务商如实标明配件信息，明示生产商（进口产品为进口商）、生产日期、适配车型等信息；明示收费标准、售后服务技术政策、"三包"信息等。

如今，我国汽车产业已从买方市场走向卖方市场，强调信息明示正是保护消费者的知情权，顺应我国进入汽车社会的现实情况。

（资料来源：中国汽车报）

总结

从新老《办法》的对比中不难看出，政策变化的背后是两个不同时期流通行业在广度、深度、容量等方面的变化，是由卖方市场向买方市场的转变。从 2005 年至今，时代早已发生了天翻地覆的变化，在可期的未来，《办法》的出台将进一步影响汽车业的整个生态。但也必须看到《办法》只是一个行业政策，并不具备法律效力，推进落地还需要相关政府部门依政而行。

案例 2. 营销渠道变革

（1）细化品牌销售网络，奇瑞分网不牺牲经销商利益

已经拥有 4 个品牌的奇瑞汽车还将细化品牌销售网络。据悉，奇瑞品牌将分为经营一部、经营二部销售网络，近期将上市的风云 2 车型将被放在经营一部网络销售，除风云 2 外，经营一部还将获得 A 系和瑞虎的一级代理权，而经营二部将销售 QQ 系列、旗云以及东方之子系列车型。

（2）江淮多功能车和轿车两网合一进程走出第一步

进入 2009 年 10 月份，江淮多功能车和轿车两网合一的进程终于在成都迈开了第一步。

在展厅内看到多辆同悦轿车一字排开。目前江淮轿车销售网络有 50 家左右，多功能车销售网络在 80 家以上，两个销售网络合并后，江淮汽车马上可以形成国内完善的自主品牌网络布局。

（3）应对产品扩容，东风日产拟 4S 店改造计划

东风日产已把对专营店的改造升级，提上计划日程，预计今年内就将在全国范围陆续启动这一工程，而改造的重点就是展厅扩容，以适应厂家不断推出的新车型。

（4）上海大众："大区制"变革叫停

目前上海大众在全国的 12 个分销中心类似于"办事处"，主要具有销售、市场、网络、服务四项功能，诸如营销决策、人事安排、财务支出等均由总部统一负责。如果上海大众的分销中心由 12 个减为 6 个，各大区全权负责辖区事务，就是采用当今在车企中日渐流行的"大区制"。采取大区制可很快可以做出反应，但大区制对经销商队伍及营销团队要求很高，

"尤其目前依然是销量为王，采取大区制很难保证所有大区都站在总部的角度考虑问题，很难排除对单个大区有利但对总体不利的情况。比如有些大区如果为了追求短期内的销量而大幅降价，不利于价格体系稳定与品牌维护。"这位大区经理认为，如果大区制没有较高水准的营销队伍与经销商队伍做基础，反而会增加管理成本，各地各自为政。如果采取大区制，每个大区平均要负责100家经销商的管理。在权力加大的同时，各分销中心的能力与责任要求也大大提升。一汽-大众大区制的尝试并不成功，也给上海大众的营销体系变革抹上了一丝阴影。毕竟，两家企业在产品、营销、经销商队伍等方面有诸多相似之处。对于变革成本的顾虑也是上海大众此次营销体系变革最终消于无形的一个原因。

（材料来源：新浪网）

案例3. 一汽丰田构筑理想坚固的金三角

"消费者第一，经销商第二，厂家第三"是丰田所提出的经营理念。

"销售的丰田"认为渠道的通畅和优质是重中之重，而经销商们则是其重要的依靠。

丰田对于经销店的选择和增加有一套严格的标准。

长期以来，厂商对于经销商的关系都是以管理为主。但丰田对经销商更多采取支援的态度，丰田将经销商看作"一个团队"，保证整个价值链的健康运转，为此他们保持与经销商进行更深入的交流。

另一个让丰田的经销商与众不同的是其协力会组织，每月开会共同探讨市场和经营促销的业务，通过协力会共同制定出相关的市场策略、市场行为，并从一汽丰田处得到相关的支援。

丰田还有一个咨询委员会，由经销店选举出的资深、有威望的董事长组成的组织，会与丰田商讨整个品牌的所有重大政策方针，即丰田的战略问题，甚至会到日本，和丰田本部的高层进行对话。

帮助经销商提高经营能力，包括：销售能力、客户关系维系能力、资金运作能力、价值链增值能力、管理改善能力、企划能力和公共关系维系能力七大能力。

丰田还在努力提高经销商的关联业务能力，其中二手车市场的加强建设，将为经销商提供不小的利润。

（材料来源：新浪网）

本 章 小 结

　　渠道在市场营销过程中具有重要作用，充分理解渠道的概念、类型、各类分销渠道的优缺点，以及选择分销渠道应该考虑的因素，对于分销渠道的设计与管理、改善厂商关系，对保证汽车营销目标的实现均有重要作用。

思 考 题

1. 汽车销售渠道的功能有哪些？
2. 汽车经销商在汽车营销过程中有哪些重要作用？
3. 详细阐述我国汽车营销渠道的特点。
4. 我国汽车中间商有哪些类型？它们的特点分别是什么？
5. 经销商合作关系管理的含义是什么？
6. 汽车市场价值是怎样流动的？
7. 一般经销商可能存在哪些问题？如何改进？
8. 如何改进厂商关系？

第六章   汽车促销策划

学习目标

1. 熟悉汽车销售促进的工具。
2. 熟悉销售促进策略的内容。
3. 掌握人员推销的形式、任务、步骤、特点。
4. 掌握推销的方法与技巧。
5. 熟悉汽车广告目标的分类。
6. 掌握广告策划策略、步骤、广告策划方案的撰写。
7. 了解媒体碎片化时代的广告策略。
8. 熟悉汽车市场营销公关的工具。
9. 正确理解和运用销售促进组合，合理运用促销工具。

本章导读

促销策划（SPP）是促进销售增长的一系列策略制订和实施活动。促销组合由人员推销、营业推广、广告、公共关系四个相互独立而又紧密联系的部分组成。学习本章的目的是让学生熟悉并能掌握促销组合的各项工具和策划程序，懂得在商品供过于求的竞争时代，促销已经从单纯的战术和技巧层面上升为基于企业市场营销战略上的智慧管理和基于竞争对手的谋略博弈，从而全面理解和从整体上把握促销策划。

第一节
汽车销售促进与促销组合

一、汽车销售促进

1. 汽车销售促进的概念

汽车销售促进是指汽车企业在特定的目标市场中，为了迅速刺激需求和鼓励消费而采取的促销措施。美国市场营销协会定义委员会认为，销售促进是指除了人员推销、广告、宣传以外的，刺激消费者购买和经销商效益的各种市场营销活动，如陈列、演出、展览会、示范表演以及其他推销努力。

2. 选择汽车销售促进的工具

选择汽车销售促进的工具时，要综合考虑汽车市场营销环境、目标市场的特征、竞争者状况、销售促进的对象与目标、每一种工具的成本效益预测等因素。

3. 用于消费者市场的促销工具

（1）信贷与分期付款

由于汽车价格相对其他产品而言比较高，普通消费用户较难接受一次付款，因此世界上各汽车公司都有汽车消费信贷与分期付款业务。

（2）汽车租赁销售

汽车租赁销售是指承租方向出租方定期交纳一定的租金，以获得汽车使用权的一种消费方式。汽车专业租赁公司是继出租车市场后又一大主体市场，是汽车生产企业长期、稳定的用户之一。

（3）汽车置换业务

汽车置换业务包括汽车以旧换新、二手汽车整新、二手汽车再销售等项目的一系列业务组合。汽车置换业务已成为全球流行的销售方式。

（4）赠品

购买汽车附带赠送部分礼品，能在一定程度上刺激消费者的购买欲望。

（5）免费试车

邀请潜在消费者免费试驾试乘汽车，刺激其购买兴趣，加强消费者的购买欲望，最终达成交易。

（6）售点陈列和商品示范

在汽车展厅布置统一标准的室内装饰。

（7）使用奖励

企业为了促进汽车销售，对使用该企业汽车产品的优秀用户给予精神和物质上的奖励。

4. 用于经销商交易的工具

汽车销售促进的工具有直接降价、承诺差价补偿、赠送油票、赠送礼品、赠送车险、赠送保险卡、各种宣传（试驾试乘、参加活动），以及业务和销售人员促销（如贸易展览会）、销售员竞赛、特定广告等。

（1）价格折扣

对经销商的购车给予低于定价的直接折扣，例如鼓励经销商购买一般情况下不愿购买的汽车型号，增加其进货的数量；如果经销商提前付款，还可以给予一定的价格折扣。

（2）折让

汽车生产企业的折让用以作为经销商宣传其产品特点的补偿。广告折让用以补偿为该产品作广告宣传的经销商；陈列折让用以补偿对该产品进行特别陈列的经销商。例如，一汽－大众对其产品的专营公司免费提供广告宣传资料，以成本价提供捷达工作用车，优先培训等。

（3）免费商品

对销售特定车型的经销商或销售达到一定数量的经销商，额外赠送一定数量的汽车产品，也可赠送促销资金，如现金或礼品等。

5. 销售促进策略的内容

一般来讲，企业的销售促进策略包括确定目标、选择工具、制订方案、预试方案、实施和控制方案，以及评价结果等内容。

二、汽车销售促进组合

汽车促销是汽车企业对汽车消费者所进行的信息沟通活动，通过向消费者传递汽车企业和汽车产品的有关信息，使消费者了解汽车企业和信赖汽车产品与服务。促销的实质就是传播和沟通信息，其目的是要促进销售，提高公司的市场占有率，增加公司的收益。现代市场营销将各种促销方式归纳为四种基本类型，即广告、人员推销、营业推广和公共关系。这四种方式的运用搭配称为促销组合。促销组合策略就是对这四种促销方式组合搭配和如何运用的决策。

1. 人员推销

企业通过派出推销人员与一个或几个可能购买者交谈、介绍和宣传产品，以扩大产品销售的一系列活动。

2. 广告

广告是通过报纸、杂志、广播、电视、广告牌等传播媒体形式向目标顾客传递信息。采用广告宣传可以使广大客户对企业的产品、商标、服务等加强认识，并产生好感。其特点是可以更为广泛（如推销员到达不了的地方）地宣传企业及其商品，传递信息。

3. 营业推广

营业推广由一系列短期诱导性、强刺激性的战术促销方式组成。它一般只作为人员推销和广告的补充方式，其刺激性很强，吸引力很大，包括赠送免费样品、赠券、奖券、展览、陈列、折扣、津贴等，可以鼓励现有顾客大量、重复购买，并争取潜在顾客，还可鼓励中间商大量销售。与人员推广和广告相比，营业推广不是连续进行的，只是一些短期性、临时性的能使顾客迅速产生购买行为的措施。

4. 公共关系

为了使公众理解企业的经营活动符合公众利益，并有计划地加强与公众的联系，建立和谐的关系，树立企业信誉的一系列活动即属于公共关系。其特点是不以短期促销效果为目标，而是通过公共关系使公众对企业及其产品产生好感，并树立良好的企业形象。

第二节
人员推销策划

汽车人员推销是指汽车企业的推销人员利用各种技巧和方法，帮助或劝说消费者购买该品牌汽车产品的促销活动。

一、人员推销的形式

目前，我国汽车产品的主要销售方式还是以4S店为主，汽车超市为辅，过去汽车销售基本上是坐等客户上门。但随着竞争的加剧，汽车销售人员开始运用各种方法，主动开发客户，包括运用网络开发的手段，发现客户线索，随后通过人员推销方式促进销售目标的实现。汽车产品人员推销主要有两种形式：一是上门推销（主要针对大客户和集团用户），上门推销的好处是推销员可以根据各个用户的具体兴趣特点，有针对性地介绍有关情况，并容易立即成交。二是会议或活动推销。会议推销具有群体推销、接触面广、推销集中、成交额大等特点，而且企业可在会内会外"开小会"，同与会客户充分接触。只要有客户带头订货形成订货气氛，就容易实现大批量交易。我国汽车公司经常采用会议方式促销（各类汽车展销会）。活动推销则需要精心策划活动，尤其是保证邀约客户到场。

二、人员推销的任务

1. 订单处理

订单处理是推销人员和电话营销人员都需要完成的任务。它可以分为批发商和零售商两个水平的订单处理。销售人员进行订单处理时，一般是在确定顾客需求后完成订单。订单处理是销售环节最基本的工作之一。

2. 创造销售

创造销售常常通过增加新顾客或引进新产品和服务来创造新业务。新产品常需要高水平的创造性销售。在销售人员的三个任务中，它是最重要的。创造销售可出现在电话营销、网络营销、店堂销售和外勤推销中。

3. 专使销售

专使销售是指非直接销售。例如，汽车销售公司要把汽车销售给直接用户，首先要说服销售人员这个非直接顾客，在销售时有的放矢地推广本公司的产品。在汽车专使销售中，技术支持固然重要，但非技术支持同样具有强大的作用。例如营销思想的提升，促销技巧的培养，客户关系管理技术的研究等。其任务是为顾客提供汽车购买和使用过程中所需要的技术支持和营销服务。

三、人员推销的步骤

汽车人员推销过程分成七个不同的阶段，即寻找顾客、事前准备、接近客户、产品介绍、克服障碍、达成交易、售后追踪。

1. 寻找顾客

客户是企业赖以生存和发展的基础条件，寻找客户是推销工作的第一步。

2. 事前准备

推销工作开展前，推销人员必须掌握三方面的知识：第一，产品知识，即关于本企业产品的特点、用途和功能等方面的信息和知识。第二，顾客知识，即包括潜在顾客的个人情况，具体顾客的生产、技术、资金情况，用户的需要，购买者的性格特点等。第三，竞争者的知识，即竞争者的能力、地位和它们的产品特点。同时还要准备好样品、说明材料，选定接近顾客的方式、访问时间、应变语言等。

3. 接近客户

接近客户即开始登门访问，与潜在顾客开始面对面的交谈。

4. 产品介绍

在介绍产品时，要注意说明该产品可能给顾客带来的好处，要注意倾听对方发言，判断顾客的真实意图。因为客户关心的重点不是产品的特点，而是这些特点可以为客户带来的利益。

5. 克服障碍

推销人员应随时准备应付不同的意见，及时处理客户疑义。

6. 达成交易

接近客户和达成交易是推销过程中两个最困难的阶段。接近客户的前提是发现客户线索，而达成交易的关键，首先在于要有足够的耐心，坚持跟进。同时要善于展示并让客户体验到产品和服务的价值。

7. 售后追踪

如果销售人员希望顾客满意并重复购买，则必须坚持售后追踪。推销人员应认真执行订单中所保证的条件，例如交货期、售后服务、安装服务等内容。并关注客户对自己工作的评价。

四、人员推销的特点

1. 双向沟通

与客户直接沟通，双向互动，有利于正确反映客户的真实需求，提供适合的产品与服务。

2. 灵活性强

销售人员在访问的过程中可亲眼观察到顾客的反应，并揣摩顾客心理变化的过程，因而能酌情改变推销陈述和销售方法，以适应每个顾客的需要，促进最终交易的达成。

3. 针对性强

针对客户的需求和个性特征，有针对性地提供个性化服务，无效劳动少。

4. 专业性强

人员推销经常用于商品竞争激烈的情况，也适用于推销价格昂贵和性能复杂的商品。对专业性很强的复杂商品，仅仅靠一般的广告宣传是无法促使潜在顾客购买的，而训练有素的销售人员直接为顾客展示产品，并解答其难题，往往能促成交易。

五、人员推销的方法和技巧

对于推销人员来说，衡量其能力的重要标准之一就是沟通的能力，而沟通能力具体表现在推销人员是否能根据不同的推销气氛和推销对象审时度势，巧妙而灵活地采用不同的方法和技巧，吸引用户，促其做出购买决定，达成交易。

1. 推销方法

推销人员必须掌握的基本推销方法有以下几种：

（1）试探性方法

投石问路，进行试探。

（2）针对性方法

摸清客户的真实需求，有的放矢地宣传、展示和介绍产品，使客户感到推销员的确是自己的好参谋，能为客户提供合理的购买方案，真心地为客户服务，进而产生强烈的信任感，最终愉快地成交。一般把这种销售技巧称为顾问式销售。

（3）诱导性方法

推销员要能挖掘、唤起客户的潜在需求，要先设计出鼓动性、诱惑性强的购货建议（但严禁欺骗），通过恰当的氛围、准确的语言，诱发客户产生某方面的需求，并激起客户迫切要求满足这种需求的强烈动机。然后，抓住时机向客户介绍产品有针对性的效用，说明所推销的产品正好能满足这种需求，从而诱导客户购买。

2. 推销技巧

销售人员在了解了上述推销方法后，还必须掌握一些推销技巧。如：

（1）营造气氛

建立和谐的洽谈气氛的技巧。销售人员与客户洽谈，首先应给客户一个良好的印象，懂礼貌、有修养，稳重而不呆板，活泼而不轻浮，谦逊而不自卑，直率而不鲁莽，敏捷而不冒失。

（2）巧妙进入

在开始洽谈阶段，推销人员应巧妙地把谈话转入正题，做到自然、轻松。

（3）排除障碍

销售人员如果不能有效地排除和克服所遇到的障碍，将会功亏一篑。因此，要掌握排除下列障碍的技巧：一是排除客户异议障碍，二是排除价格障碍。

（4）寻找理由

与客户会面一是要选好见面的时间，以免吃"闭门羹"；二是可采用请熟人引荐、名片开道、同有关人员交朋友等策略，赢得客户的欢迎，抓住成交机会。销售人员应善于体察客户的情绪，在给客户留下好感和信任时，应抓住机会发动进攻，争取签约成交。

六、人员推销的管理决策

公司要制订有效的措施和程序，加强对销售人员的选拔、培训、激励和评价。

1. 销售人员的选拔

从选才来讲，不管是从企业内部选拔，还是在社会公开招聘，都应严格进行考试与考查，择优录用。考试包括必要文化知识的笔试和必要智力水平（如反应能力、思维能力等）的考试。前者一般采用笔试的方式，考察应聘人员知识的广度与深度；后者一般采用口试，重点考察应聘人员的语言表达、口才、理解记忆力、分析判断、灵活应变、仪表风度乃至个人形象等。经过这两个环节后，还应考察应聘人员的责任感、工作态度、工作作风、职业道德、敬业精神、创新精神等。因为并不是什么人都能够成为一个好的销售人员的。

2. 销售人员的培训

销售人员的培训应围绕销售人员的推销方法与技巧、职业道德与敬业精神、企业特色等三个内容进行训练与教育。

就企业知识培训而言，主要是要求销售人员熟悉产品，懂得技术，了解市场，心有客户，勇于竞争，勤于服务；使推销员能够向客户介绍产品和工厂的情况，供其所需，释其所疑；不但要让用户了解产品，还要让他们了解生产产品所用材料的优质性、技术的先进性、设备的精密性、工艺的稳定性及试验检测的严格性，使顾客对产品了解、放心。对推销员的培训内容包括：公司的历史、历届负责人和一些较出色的经营人员等史实，以增加老客户的认同感；生产工艺和设备，以利于回答客户的问题和接受客户的咨询，服务政策与服务内容，以消除用户的后顾之忧；产品投放等销售政策，以利于推销员明确企业的目标市场、产品和市场定位战略等；市场竞争特点，以便让销售人员知己知彼，正确面对市场竞争；产品的使用知识，以便让销售人员向顾客充分介绍产品的使用价值。

3. 销售人员的组织与管理

销售人员组织与管理的内容包括企业对销售人员队伍总体规模、组织结构、工作制度、奖惩与考核等制度的确立。

（1）销售人员规模的确定

确定销售人员规模的方法有如下两种：

① 销售能力分析法。通过测量每个推销员在不同范围、不同市场潜力区域内的推销能力，计算在各种可能的推销人员规模下，企业的总销售额及投资收益率，以确定销售人员的规模。

$$公司总销售额 = 每人销售额 \times 销售人员数目$$
$$投资收益率 = (销售收入 - 销售成本) / 投资额$$

② 销售人员工作负荷量分析法。根据每个销售人员的平均工作量及企业所需拜访的客户数目来确定销售人员的规模。即：

$$销售人员总数 = 客户总数 / 平均每一销售人员应拜访的客户数（在某一时间和某一区域内）$$

（2）销售人员的组织结构

销售人员的组织结构共有如下三种可供选择的形式：

① 区域型结构。将企业的目标市场分成若干个区域，让每个（组）销售人员负责一定区域内的全部推销业务，并定出销售指标。采用这种结构有利于考查销售人员的工作绩效，激励其工作积极性，有利于销售人员与客户建立良好的人际关系，有利于节约交通费用。国外多数汽车公司对销售人员都是按此形式组织的。

② 产品型结构。将企业的产品分成若干类，每一个销售人员（组）负责推销其中的一类或几类产品。这种结构适用于产品类型较多并且技术性较强，产品间缺少关联的情况。

③ 顾客型结构。按照目标客户的不同类型（如所属行业、规模大小、新老客户等）组织销售人员，即每个销售人员（组）负责某一类客户的推销活动。采用这种结构有利于销售人员更加了解同类客户的需求特点。

（3）销售人员工作制度

公司从上到下都应有严密的工作制度，对销售人员更是如此。如销售人员分工负责哪一区域，他的主要职责是什么，表格与建档如何填写和送交，何时汇报与检查，目标是什么，紧急情况如何处理与报告等，都应有明确的制度来规定。明确的工作制度是企业建立声誉的组织保证。国外汽车公司对订购新车或维修车辆的用户，规定交付时间，一旦误期，则负责向用户提供使用车辆，或者承担用户的交通费用。显然，没有严密的工作制度，汽车公司便难以履行对用户的承诺。

（4）销售人员奖惩与考核

企业应对销售人员的工作情况作出公平合理的考核，根据销售人员的业绩给予奖励或惩罚。惩罚是必要的手段，但一般是以激励为主。一个公司尽管有严密的工作制度，但销售人员不积极主动地去工作，公司也是缺少活力的。因而推行激励办法，对于开创销售工作的生动局面很有意义。

第三节
汽车广告策划

一、确定汽车广告目标

一个成功的汽车广告首先要解决的是采取什么策略的问题，而策略成功的第一步是确定汽车广告的目标。汽车广告目标是指在一个特定时期内，对特定的目标市场所要完成的特定信息的传播任务。这些目标必须服从企业先前制定的有关汽车目标市场、汽车市场定位和汽车营销组合等决策。

广告的具体目标一般是加强新产品宣传；扩大或维持产品份额；提高产品或企业的知名度；介绍新老产品的新用途；对推销员一时难以接近的潜在顾客起预备接触作用；加强广告商品的品牌商标印象；帮助消费者确认其购买决策是正确的有利的；提高消费者对企业的好感；纠正错误或不实的传闻；在销售现场起提示作用促进消费者直接购买行动；通过广告宣传，延长产品使用季节或提高对产品的变化使用和一物多用的认识，以增加产品的销售；劝诱潜在客户到销售现场或展览陈列场所参观访问以提高对产品的认识，增强购买信心等。

二、汽车广告目标分类

汽车广告按其目标可分为通知性、说服性和提醒性三种。

1. 通知性广告

通知性广告主要用在汽车新产品上市的开拓阶段，旨在为汽车产品建立市场需求。日本丰田汽车公司在进入中国市场时，打出"车到山前必有路，有路必有丰田车"的广告，震撼人心。

2. 说服性广告

说服性广告主要用于竞争阶段，目的在于建立对其某一特定汽车品牌的选择性需求。在使用这类广告时，应确信能证明自己处于宣传的优势，并且不会遭到更强大的其他汽车品牌产品的反击。

3. 提醒性广告

提醒性广告用于汽车产品的成熟期，目的是保持消费者对该汽车产品的记忆。例如，别克凯越在上海通用中贡献率最大达 43.0%，其次是别克君威贡献率为 23.4%。上海通用之所以能屡屡成功，关键在于本土化的品牌推广和产品开发战略。善于本土化运作的上海通用多年来一直采用媒体的提醒性广告。

三、制定汽车广告预算

汽车广告在通过媒体传播之后有维持一段时期的延期效应，其作用曲线类似于电容的放电曲线。在采用变动成本处理账务的公司，虽然汽车广告费用被当做当期成本来处理，但其中一部分实际上是可以用来逐渐建立汽车品牌与产品商誉这类无形价值的投资作为回报的。因此，制定汽车广告预算时，要根据汽车企业实际需要和实际财务状况来确定费用总额。制定汽车广告预算有如下五个影响因素：

1. 产品生命周期阶段

在推出新车型时，一般需花费大量广告预算，以便建立知晓度和获取消费者的试用。已建立的品牌所需广告预算在销售额中所占的比例通常较低。

2. 市场份额和消费者基础

市场份额高的品牌，只求维持其市场份额，因此其广告预算在销售额中所占的比例通常较低。而通过增加市场销售来提高市场份额，则需要大量的广告费用。如果根据单位效应成本来计算，打动有更多选择品牌的消费者比打动使用低市场份额品牌的消费者花费较少。

3. 竞争程度

在一个有很多竞争者和广告开支很大的汽车市场上，一种汽车品牌必须加大宣传力度，以便高过市场的干扰声，让人们听见。广告的创意与新颖性是取得目标市场注意的核心因素。

4. 广告频率

把汽车产品传达到消费者的重复次数，即广告频率，也会影响广告预算的大小。

5. 产品替代性

当一家汽车制造商或经销商打算在汽车市场众多竞争品牌中树立自己与众不同的形象，宣传自己可以提供独特的物质利益和特色服务时，广告预算必须相应增加。

四、选择汽车广告媒体

广告策划的基本命题是：用有限的广告预算，达到最有效的广告效果。为了达成广告的目的，必须研究各类媒体资源的特点，同时根据需要选择媒体，并注意运用新媒体。

1. 广告媒体种类

广告媒体种类繁多，功能各有千秋，只有选择适当的汽车广告媒体，才能使汽车企业以最低的成本达到最佳的宣传效果，对汽车的销售起到推波助澜的作用。各种广告媒体的基本特点，除了本书第三章汽车产品策划关于品牌传播一节中已经表述的以外，还有两种方式不能忽视。

（1）售点广告

售点广告是指销售点广告或购物场所广告（也称POP广告）。售点广告以销售现场内外的各种设施做媒体，有明确的诱导动机，旨在吸引消费者，唤起消费者的购买欲，具有无声却有十分直观的推销效力。它可直接影响销售业绩，是完成购买阶段任务的主要推销工具。

（2）新型传播媒体

现代电子技术的进步，使广告传播手段和方式有了很大的发展，出现了许多新的传播媒体，移动互联网广告、电脑信息网络广告、烟雾广告、激光广告等新形式不断涌现，广告制作基本上实现了现代化。这些新型传播媒体新奇、刺激、夺人眼球，具有独特的传播魅力。营销策划人员应当及时发现并有效使用这些新传播媒体。

2. 选择广告媒体应考虑的因素

由于汽车产品的日益丰富，以及汽车市场竞争的日益激烈，消费者购买汽车的选择范围比过去任何时候都广，所面临的诱惑也更多。为了抢夺市场，中外汽车厂商都在使尽浑身解数，利用汽车广告向消费者传递产品的品质、功能、价格、服务等企业定位与诉求，以获得消费者的青睐。为此，如何选择广告媒体，提高广告传播的效能成为诸多厂商特别关注的问题。

（1）消费者的心理图像

不同类型的消费者在选购汽车时，有着不同的心理图像。私人用车的关注目标是自己的经济实力与对汽车价格、性能的理解；购买商务用车的用户最为关心的是汽车的价格和使用期限；公务车用户尤其关心汽车的使用性能，包括动力性、舒适性、外观特征等。消费者购买汽车时最关心的6个问题依次是：安全可靠、合理价格、完善服务、乘坐舒适、优异性能和漂亮外观。为了对应消费者不同的心理图像，应当选择不同的广告媒体。例如，购买跑车的大多数消费者是中青年的成功人士，他们最关心的是汽车的优异性能，广播和电视航空杂志、就是最有效的广告媒体；又如，安全是汽车产品的首要因素，上汽通用五菱汽车股份有限公司在《人民日报》刊登的广告语是"先买安全，后买汽车"。《人民日报》的公信力和凸显的安全诉求，使其大获成功。

（2）汽车产品的特征

电视和印刷精美的杂志由于在示范表演、形象化和色彩方面十分有效，对有优秀外观设计的汽车来说，这是最有效的媒体。因为它能充分体现汽车外观设计之美，给受众以视觉上的强烈冲击。但有的汽车广告就未必适合用在电视和杂志上，例如低速汽车主要消费者来自农村地区，他们的购买途径主要靠人际传播，他们更相信使用经验和切身体会。

（3）广告信息的特征

汽车广告需要传播的信息特征和信息数量不一样，需要选择不同的广告媒体。包含大量技术资料的汽车广告信息一般要求专业性杂志做媒介。一条宣布近期有重要促销活动的信息，一般用广播或微信做媒介比较合适。由于汽车产品的针对性很强，因此必须选择在专业杂志、报纸和其他媒体做广告，以使信息能直接面向特定受众，有助于用较低的预算实现预期的效果。

（4）广告费用预算

各种广告媒体特点不同，价格也不同。选择怎样的媒体做广告，还与费用预算密切有关。例如，电视广告费用非常昂贵，以播出时间长短和播放时段来计费；报纸广告与此相比而言稍微便宜但价格还是较高。互联网广告的传播面广，而且不受时间、地域限制，价格一般只有传统媒体的1/10，厂商可以按照自己的广告预算及广告目标选择适当的广告媒体。

3. 广告媒体的评价指标

对广告媒体的评价指标主要有以下八个方面的内容。

（1）权威性

权威性是衡量广告媒体本身带给广告的影响力大小的指标。

（2）覆盖面

覆盖面是指广告媒体在传播信息时主要到达并发挥影响的地域范围。

（3）触及率

触及率是一则广告推出一段时间后，接收到的人数占覆盖区域内总人数的百分比。

（4）毛感点

毛感点是各项广告推出后触及人数占总人数比例之和。这反映广告在某一媒体上能够达成的总效果。

（5）重复率

重复率是每一个接收到广告信息的人平均可以重复接收此项广告多少次。

（6）连续性

连续性是同一则广告多次借助同一媒体推出所产生的效果及其相互联系与影响，也可用来衡量在不同媒体上推出同一广告，或者同一媒体不同时期的广告之间的联系与影响。

（7）针对性

针对性是表征媒体的主要受众群体构成情况的指标，包括媒体受众的组成情况和媒体受众的消费水平与购买力。

（8）效益

效益是衡量采用某一媒体可以得到的利益同所投入的经费之间关系的指标。

五、广告策划步骤

1. 前期准备

前期准备主要做两件事：第一，市场情况分析；第二，分析企业信息传播中存在的问题。

2. 调研分析

结合本企业的经营现实，对营销环境及经济产业政策、政治法律文化等进行定量、定性分析，并提出结论性意见。

3. 产品分析

找出本产品在市场上存在的问题、机会点、消费者购买理由，并与竞争产品进行比较。

4. 受众分析

明确目标消费群及与之相关的媒体，以使宣传活动具有针对性。

5. 竞争分析

找出现有和潜在竞争者，从企业发展、产品特征、营销广告策略等方面分析自己的优势和差距。

6. 广告目标确定

确定广告目标是为了提高知名度，还是抑制竞争对手、品牌价值宣传、劝服消费者、改变消费观念，或是短期销量的提升。

7. 确定目标市场和产品定位

选择确定和细化目标市场，确定产品的进入策略。

8. 广告诉求与创意策略

提炼、确定广告所要传达的中心思想，针对诉求的对象、内容、要点和方法，提出创意的概念和具体创作要求。

9. 广告表现执行策略

确定将广告诉求和创意诉诸实施，确定广告的创意方案，媒体的发布策略，促销组合策略等，并以强有力的表现，以整体的媒体组合运作，将信息传播给目标受众。

10. 制定实施计划

提出广告实施计划，落实媒体、预算，以及广告预热、广告效果测评等具体执行方案和执行日程表。

11. 广告工作总结

对广告进行有效的计划与控制，主要基于广告效果的测量。评价广告效果的目的，是要了解消费者对广告的接受和理解程度，以及对推销商品所起的作用。及时总结广告工作有利于测定广告效果，改进广告工作。

广告工作总结一定会涉及广告沟通效果的评价和广告销售效果的评价。广告沟通效果的评价主要是广告对于消费者了解产品的认知度、知名度和偏好等方面的潜在影响；广告销售效果的评价主要是指广告导致的销售额变化和市场份额变化的评价。

广告收益率的计算公式是：

$$广告收益率 = 销售额增长率 / 广告费用增长率$$

例如，某公司进行广告促销，原广告开支为200万元，新增100万元投入广告，广告前销售额为1 000万，新增广告后销售额增长了150万元，则：

$$广告收益率 = (150/1\,000)/(100/200) = 30\%$$

结果可以认定，该公司的广告收益率为30%。

广告效果的评价公式是：

$$广告效果 = 市场份额 / 广告表达所占份额$$

$$广告表达所占份额 = 本企业（本产品）广告支出 / 全行业广告支出$$

例如，某汽车营销企业有A、B、C三个公司，各公司的广告开支分别为200万元、100万元、50万元，广告后的市场份额分别为40%、28.6%、31.4%。哪家公司的广告效果最好呢？

表6-1 三家公司广告效果比较表

公 司	广告开支	广告表达所占份额	市场份额	广告效果
A	200万元	57.1%	40%	70%
B	100万元	28.6%	28.6%	100%
C	50万元	14.3%	31.4%	220%

由表6-1可见，三家公司中C公司的广告投入绝对数量最少，但广告效果最佳。

六、广告策划策略

1. 广告定位

广告定位是指广告主通过广告活动，使企业或品牌在消费者心目中确定位置的一种方法。广告定位属于心理接受范畴的概念。它的目的是通过广告宣传，为企业和产品创造、培养一定的特色，树立独特的市场形象，从而满足目标消费者的某种需要和偏爱，为促进企业产品销售服务。

2. 广告定位方法

（1）抢先定位

抢先定位是指企业在进行广告定位时，力争使自己的产品品牌第一个进入消费者的心目中，抢占市场第一的位置。这是市场领导者的定位方法。实践证明，最先进入人们心目中的品牌，平均比第二的品牌在长期市场占有率方面要高很多，而且这种关系很难改变。

（2）强化定位

强化定位市场领导者，不断加强产品在消费者心目中的印象，以确保第一的地位。实行强化定位应做到两点：第一，不断加强消费者起初形成的观念；第二，决不给竞争者可乘之机。市场领导者往往借助强化定位，密切注视竞争者的动向，掌握竞争优势。

（3）比附定位

比附定位是指企业在广告定位中，不但明确自己现有的位置，而且明确竞争者的位置，然后用比较方法建立定位，找出本企业品牌与竞争者品牌、自己想要占据的位置与竞争者已占据的位置之间的关系，使自己的品牌为消费者所接受，在消费者心目中开拓出能容纳自己品牌的位置。汽车企业利用比附定位策略的实例比比皆是，例如韩国汽车打进美国市场时采取了"日本车的质量，韩国车的价格"这一比附策略。某公司模仿其他车的成功造型，采取低价策略，本质上运用的也是比附定位策略。

（4）逆向定位

逆向定位是指企业在进行广告定位时，面对强大的竞争对手，采取远离竞争者的构想，打造自己独特的概念，以使自己的品牌形象进入消费者心中。吉利造车之初，不与强势品牌正面冲突，明确提出"造老百姓用得起的车"，以低价吸引消费者，用的就是逆向定位策略。

（5）补隙定位

任何市场都有空隙。补隙定位是指企业根据自己产品的特点，寻找市场空隙，设法在产品大小、价位高低、功能多少等方面独树一帜，进行广告宣传。石家庄双环汽车有限公司（简称"双环汽车"）曾经采用"一车顶三车"的方法推销它的多功能车，就是企图填补市场空隙。在中国汽车消费正在发生消费升级的情况下，有些厂家生产低速汽车，照样在多元化的市场上找到自己的赢利空间。

（6）公益定位

公益定位一般以企业公民的名义，通过赞助公益广告的形式，展示企业的良好形象，由此让消费者和社会公众更加了解企业。

3. 产品广告定位

（1）实体定位

实体定位就是指在广告宣传中突出产品的新价值，强调本品牌与同类产品的差异性，以及能够给消费者带来的更大利益。实体定位又可以分为市场定位、品名定位、品质定位、价格定位和功效定位。市场定位就是指把市场细分的策略运用于广告活动，确定广告宣传的目标；品名定位是指利用消费者偏好的名称命名产品；品质定位是把广告定位在产品的品质上；价格定位是把产品价格定位在比竞争产品价格更具竞争性的水平上，从而占领更多的市场份额；功效定位则是在广告中突出广告产品的特异功效，使该品牌产品与同类产品有明显的区别，以增强竞争力。

（2）观念定位

观念定位打破既定的思维模式，创立超乎传统上理解的新观念。观念定位是指在广告中突出宣传品牌产品新的意义，改变消费者的习惯心理，树立新的产品观，包括价值观念、消费观念、社会道德观念、节能减排低碳经济等观念，促使人们产生新的态度，推动购买行动。

4. 企业形象广告定位

前面章节已经讲过企业形象与品牌形象的区别。企业形象是组织的识别系统在社会公众心目中留下的印象，是企业物的要素和观念的要素在社会上的整体反应。

现代企业形象是以 CIS 理论为基础构成的企业识别系统，包括理念识别、行为识别和外在表征识别。企业形象广告定位应该围绕理念识别、行为识别和外在表征识别所展开。

（1）理念识别（MI）定位

理念识别定位是企业的核心和统帅。不同的理念识别不仅决定着企业的个性特征，而且决定着企业形象层次高低与优劣。理念识别主要包括：

① 经营宗旨的定位。即企业的经营哲学，主要包括经济观、社会观、文化观。

② 经营方针的定位。即企业运行的基本准则。

③ 经营价值观的定位。即企业文明程度、企业的文化建设水准。

（2）行为识别（BI）的定位

企业行为识别定位具体表现为：实力定位、产品形象定位、经营风格定位、企业行为定位和文化定位。

实力定位是指在广告中突出企业的实力，其中主要是展示企业生产技术、人才、营销和资金，企业历史、现在和未来等方面的实力。

产品形象定位是以突出企业的主要产品或名牌产品在同类产品中具有的优势和特质，而这种优势和特质与企业整体形象的优势与特质具有某些方面的融合性，即具有企业整体形象的鲜明代表性。

经营风格定位是企业领导乃至全体员工的管理水平、经营特点和风格。

企业经营行为定位是指通过广告宣传，把企业经营行为、企业社会责任感传递到社会公众，以达到赢得支持和赞誉的效果。

文化定位就是在广告中突出、渲染出一种具有个性的、独特的文化气氛，其目的是使公众自然而然地为其所吸引，从而树立起企业在公众中的形象。

（3）外在表象特征（VI）的定位

企业的外在表象特征又被称为企业的视觉识别或企业的感觉识别。它是企业的静态识别符号，是对企业形象具体化、视觉化的直观传达形式，其传播力量和感染力量最为直接和具体。

5. 广告主题

广告主题是广告的中心主张，是广告的中心内容。汽车广告有的采用理性主题，有的采用情感主题，有的采用道德主题。不管采用什么主题，广告主题的选材一定要注意追求快乐，体现经济性，强调商品质量、售后服务，利用爱情这一永恒的主题，凸显赞誉性评价和推崇时尚。从消费者心理、企业形象、购买行为、市场营销各个不同的角度出发，广告主题的目的各有不同。

（1）与心理有关的广告主题

与心理有关的广告主题一般有下面几个方面：第一，以产品超越其他品种的新用途为主题；第二，以显示产品功能、质量等方面的优越性为主题；第三，以证实购买广告产品带来的愉悦情感为主题；第四，以加深消费者对产品商标的记忆，提高品牌知名度为主题；第五，以强调产品美学特征为主题；第六，以优美的语言，使用影响力大的媒体宣扬产品，最终给消费者带来精神享受为主题；第七，再三重复广告口号，加深消费者对企业和产品的印象为主题等。

（2）与企业形象有关的广告主题

这类主题的目的在于树立企业在某个领域内领导潮流的形象。包括强调企业产品为提高消费者生活水平所做的贡献；突出企业强有力的市场销售地位；宣扬企业一丝不苟、埋头苦干、勇于进取、不甘落后的精神；强化企业国际性的良好形象，创造温馨亲切、让人流连的企业家庭氛围等。

（3）与购买行动有关的广告主题

与购买行动有关的广告主题以流行时尚引诱消费者效仿，目的在于使消费者增加购买商品的次数；促使消费者购买刚打入市场的新产品；刺激消费者增加对广告商品的使用量；使消费者相信该产品的质量过硬；突出产品的独特之处，刺激消费者产生冲动购买；诱使消费者试用自己的商品，从而使竞争对手退出市场。

（4）与市场营销有关的广告主题

这些主题主要有：以有奖销售的方式吸引消费者购买；刺激消费者对某种品牌的基本需求；用粘贴防伪标志的形式，加强消费者的辨认度，用正当手段维权；大肆渲染马上入市的新产品，为刺激消费者购买做好心理准备；采用薄利多销的方式争取消费者；强调经营服务给消费者带来的便利；为消费者提供售后服务，免除消费者的后顾之忧；诱惑潜在的目标消费者加入消费行列，扩大产品的销售市场。

6. 广告创意

创意是给自己无限的空间去想、去做、去破格，然后靠智慧、毅力、耐心和坚持去完成。汽车营销策划人员必须用创造性思维进行广告创意。

西蒙对广告创意的策略进行分类后认为，好的策划应当注意下列问题：信息，不加渲染；说明，有逻辑地建立购买期望；心理诉求，在特别给你的框架里解释；重复主张，经常性以笼统概念出现；指挥，用富有权威性的形象加强力度；符号集合，将产品、地点、事件、人或符号结合起来；模仿，提供免费式奖励；习惯起始，提供样板式传授使用实践。

7. 媒体碎片化时代的广告策略

企业在进行营销推广，都希望消费者选择自己的品牌。互联网的出现，让信息变得普遍化、容易化。但是，信息传播过度也造成了大量相对垃圾的信息，增加了网络使用者对目标信息的寻找成本，增加了企业的传播成本，增加了寻找目标人群的难度。

应对这种新的情况，汽车营销企业应当根据针对目标消费者的购买需求，通过互联网实施点对面、点对点的信息传播。亦即设法把有用产品或者服务信息进行整理、归纳、聚合，以便目标人群更迅速、更准确地找到这些信息，做到内容定向、行为定向，关注网民言论，并高度重视关键词的设计。

（1）内容定向

内容定向是在与自身主题相关的媒体放置广告，例如在新浪汽车频道放置汽车广告，在Google Adsense 的联盟网站放置广告等。

（2）行为定向

行为定向是根据用户的行为识别目标用户，在其浏览的通路放置相应广告，例如百度的关键词广告等。把从内容推测浏览用户的需求属性，提升为根据行为识别用户的需求属性。

（3）关注网民言论

随着 Web 2.0 的"人人都可以参与"时代的到来，博客、论坛、社交网站、微博、微信、B2C 电子商务网站等各种形态的媒介纷纷出现。企业应当利用这些工具，倾听网民言论，搭建自己的博客等，与消费者进行正面的交流。

（4）重视关键词设计

为了便于消费者找到自己，在网页头部进行品牌的曝光展现，在垂直网站、网络社区、搜索引擎关键词上，通过"行业通用词、品牌词、产品词、长尾词、竞品词、组合词"等主题的分类，进行精准的广告覆盖显得尤为必要。

8. 广告策划方案的主要内容

汽车营销广告策划方案应包括以下内容：

（1）前言

广告策划方案指导思想和基本设想。

（2）销售目标

阐述广告目的，以及具体营销目标。

（3）企业、市场、产品情况分析

说明企业概况，主要产品，企业优势，产品特征，销售地区、渠道、数量，竞争对手，以往宣传情况，目前销售存在的问题。

（4）广告对象

进行目标消费者、产品定位，潜在消费者分析。

（5）广告地区

明确目标市场、市场分布、销售趋势。

（6）广告战略

进行战略说明、广告阶段研究、媒体组合、促销活动组合、其他广告手段、广告策略重点。

（7）广告战术

说明媒体与促销的具体计划，说明广告战术、媒体实施计划、促销活动及其他手段说明。

（8）广告设计制作项目表

明确广告设计制作具体项目，进行制作分工，明确时间要求。

（9）广告主题、创意

明确广告主题，说明创意含义。

（10）广告预算、分配广告与效果预测

说明媒体选择、广告预算分配，对广告效果进行预测。

（11）执行控制

说明广告及市场营销费用预算，以及对广告项目执行的控制。

第四节
汽车营销公关策划

一、公共关系概念

公共关系是指汽车企业在个人、公司、政府机构或其他组织间传递信息，以改善公众态度的政策和活动。汽车企业的公共关系不仅是指汽车产品的公共宣传，而且是指树立汽车企业的形象、汽车产品的品牌形象。公共关系有助于发展企业与公众的关系，为汽车企业的发展创造一个良好的外部环境。公共关系通过媒体或直接传播的方式传播信息。

二、公共关系的作用

1. 建立知晓度

公共关系利用直接的人际接触和媒体宣传来讲述一些情节，吸引公众对汽车产品的兴趣。例如在上海帕萨特的诞生过程中，充分利用了媒体宣传和各种公关活动，来吸引目标消费者对该款车的注意力。

2. 树立可信性

公共关系可通过社论性的报道来传播信息以增加可信性。例如，一汽集团利用"一汽汽车质量万里行"的报道获得了公众的认可和信任，提高了企业形象。

3. 刺激促销人员和经销商

公共关系有助于提高促销人员和经销商的积极性。新车投放市场之前先以公共宣传的方式披露，便于经销商将新车促销给目标消费者。

4. 降低促销成本

公共关系的成本比广告的成本要低得多，促销预算少的企业，适宜较多地运用公共关系，以便获得更好的宣传效果。

三、汽车市场营销公关的工具

越来越多的汽车生产企业、汽车销售企业应用汽车市场营销公关来支持他们的营销部门树立和推广品牌形象，接近和影响目标市场。汽车市场营销公关的主要工具有以下几种。

1. 公开出版物

这包括汽车年度报告、小册子、文章、视听材料以及公司的商业信件和汽车杂志等。美国克莱斯勒公司的年度报告几乎就是一份促销小册子，向其股东促销每一种新车。小册子能在向目标消费者介绍汽车产品的性能、使用、配备等方面起到很重要的作用。汽车企业领导人撰写的文章能引起人们对汽车企业及其产品的注意。企业的商业信件和汽车杂志可以树立汽车企业形象，向目标市场传递重要新闻。

2. 公关事件

汽车企业通过安排一些特殊的事件来吸引人们的注意力，使人们对该企业的新产品和企业其他事件感兴趣。这些事件包括记者招待会、讨论会、展览会、竞赛、周年庆祝会、运动会和各类赞助活动等。

3. 新闻传播

公关人员发展或创造对汽车公司及其汽车产品有利的新闻，并争取传媒录用新闻稿和参加记者招待会。

福特汽车公司在甲板上发布新产品就是一次成功的公关策略。福特汽车公司的"金全垒打"在上市之前，针对新闻媒介的发布会极具创新性和新闻性，因而引起广泛关注，不但媒体作图文并茂的介绍，甚至创造话题，使该新车未上市先轰动。这项被传播媒介称为"海陆大餐"、别开生面的发布会，是福特汽车公司在高雄港外租用的一艘豪华游轮的甲板上举行的，总费用包括记者的食宿、交通费用等，大约在100万美元以上。

4. 公关演讲

公关人员和公司领导人鼓动性的演讲能创造汽车公司和汽车产品的知名度，大大推动汽车产品的销售。公司负责人应经常通过宣传工具圆满地回答各种问题，并在销售会议上演说，树立汽车公司良好的品牌形象。如艾科卡在众多听众面前的具有超人魅力的讲话，大大增强了公众对克莱斯勒汽车的喜爱。

5. 公益活动

公司可以通过向某些公益事业捐赠一定的款项和实物，以提高公司信誉，扩大公司在这些地区的影响，提高公司的社会形象。

6. 形象识别媒体

通过公司的持久性媒体，如广告标识、文件、招牌、企业模型、业务名片、建筑物、制服标记等来创造一个公众能迅速辨认的视觉形象，赢得目标消费者的注意。

四、公关活动的内容

公共关系的主要任务是沟通和协调汽车企业与社会公众的关系，以争取公众的理解、支持、信任和合作，从而扩大汽车销售。根据企业公共关系的对象和企业的发展过程，公共关系主要的内容总体上是围绕调节以下各种关系而确定的：汽车企业与消费者的关系；汽车企业与相关企业的关系；汽车企业与政府及社区的关系；企业与新闻界的关系；企业内部公共关系。

第五节
正确运用销售促进组合

一、销售促进组合是一盘棋

促销策划（Sales Promotion Plan）也称 SPP，是促进销售增长的一系列策略制定和实施的活动。促销组合由人员推销、营业推广、广告、公共关系四个相互独立而又紧密联系的部分组成。

但在汽车营销实践中，促销策划往往被狭义地定义为仅限于促销活动的策划。由于企业运营中人员推销、营业推广、广告、公共关系实际上是由各个相对独立的职能部门实施，所以促销策划也很有可能被理解为只是销售部门的事情。

这种认识对汽车销售促进的有效性不利，因为它有可能将促销仅仅停留在单纯的战术和一般技巧的层面上。

事实上，在商品供过于求的竞争时代，促销已经从单纯的战术和技巧层面上升为基于企业市场营销战略上的智慧管理和基于竞争对手的谋略博弈，全面理解和从整体上把握促销策划，显得尤为迫切。促销策划的完整性、促销组合工具使用的组合能力，以及灵活性、应变性已经成为企业赢得优势竞争力的关键。

二、合理运用促销组合

不同产品、产品不同生命周期条件下，各种促销工具的使用比例不尽相同，促销工具的组合方式也应当有所不同，如图6-1所示。密集经销便利品的促销广告和营业推广的份额较大，而汽车类产品的促销，除了新品上市需要投入更多广告外，更多应在人员推销和公共关系上下功夫。

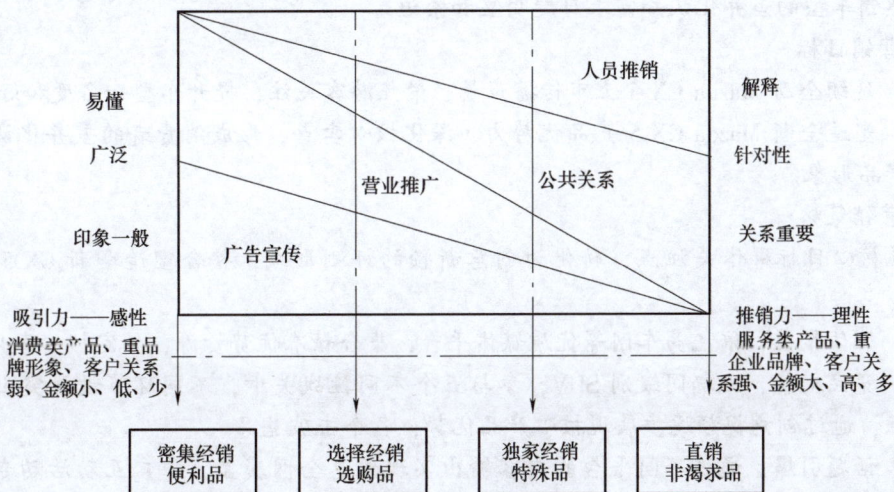

图6-1　促销组合图

1. 产品特征与促销组合

密集经销便利品的特点是客户容易理解，使用对象广泛，主要靠吸引力促进销售，因而广告宣传和业务促销的比重较大；而汽车属于理性服务类产品，金额大，使用周期长，客户关系强，主要靠推销力来推动销售，公共关系和人员推销在促销过程中的分量更重。

2. 产品生命周期与促销组合

知、情、意、行是消费者购买产品的心理过程。没有对产品、服务、供应产品的企业和人了解，就不可能进行购买。不管是什么产品或服务，在客户不了解产品、服务的时候，必须告之消费者，广告宣传和业务促销显得尤其重要。但是在消费者已经熟知产品和服务的情况下，消费者是否购买你的产品和服务，更重要的因素是企业的口碑，而这些需要强有力的公共关系和人员推销去体现。可见，在产品不同生命周期使用促销工具时，各种促销工具在促销组合中的比重是不一样的。

三、组合运用促销工具

各种促销工具各有自己的特点，促销策划可以单独使用某种促销手段，也可以综合使用各种促销工具。一般来讲,任何促销工具的使用都不可能不与其他促销手段相联系。譬如,搞一次促销活动,不可能单独使用促销组合中的某一个促销手段就可能实现,关键是如何进行有效的整合。

案例赏析

案例1. 马自达 CX-5 城市 SUV 五强争霸赛

1. 案例背景

全新 Mazda CX-5 在 2015 年 6 月上市传播高峰结束,关注度与传播声量均出现下降趋势,在城市 SUV 市场销售份额较低,产品竞争力、品牌影响力偏弱,仍然需要持续提升。面对 SUV 市场整体下行,竞争加剧的环境,以时尚、运动、操控著称的全新 Mazda CX-5,与其他热销车型的差异化认知需求日趋明显和紧迫。

2. 营销目标

(1) 延续全新 Mazda CX-5 上市传播声量,聚焦潜客关注,提升车型知名度和好感度。

(2) 塑造全新 Mazda CX-5 产品优势力,深化核心卖点,形成消费者的差异化认知,打造优质产品形象。

3. 营销策略

聚焦核心目标群体关注点,转化为创意新颖的评测形式,整合塑造全新 CX-5 优质产品力。

(1) 群体聚焦,依托易车网等优质媒体平台,集合精准优势资源,锁定核心客户人群。

(2) 竞品对标,五辆同级别 SUV,参与五个不同挑战关卡,不同环节设置突出不同的产品卖点,通过创意视频逐步展现核心产品优势,各个击破竞品。

(3) 话题引爆,通过不同平台的内容输出实现信息全网覆盖,推广互动活动专题,高流量曝光视频内容,引发关注用户讨论,完成全新 CX-5 优质产品力的观念植入。

4. 传播手段

(1) 以视频形式展现车型 PK 状况,通过创意内容引起用户自发传播。

(2) 双平台互动专题,悬念竞猜、使用权奖品吸引关注。

(3) 视频网站、自媒体、论坛、知道问答等多渠道进行信息传递、话题引导。

(4) 后续整合视频制作创意 H5,延续传播热度。

5. 创意表现

(1) 以动态化的视频代替传统试驾、评测文章,设置创新挑战关卡,从编辑视角进行客观公正的车型 PK,突出全新 CX-5 的竞争优势。

(2) PC + 手机双平台互动专题,有节奏进行视频内容释放,以悬念竞猜形式提升关注黏度。

(3) 整合视频制作创意 H5,提升车主优越感,引发二次传播。

6. 推广效果

易车核心媒体平台、其他媒体平台、自媒体及社会化媒体平台共聚合覆盖 800 万人次。

(1) 易车网双端专题浏览量 200 万,各视频播放平台播放总量 200 万。

(2) 媒体稿件 20 篇,覆盖 200 万人次。

(3) 论坛、知道问答话题引导，100 万阅读。

(4) 自媒体、互动活动 30 万人次阅读参与。

(5) 创意视频互动 H5 点击量 80 万。

案例 2. 东风悦达起亚 KX3 上市数字营销

小型 SUV 领域已成为车市新的增长点，营销大战此起彼伏，KX3 作为市场的后入者，面对这一细分市场密集的竞品车型，如何强化传播声量，以覆盖更多的目标人群，在此基础之上，形成区隔竞品的差异点和消费者记忆点，是 KX3 上市投放需要达成的核心目标。

1. 传播策略

以"越你所想"作为核心沟通口号，期望通过内外反差突出 KX3 比竞品更多 SUV 特性的产品形象，同时以新媒体及多屏互动为核心，用反转概念强化用户认知的形成。

2. 传播创新点

(1) 产品主网站采取 Hubsite 的方式，将所有上市推广活动内容汇集到统一平台同一入口，让用户不仅能迅速了解车型，也能在第一时间对车型传播及用户活动有一个全面的感知。

(2) 采取 Onesite two contents 的策略，清晰交代不同使用环境（城市与越野）并引发"越你所想"的共鸣。

(3) 强化移动端（Mobilesite）的表现，贴近受众媒介使用习惯。

3. 品牌行动

对消费者来说，超强的产品实力，用心的造车之道，才是选择一款车的根本。在外观设计、动力、空间、安全等方面，KX3 可以说都有突出表现，针对这个情况我们在 KX3 上市前通过病毒视频及互动网站，用"越你所想"的反转方式，加强 KX3 SUV 特性输出，与用户建立初步连接。

(1) KX3 变装大绘，通过 Minisite 互动，网友对 KX3 的外观的自创作，引导网友对 KX3 外形产生偏好，提升第一印象。皮划艇、帐篷、自行车、背包、滑雪板等特色改装包的加入传递 KX3 的越野精神。

(2) 作为一款高性能的 SUV，冰天雪地、极寒的恶劣环境是对整车品质的全面考验，KX3 破冰突围，雪地疾驰，让用户更深刻认识到 KX3 的超强动力表现，制作病毒视频，形成线上线下互动。

(3) 虽然是 KX3 是一款小型 SUV，但是同比竞品有着更长的轴距，空间更大，我们设计双屏互动小游戏，360° 全景展示，画面特点具有真实质感、视觉冲击力较强，如身临其境，让用户进一步延展空间想象，加深记忆。

(4) KX3 安全动画通过符合网友审美兴趣的情景设置以及 iPhone 风格的清新配音，轻松幽默将 KX3 的安全特性娓娓道来。

(5) 上市当天，通过极具互动性的移动广告创意，追踪用户轨迹的触点式投放，以及跨平台的上市会直播，引爆"越你所想"的网友认同，当你在路上、在公司、在家里、在任何地方，都可以看到 KX3 的影子。

4. 执行效果

通过全面、高效和强有力的互动活动，以及与新媒介组合的创新形式，围绕 KX3 从品牌曝光到销售提振进行全局规划，KX3 成功突围，从品牌影响和销售集客取得了双赢，品牌浏览量57亿,广告点击量1800余万,官网页面到达量实现破纪录的1300余万,百度关注指数峰值突破6万点,采集潜客线索超出预期30%,并在首月实现5700台销量,跻身国内小型SUV前列。

(资料来源:中国产经网)

本章小结

进行促销策划必须掌握广告、人员推销、公共关系、营业推广的基本概念与特点,理解人员推销、营业推广、公共关系、广告策划的一般程序,从完整的意义上理解促销组合,综合运用促销组合。

思 考 题

1. 汽车销售促进的工具主要有哪些?它们各有什么特点?
2. 阐述销售促进策略的基本内容。
3. 阐述人员推销的形式、任务、步骤和特点。
4. 怎样进行汽车广告目标分类?
5. 简述广告策划策略和步骤。
6. 如何撰写广告策划方案?
7. 媒体碎片化时代的广告策略是什么?
8. 汽车市场营销公关的工具有哪些?
9. 如何正确理解和运用销售促进组合,合理运用促销工具?

第七章　汽车营销策划实务

1. 熟悉汽车市场营销活动策划的原则。
2. 熟悉市场营销活动策划要点。
3. 掌握市场营销活动的方案设计。
4. 掌握路演、新车上市、试乘试驾、新闻发布会、软文与广告写作、平面广告、网络营销、客户满意等几种市场营销活动的策划。

📖 **本章导读**

本章是本教材中最重要的一章。学习本章的目的是熟悉和掌握汽车营销过程中最为常见的活动策划，包括策划的原则、要点、方法、技巧和具体文案的撰写。学习本章应当紧密结合汽车市场实际，分析汽车市场中的鲜活案例，综合运用其他各章学过的知识，通过实际训练掌握最基本的汽车营销活动的策划技术。

第一节
市场营销活动策划要点及方案设计

一、汽车市场营销活动策划的原则

汽车市场营销活动一般可以分为问题提出、目标关注、创意产生、活动策划、条件落实、信息传播、活动实施、效果测定、市场回声等各个阶段，这些阶段串联成了一个不可分割的整体，各个阶段相互独立又相互联系，整个活动与市场之间始终保持着一种互动关系。缺少对市场实际的认真研究，缺少对策划原则的周全思考，策划难以取得良好效果。汽车市场营销活动策划要注意以下原则：

1. 需要原则

策划市场营销活动的目的是突破销售难点，推动产品与企业形象建立和实际销售。策划所有营销活动，必须考虑企业的实际需要，不能仅凭兴趣和想象行动。要明确展开活动的目的是为了树立形象、告知情况、开展公关，还是推动销售。

2. 时机原则

市场营销策划必须重视时机的选择，通常应当根据不同的营销活动，分别选择传统节日、新兴节日、重大社会事件、企业内部重大事件、产品重大事件等各种时机进行。

3. 地域原则

对汽车经销商来讲，市场竞争首先是地域竞争。经销商活动具有一定的区域局限性，必须了解所在范围之内的消费者喜好和追求的活动方式。中国地域辽阔，各地的经济发展水平和人文特点不尽相同，营销活动必须适应地域特征。

4. 目标原则

每个具体的市场活动分别指向一定的目标人群，例如新领驭和波罗（POLO）轿车所面对的目标消费群大不相同。为此，汽车市场营销活动的策划必须符合目标消费群的特点，选择合适的活动内容和方式。

5. 单纯原则

具体的市场营销活动信息要单一，内容要简洁，创意要凸现，内容要可控，过程要轻松，结果要可预计，费用要节省，并尽可能排除与活动无关的多余信息，使用户更专心于活动本身。

6. 大声原则

大声原则即最大化传播效果的原则。现在信息传播的手段十分丰富，除了通过传统媒体传播信息外，可以通过视频、博客、微信等各种手段张扬信息，达到更加扩张和经济的传播目的。

二、市场营销活动策划要点

市场营销活动是企业营销部门通过一定的方式，将汽车产品的信息及购买途径传递给目标消费人群，激发他们的购买兴趣，强化购买欲望，创造需求，促进汽车产品销售的活动与过程。需要明确的是，市场营销活动的本质是要传播与沟通信息，促进销售，强化购买欲望，创造需求。

1. 确定一个核心

市场营销活动必须明确目标。市场营销活动的目标一般是：清理库存，提升销量，打击竞争对手，新品上市，提升品牌认知度及美誉度，加强与客户的联系与情感交流等。但一次营销活动不可能解决企业的所有问题，所以必须首先确定营销活动的核心定位，千万不要试图面面俱到，这样才能真正做到与众不同、鹤立鸡群，达成企业营销活动的核心利益。

2. 寻准一个出发点

市场营销活动的策划要有针对性，关键是要引起细分人群的兴趣，而不是故作姿态、哗众取宠。成功的营销策划一定要与顾客的兴趣与欲望密切相关，并与顾客的利益紧紧相扣。顾客的需求在这里得到某种满足，营销活动才能成功。有效的促销不一定是出血让利，促销的精髓在于让客户有"难得"的感觉。

3. 紧扣一个主题

营销活动的主题确定以后，必须给以动人心弦的核心包装，以使主题更加鲜亮、突出，让受众过目不忘。营销创意具有无限可能性，主题的选择范围很广，但是一次活动的主题必须清晰明亮。

4. 营造一个概念

市场营销活动策划，必须重视从感觉、梦想、服务、气氛、方法等方面营造一种概念，去满足消费者的需求。例如，一些造型个性化的车辆实际上卖的是年轻、信心、温情和风姿绰约；一些品质超众的汽车，卖的是梦想和身份；一般的汽车销售卖的是环境、知识、售后服务、选择、放心、责任心和专业等。

5. 打造一句口号

市场营销活动应当要策划一个激动人心的口号。这种口号不是"请消费者注意"，而是"请注意消费者"，口号的策划应当用消费者的语言进行感性创意。早期的汽车广告语"拥有桑塔纳，走遍天下都不怕"，给出的是放心；1997年福特在上海《解放日报》上刊登的标题是："听取您的意见是我们生产每一部福特汽车的必经之路"，给出的是消费者的利益保证。又如，日产曾经提出"车子的表现并不是最重要的，重要的是开着这部车子的人，所以，我们设计的重点，在于适合您的身体，还有您自己"，这个口号隐含车的质量已经毫无疑问，现在日产关心的重点是驾驶汽车的人。这些看似通俗的口号，却充满力量，激动人心。

6. 保持一个口径

企业经常组织市场营销活动，或者在同一时间举办好几个活动，必须注意口径应当统一，不能随意定调，更不能自相矛盾。要想达到营销活动的预期效果，必须保持一个口径，进行众口铄金的攻心，以利于通过反复刺激，打动消费者。

7. 坚持一贯性

目标一旦确定，必须紧盯目标，步步跟进。一个企业、一个产品、一项服务等营销活动的策划，应当始终围绕既定的目标开展，不能脱离目标。营销活动策划不能千篇一律，是指必须富有创意，而且始终不脱离目标。所谓不脱离目标是指所有策划都是有具体原则、数量、质量和时间限制而且是可以测量的；有吸引力，而且整个团队愿意为此付出代价的；有现实可能性，有一定把握，有预定措施的；有时间表、有步骤，并且有清晰的眼前、中期和长期目标的。

8. 考虑一盘棋

营销策划的目的是使企业形象和产品与服务在消费者和社会公众面前演绎得更加突显、更加动人、更加充满活力，是谋势而不是单独的局部运筹，因此必须考虑将每次策划放到整个企业的战略框架、营运目标中去检验，以使策划成为整个企业实现营销目标当中的一部分，而不是脱离企业战略目标的单独活动。

三、市场营销活动的方案设计

市场活动方案的设计包括十二个方面：

1. 活动目的

要明确营销活动的目的是为了促进销售还是为了扩大影响。

2. 活动对象

要明确活动参与者的范围，包括目标客户、邀请嘉宾、合作对象、现场观众、工作与服务人员等。

3. 活动主题

活动主题包括确定活动主题、包装活动主题两部分内容。

4. 活动方式

要明确活动所用的资源、整合方式、活动方式、活动程序与刺激当量。

5. 活动的时间与地点

要明确活动的确切时间和地点，包括明确到每一时间段的安排和现场布置图。

6. 广告配合方式

要明确选择媒体、广告方式、预热时间、新闻报道、事后跟进方式等。

7. 实务安排

要明确人员安排、物资准备、试验方案。

8. 活动执行

要考虑好活动纪律与现场控制，包括天气变化、重大活动冲击、人流疏散等安全问题。

9. 后续延续与效果巩固

要做好活动总结、跟踪报道、业绩推动跟踪以及效果分析。

10. 费用预算

要做到分类列项，具体到每一项子项目的费用，尽量通过协作方式，分解费用负担。

11. 意外防范

要做好茶水供应、交通安全、突发事件处置等预案。

12. 效果预估

预先设定目标，预估活动效果。

第二节
典型市场营销活动的策划

一、典型的市场营销活动

为了达到市场营销活动的目标，市场营销活动十分强调沟通。市场营销活动不但强调由"卖方向买方"的单向沟通，更加重视"买方向卖方"的沟通。

汽车行业的市场营销活动内容丰富，名目繁多，包括人员促销、公共关系、营业推广、广告促销等种种形式。

典型的营业推广活动有降价促销、现金奖励、购车送礼、提供免费服务等。

典型的公共关系促销活动有参与体育赛事、开展公益活动等。

典型的人员促销活动有试乘试驾、现场促销、组织车友活动，与其他商家联手活动，以及其他种种新颖的市场活动等。

典型的广告促销活动包括广告、展示、说明书、宣传报道等。

二、几种市场营销活动的策划

1. 路演的策划

路演是汽车营销过程中常用的促销手段。当前路演活动的主要问题是过于随意，拉起来就干，缺少事先策划，基本千篇一律。要使路演充满活力，除了创意以外，必须精心准备，做好一系列工作，包括：路演的目的思考，路演的主题确定，协作单位的确定，路演舞台的搭建，路演的情景设计，展示车辆的选择和摆放，节目的设计和安排，活动人员的分工与安排，现场咨询的各种准备，现场情况记录的落实等。

路演活动的举办任务相当繁杂，必须精心准备，细心操作。

（1）路演策划的人员分工

路演策划要进行人员组织安排与责任落实，将方案中的具体事务责任落实到部门，然后由部门落实到个人，每个人知道自己在该方案中是什么职责。避免出现责任不明，具体事务没人做的情况。

人员分工一般可以分为：

促销组——确定促销方案，准备促销用品，确定促销场地，培训促销人员，执行促销活动，促销活动结束时提交总结报告。

调查组——熟悉促销方案，培训调查人员，确认促销场地，进行促销活动执行前的调查，进行促销活动执行中调查，进行促销活动结束后调查，集中数据、分析数据、提交报告。

（2）人员培训

要使促销活动成功举行，必须高度重视人员关于路演活动的专题培训。培训内容包括：促销活动的意义；促销活动的目标与主题；促销活动的内容与安排；明确参与促销活动各人员的职责；学习与促销内容相关的产品知识与市场知识；沟通技巧与异议处理方法的培训；危机情况的预防与应急处理措施；统一相关的说法与宣传口径；时间安排、进度调整和控制。

（3）做好物料等各种准备

路演活动的准备工作非常细腻，涉及的方面很多，稍有疏忽就会影响路演活动的进程和效果。这些准备工作需要细化，具体到舞台和背景板的设计与搭建；音响安置；模特的选择与训练；型录、车贴、广告展示架、空飘、气柱、彩虹门、磨砂气球、桁架、丝印、花篮、演艺人员的落实；媒体选择与组合，以使信息有效发布。

（4）路演策划的八个到位

路演活动要做到八个到位：

① 活动创意到位。要从新由新卖点、新活动形式，促销性、公益性、权威性、新闻时事性等方面展开策划。

② 前期宣传造势到位。要确定媒体广告组合及新闻炒作的主题、内容和形式。

③ 政府公关到位。做好场地协调、交通疏导、领导邀请等工作。

④ 组织分工到位。要做好前期准备、活动执行、活动后监控，并将责任落实到人。

⑤ 现场气氛到位。布置好横幅、彩旗、展板、样车等，并规定人员形象，做好现场组织等。

⑥ 人员培训到位。必须对参与活动的所有人员进行培训。

⑦ 终端建设到位。路演活动要尽可能做到厂商配合，以争取资源和经济支持。

⑧ 新闻报道到位。要制造新闻卖点，写好统发稿，便于媒体报道。

（5）成本与效果评估

在路演活动中，必须注意活动投入成本的评估，花更少的钱，办更有效的事。除了注意每一项成本的控制之外，还可以采取协同营销的方法，共同分摊费用，化解成本压力。必须强调：所有促销活动都必须进行对业绩提升和客户开发成果的评估，评估时间段的长短要根据营销活动的规模决定。

2. 新车上市的策划

汽车新车上市的策划对新车进入市场以后的表现作用十分重大，对此各个厂商都十分重视。新车上市策划至少包括以下几个方面：

（1）策划文案

新车上市应贯彻先谋后事的原则，需要事先形成一系列策划文案，包括：市场营销总策划；市场需求调查报告；新车市场地位、收益性、成长性和竞争强度分析报告；新车战略思考及推广策略；产品组合与报价策略；产品生命周期管理策略；新车营销渠道策划；新车展示策划；新车上市媒体见面会策划；新车试用策划；协同营销策划；赏车及巡游策划；新车市场营销与组织安排策划；新车上市活动策划；新车媒体推广策划；新车谍照与平面设计策划；新车服务手册策划；新车市场推广与服务规范策划；新车网上推广策划；新车市场营销控制与管理策划；新车未来市场预测及应对策略报告等。

（2）策划要点

有一家汽车制造厂对新车上市策划，提出富有创意的"16个一"的策略，具有普遍意义。所谓的"16个一"具体是：一表人才，汽车的造型要有时代气息；一丝不苟，新车的做工要精益求精；一展风采，新车出展要尽显风采；一下一上，量产的数量要有安排，下线要做到胸中有数；一鼓作气，新车信息发布要充满信心而且一以贯之；一招制胜，渠道为王，上市产品要选择优秀渠道；一鸣惊人，新车上市的造势要激荡人心；一星难求，代言人要凸显个性，明星当然有用，但不要忘记民间人物或借用动画等虚拟明星；一诺九鼎，新车的品质、服务承诺要完全兑现；一砸千金，广告要集中火力，但要选好媒体，注意有效性和经济性的统一；一气呵成，策划要整体推进，活动要有节奏地展开；一网打尽，新车上市要重视新媒体，传播要重视网络；一箭难防，要预防对手的动作，主动出击，警惕枪手；一团和气，高度注意公共形象；一枪打中，策划不离开目标，牢记目的是要抢占市场；一飞冲天，策划的关键在价值创新，满足消费者的需求。

3. 试乘试驾策划

（1）试乘试驾的目的

试乘试驾是产品介绍的延伸，是让顾客动态地了解车辆有关信息的最好机会。试乘试驾需要经过精心策划，在试乘试驾过程中，应针对顾客需求和购买动机，以顾客的实际体验强化品牌产品优势。让顾客能动态而且感性地了解车辆，增强顾客的购买信心；获取更多的顾客资料与信息，以利于销售活动的成功完成；激发顾客的购买欲望，为签约成交做准备。

（2）试乘试驾的流程

试乘试驾有着严格的流程，这是因为试乘试驾不仅涉及活动本身对销售的推动效果，而且牵涉到乘驾人员、车辆和路人的安全等众多问题。为使试乘试驾活动达到预期效果，必须认真执行试乘试驾流程。

试乘试驾的基本流程是：

第一步，试乘试驾的各种准备工作，包括车辆准备、道路选择和驾驶人员的驾驶证件查验等。

第二步，试乘试驾活动的协议签订，向顾客做试乘试驾概述，询问顾客是否愿意亲自驾驶，复印顾客的驾驶执照，请顾客签订保证书，确认试乘路线，向顾客解释车辆仪表板的功能。

第三步，销售员驾驶、顾客试乘。这一阶段首先由销售员代表驾驶，行驶一段距离后，将发动机熄火。

第四步，试乘试驾换手，帮助顾客就座，确保顾客乘坐舒适。顾客在熟悉车辆时，销售人员应保持沉默，在顾客驾驶过程中介绍车辆的性能和优点。

第五步，客户试乘试驾小结。试乘试驾后，销售员应询问顾客是否喜欢，是否就是自己想要的车。回展厅的路上，带顾客参观售后服务部门，并寻求与顾客的共识。

（3）试乘试驾线路安排

试乘试驾路线的选择应当考虑线路设计能够体现汽车的动力性、操控性和舒适性，如图7-1所示。

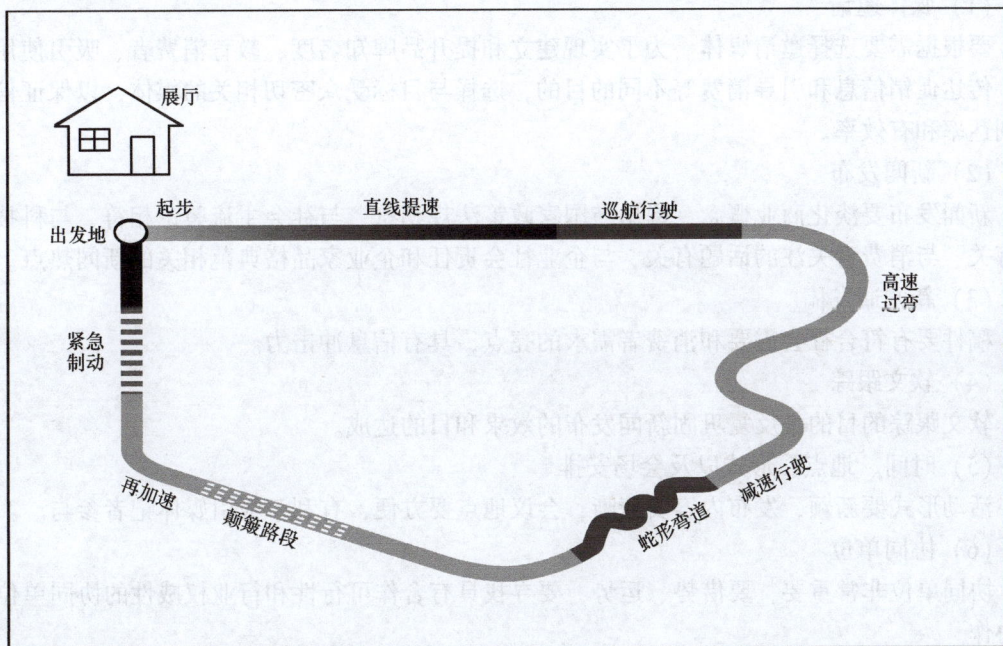

图7-1　试乘试驾路线图

（4）试乘试驾各路段要点策划

出发前，将座椅调整到舒适程度，介绍车门开闭的声音，发动与怠速运转的特点，介绍发动机性能，让客户体验方向盘的把握感觉，感受怠速时的静谧性。

1）直线提速时，介绍发动机加速性能、电子节气门的优势等。

2）巡航行驶时，介绍变速器换挡的平顺性等。

3）高速转弯时，要注意减速，介绍室内的隔音静谧性和音响系统、巡航定速系统（若配备）。

4）通过蛇形弯道时，主要介绍车辆操控与稳定性能，转向的准确性，前座椅的包覆性与支撑感。蛇形弯道一般应是平坦、宽阔的柏油路，建议车速不超过60km/h。

5）减速行驶时，建议车速不超过40km/h。介绍制动踏板的响应性；减速时车身的稳定性；演示最小转弯半径、灵活性和制动踏板的响应性；底盘、悬架的稳定性；轮胎的抓地力。

6）颠簸路段。一般设计为坑洼的柏油路或沙石路，长度应不小于500m。通过这一路段时的建议车速为20~40km/h，主要介绍悬架带来的良好操控性和驾乘舒适性，车底对路噪的隔音效果。

7）车辆再加速时，主要介绍发动机的动力性能，尤其是后段的加速性能。

8）紧急制动时，主要介绍ABS＋EBD，紧急制动时车辆的稳定性和可操控性。

9）停车时，主要介绍电动助力转向的轻便与灵活，转弯半径与倒车的安全性。

4. 新闻发布会的策划

召开新闻发布会或新闻通气会的目的是要通过媒体的力量迅速发布产品与服务信息，推广企业或领导人的形象，事先必须做好相关准备。开好新闻发布会需要策划好下列内容：

（1）媒体邀请

要根据需要选择邀请媒体。为了实现建立和提升品牌知名度、教育消费者、吸引使用产品、传达促销信息和引导消费等不同的目的，选择与目标受众密切相关的媒体，以保证信息的到达率和有效率。

（2）新闻发布

新闻发布要淡化商业概念，提出与国家政策法规相符、与社会主流舆论相符、与科技进步有关、与消费者关注的话题有关、与企业社会责任和企业家品格典范相关的新闻热点。

（3）新闻通发稿

稿件要有符合社会需要和消费者需求的亮点，具有信息冲击力。

（4）软文跟踪

软文跟踪的目的是反复巩固新闻发布的效果和目的达成。

（5）时间、地点、形式以及会场安排

活动形式要新颖，发布内容要清晰，会议地点要方便，有利于吸引媒体记者参与。

（6）协同单位

协同单位非常重要，要借势、运势，要寻找具有合作可行性和行业权威性的协同单位开展协作。

（7）现场展示物

现场展示车辆，呈现形式要力求具有创意、夺人眼球。

5. 软文与广告写作策划

（1）软文与广告的区别

软文与广告具有相同的目的，但写作要求各不相同，见表7-1。软文写作必须全部真实，不能虚构。传播媒介主要是广播、报纸、电视、杂志；受众和诉求对象是公众群体，追求最大覆盖面。它的时效性在第一时间、一次性传播；写作要顺应倾向性原则，不带有功利性商业化色彩，满足文学写作要求；文章要能够感染受众，传达作者感受感情。广告则不同，广告的内容部分真实，部分可以虚构；可以使用的媒体较多，包括广播、报纸、电视、杂志、户外路牌、车体广告等；它有特定的诉求对象，可以多次性、反复性、持续性地传播；它的写作要更多地体现劝说性原则，是一种功利性商业化写作；它的写作规范是按企业、产品、创意写作，劝服受众，传达企业产品服务信息。

表7-1　软文与广告写作的不同特点

项　目	硬　广　告	软　文　广　告
真实性	部分真实，可以虚构	全部真实，不能虚构
传播媒介	广播、报纸、电视、杂志、户外路牌、车体广告等	广播、报纸、电视、杂志
受众和诉求对象	特定的诉求对象，要研究受众的需求	公众群体，追求最大覆盖面
时效性	多次性、反复性、持续性	第一时间、一次性传播
写作原则	劝说性原则	倾向性原则
商业化	功利性商业化写作	不带有功利性商业化色彩
写作规范	按企业、产品、创意写作	满足文学写作要求
写作目的	劝服受众	感染受众
写作主体	传达企业产品服务信息	传达作者感受感情

（2）软文标题

软文写作的目标是引起目标群体的好奇，让他们有兴趣读下去。软文标题大致可以分为四类：一是新闻式标题，以发布新闻的姿态传递某种信息；二是悬念式标题，在标题中设置某种悬念，引发诉求对象的好奇心理，引导读者寻求结局；三是疑问式标题，以设问或反问的方式，引起诉求对象的好奇心理，达到出人意料的效果；四是叙述式标题，以直白的表述方式传达文章的核心内容。软文标题创作首先要研究的不是写的问题，而是看的问题。只有明确软文写作究竟要让读者看什么，才能写出不看内文就明白要说什么的好标题。

（3）软文创作要点

软文的长短应该按照需要而定，但短的一定要精悍，长的一定要清晰。文章中要尽量使用一些贴心的关键词，尽量不要摆迷魂阵。软文的主题要有力量，清晰表达利益，抓住要素和重点。写作软文要明确传播目标，是为了销售达成、吸纳会员还是巩固客户。软文写作要明确信息终端目标，一是通过什么信息平台，二是传递给哪些读者群体。软文的主诉求要突出，只能有一个鲜明的主题，不能四面出击。软文的副标题要有利于凸显主题，给主题一个重要的补充。软文的关键词要清新，让人看了以后有眼前一亮，深入内心的感觉。软文的基调一定要快乐、积极、向上。软文最终媒体和媒体群的选择要与软文的性质相匹配，以使诉求得到精准有效的传播。

（4）读者喜爱的词

软文创作选用怎样的词非常重要，一般应当选用愉快的、鲜明的、阳光的词，例如免费、新、革命性、亲密、免费试用、诚邀、秘诀、优惠、现在、保证、祝贺、买赠、省钱、请勿寄钱、时尚、成功、简洁、精彩、聪明选择等。

（5）软文文案要素

一篇好的软文应当具备下列要素：彰显产品灵魂，一看就懂；主题鲜明，文字清新有力；版式舒适，不写错别字；数字和符号要表达准确，通俗易懂；文字流畅、精确，能够自圆其说；正文要有血有肉，要有证据，尽量直接，一矢中的；使用的言语要积极肯定；内容要容易记忆，广告词要朗朗上口；文章中可以借助名人、典故、事件和同理心；文章表达的目标不仅是企业所想要的，也应是消费者想要的；文章的结构和布局要合理。为了保证软文的传播效果，软文刊出前应当要竞稿，以保证传播效果。

6. 网络营销策划

技术、渠道都是实施手段，唯有独到的创意、细致的分析、精准的定位、出色的思考，才是策划的精髓。网络营销策划只有在"创意独到、软性营销、特色炒作、共鸣性传播"上下功夫，才能做到广度宣传与深度渗透。

（1）系统性原则

网络营销是以网络为工具的系统性企业经营活动，是一项复杂的系统工程。策划人员必须以系统论为指导，对企业网络营销活动的各种要素进行整合和优化，使信息流、商流、制造流、物流、资金流和服务流"六流"皆备，相得益彰。

（2）创新性原则

网络为顾客对不同企业的产品和服务所带来的效用和价值进行比较带来了极大的便利。在网络营销方案的策划过程中，必须在深入了解网络营销环境尤其是顾客需求和竞争者动向的基础上，努力营造旨在增加顾客价值和效用、为顾客所欢迎的产品特色和服务特色。

（3）操作性原则

网络营销策划的第一个结果是形成网络营销方案，网络营销方案必须具有可操作性，也就是说，网络营销方案是一系列具体的、明确的、直接的、相互联系的行动计划的指令，一旦付诸实施，企业的每一个部门、每一个员工都能明确自己的目标、任务、责任以及完成任务的途径和方法，并懂得如何与其他部门或员工相互协作。

（4）经济性原则

网络营销策划必须以经济效益为核心。网络营销策划不仅本身消耗一定的资源，而且通过网络营销方案的实施会改变企业经营资源的配置状态和利用效率。网络营销策划的经济效益是策划所带来的经济收益与策划和方案实施成本之间的比率。成功的网络营销策划应当是在策划和方案实施成本既定的情况下取得最大的经济收益，或花费最小的策划和方案实施成本取得目标经济收益。

7. 客户满意策划

（1）完整的客户概念

客户不仅是指直接购买产品和服务的终端消费者。完整的客户概念包括：

① 终端客户。即购买最终产品与服务的零售客户，通常是个人或家庭。

② B2B 客户。指将购买你的产品或服务并附加在自己产品上一同出售给另外的客户，或附加到他们企业内部业务上以增加盈利或服务内容的客户。

③ 渠道、分销商和特许经营者。是指不直接为你工作，并且一般不需要为其支付报酬的个人或组织。他们购买产品的目的是作为你在当地的代表进行出售或利用你的产品盈利。

④ 内部客户。企业内部的个人或业务部门，他们需要你的产品或服务，以实现他们的商业目标。这通常是容易被企业忽略的一类客户，同时又是最具有长期获利性的客户。

（2）汽车服务工程概念

说起汽车服务，人们自然首先会联想到是指汽车的售后服务，尤其是汽车的维修服务。其实，汽车服务涵盖的工作内容非常广泛，它是一项完整的工程，而不仅仅是指汽车的售后服务。汽车服务工程可以从不同的方向进行分类：按照服务的技术密集程度，汽车服务可以分为技术型服务和非技术型服务；按照服务的资金密集程度，汽车服务可以分为金融类服务和非金融类服务；按照服务的知识密集程度，汽车服务可以分为知识密集型服务和劳务密集型服务；按照服务的作业特性，汽车服务可以分为生产作业型服务、交易经营型服务和实体经营型服务；按照服务的载体特性，汽车服务可以分为物质载体型服务和非物质载体型服务。

汽车服务，无论是技术型服务，还是非技术型服务，其工程特色均十分明显。

技术型服务的大部分工作内容属于机械电子工程的范畴；非技术型服务的工作内容属于管理工程的范畴。汽车服务的各项工作内容相互联系，组成一个有机的工程系统，因此是一项服务工程。汽车服务工程泛指新车出厂后进入流通、销售、购买、使用，直至报废回收各环节的各类服务工作，这些工作与人的态度、知识、技术、管理组成有机的服务体系。许多人把汽车服务当作纯技术工作，因而进行工厂化管理。但事实上，汽车服务更多的成分在于"服务"，以服务产品为其基本特征，属于第三产业范畴。

（3）汽车服务工程的内容

汽车服务工程的内容十分广泛，包括：汽车厂商的分销流通及物流配送服务；汽车选购服务；汽车厂商的售后服务；汽车的维修、检测、养护、美容与装饰服务；汽车配件经营与精品销售服务；智能交通服务；废旧汽车的回收解体服务；汽车金融服务；汽车租赁服务；汽车保险服务；汽车置换和旧车交易服务；汽车驾驶培训服务；汽车信息资讯服务；汽车市场与场地服务；汽车故障救援服务；汽车广告与展会服务；汽车文化服务；汽车俱乐部服务等。

（4）让渡价值理论

让渡价值理论明确指出，构成顾客总成本的主要成分是货币成本、时间成本、精神成本和体力成本；构成顾客总价值的是产品价值（包括产品的核心价值、形式价值和附加价值）、服务价值、人员价值和形象价值。客户满意度指的就是客户总成本和客户总价值之比。顾客总价值大于顾客总成本，顾客就非常满意；顾客总价值等于顾客总成本，顾客就基本满意。反之，如果顾客总价值小于顾客总成本，顾客就会不满意，甚至导致投诉，如图7-2所示。

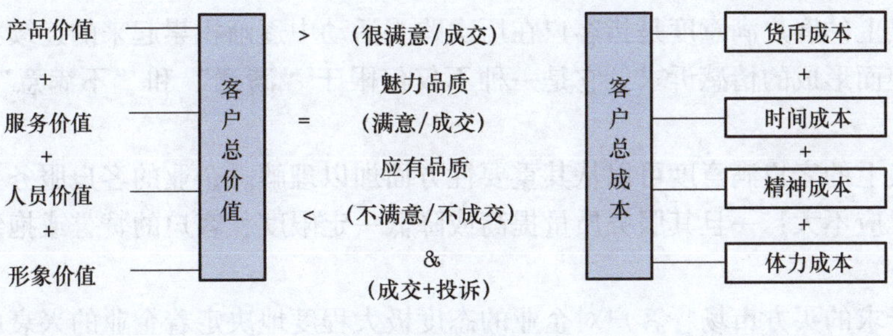

图7-2　让渡价值理论

（5）让渡价值系统

顾客让渡价值系统建立的实质是设计出一套满足顾客让渡价值最大化的营销机制，包括利用价值链实现网络竞争优势，实行核心业务流程管理，实行全面质量营销，重视内部的服务管理。

（6）客户满意度的内涵

客户满意度（CS）是一个完整的体系，包括销售满意度（SSI）、产品满意度（IQS

APEAL)、客户满意度（CSI）、汽车可靠性（VDS）、服务方式（SURS）。目前汽车行业典型的客户满意度调查主要集中在销售满意度（SSI）和客户满意度（CSI）两个方面。销售满意度（SSI）是客户对销售流程环节的评价，客户满意度（CSI）是客户对售后服务方面的评价，如图7-3所示。

J.D.Power CS调查概要

	SSI项目	权重		CSI项目	权重
1	经销店环境	15.3%	1	入厂的方便程度	10.2%
2	销售人员	15.8%	2	服务顾问	11.5%
3	交易条件	12.4%	3	服务等待	12.1%
4	书面文件	11.6%	4	服务交车	15.4%
5	交车时间	12.2%	5	修理品质	14.7%
6	交车过程	32.8%	6	服务便利	15.8%
			7	车辆品质	20.3%

图7-3　J. D. Power CS 调查概要

（7）客户满意度指数测评的潜在变量

客户满意度指数测评模型包括六个潜在变量，具体是指：预期质量，即消费者在购买该产品或服务前对其质量的预期；感知质量，即消费者购买和使用该产品或服务后对其质量的评价；感知价值，即消费者通过购买和使用该产品或服务对其提供价值的感受；客户满意度，即消费者对该产品或服务的总体满意度；客户抱怨，即消费者对该产品或服务不满的正式表示；客户忠诚度，即消费者继续购买该产品或服务的可能性。

（8）客户满意度管理

客户满意度指标是一种测量商品和服务质量的指标体系，是一种以客户为核心、以信息技术为基础，由客户依据自身的感受，对我们提供的商品与服务的综合评价，包括行为意义上的客户满意度和经济意义上的客户满意度。

行为意义上的客户满意度是指客户在历次购买活动中逐渐积累起来的连续状态，是一种经过长期沉淀而形成的情感诉求。它是一种不仅仅限于"满意"和"不满意"两种状态的总体感觉。

经济意义上的客户满意度可以从其重要性方面加以理解。企业的客户服务处于一般水平时，客户的反应不大；一旦其服务质量提高或降低一定限度，客户的赞誉或抱怨将呈指数倍的增加。

在供大于求的买方市场，客户对企业的态度极大程度地决定着企业的兴衰成败。正是这个原因，企业必须加强客户满意度管理。企业只有在认真分析自身长处与不足的基础上，采取积极有效的步骤不断修正自己的行为，才能提高企业的美誉度，增加客户的回头率，减少客户的抱怨率，提高企业的销售力，提升企业的知名度，取得经济意义上较高的客户满意度。

（9）客户满意度的实施

客户满意度实施的关键在于把握原则，并执行科学的事实策略。

第一，客户满意度的实施原则包括全面性、代表性、操作性、效用性。

第二，客户满意度的实施策略主要是：塑造以客为尊的经营理念，开发令顾客满意的产品，提供顾客满意的服务，科学的倾听顾客的意见。

（10）客户满意策划方法

客户满意的核心在于提升服务，从全面化服务、个性化服务、特色化服务、品牌化服务和承诺化服务等各个方面理解服务，策划服务活动，预防将服务简单地理解为售后服务。

8. 平面广告策划

（1）平面广告的特点

广告可以分为媒体广告和非媒体广告。媒体广告指通过媒体来传播信息的广告，如电视广告、报纸广告、广播广告、杂志广告等；非媒体广告指直接面对受众的广告媒介形式，如路牌广告、平面招贴广告、商业环境中的购买点广告等。日常多见的平面广告种类繁多，表现方式和效果也各不相同，主要有特约店巨幅广告、车辆个性化配置表（易拉宝）、产品型录（DM）、宣传海报、服务手册、刀旗、报纸广告、封面广告、礼品广告等。

（2）平面广告的创意和表现

平面广告创作包括创意与表现两个方面，创意是思维能力，表现是造型能力。在平面广告策划中创意和表现既有区别，又是统一的。因为没有造型能力，想法再好也无法表现，而没有创造力和审美意识，平面广告的表现就会苍白无力。独到的创意思维，恰如其分的表现，是平面广告成功的关键。

平面广告的创意要充分表现：车型针对消费者的求，色彩彰显产品的魂，概念撩动消费者的情，视觉催动消费者的梦，利益打动消费者的心，诉求扫除消费者的忧，关爱推动消费者的行。

（3）平面广告的要求

平面广告利用文字、图片等视觉元素传播广告设想和计划，并通过视觉元素向目标客户进行有效表达。平面广告设计的好坏，除了灵感之外，更重要的是能否准确地表达诉求点，符合商业活动的需要。平面广告因为传达信息简洁明了，能瞬间扣住人心，从而成为广告的主要表现手段之一。为此，平面广告设计在创作上要求表现手段浓缩化和具有象征性，一幅优秀的平面广告设计具有充满时代意识的新奇感，并具有设计上独特的表现手法和感情。

（4）平面广告的组成要素

平面广告的构成是由点线面构成的。为了达到设计者和需求者的需要，更重要的是让消费者易于接受，优秀的平面广告作品应当既是点线面的和谐组合，又是图片、文案之间的简洁组合，要做到清晰表达而又艺术展现。

（5）平面广告创作流程

平面广告的设计制作不能仅依赖设计人员，必须严格执行设计流程，至少做到表7-2所列各项标准。

表7-2 平面广告的创作基本流程

流 程	内 容	要 求
广告策略	产品概念	明确表述车辆概念
创意说明	企业的背景状况，广告的目的、策略，目标群体，时间表	告之企业背景，明确广告制作的目的，明确主要目标客户

（续）

流　程	内　容	要　求
创意脚本	脚本说明，创意概念	按公司要求进行脚本设计，并说明概念
客户评估	公司对创意提出意见及建议	对脚本创意提出评估和修改意见
定性测试	了解准车主及车主对创意的理解，认知，喜欢程度	征求相关人员对广告设计的意见
修改定稿	根据准车主、车主、客户的意见进行修改	设计人员修改设计
效果沟通	确认广告设计	确认广告设计
设计制作	效果设计并进行后期修改	最终定稿
完稿	出片	出片制作

（6）平面广告设计脚本说明

平面设计必须考虑画面是否能够帮助受众提升回忆度，做到受众在看过广告后的第二天能够通过辅助的信息提醒，准确回忆并描述广告的主题，增加对广告产品的购买欲。这是因为：在与市场成功运作相关联的因素中，回忆度和购买欲被确认是最有效的。回忆度和购买欲是同等重要的，平面广告设计的最大功效是达成回忆度和购买欲二者之积，如图7-4所示。

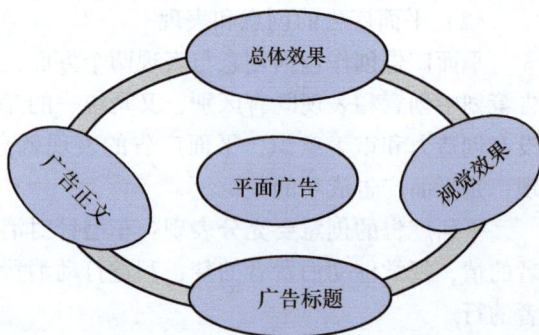

图7-4　平面广告设计脚本要求

（7）平面广告设计要点

平面广告设计要求赢得眼球和强调利益诉求相一致，要做到清晰明了，传达利益诉求，创新吸引、赢得眼球。包括能够吸引读者停下来，注意它，明白它；利用正面的方式表达；简洁明了，不要使读者读得太辛苦；要争取在读者眼光离开之前将读者吸引住；创意必须跟产品利益诉求紧密相关，因为当创意和利益诉求相关时才更能刺激客户的购买欲，如图7-5所示。

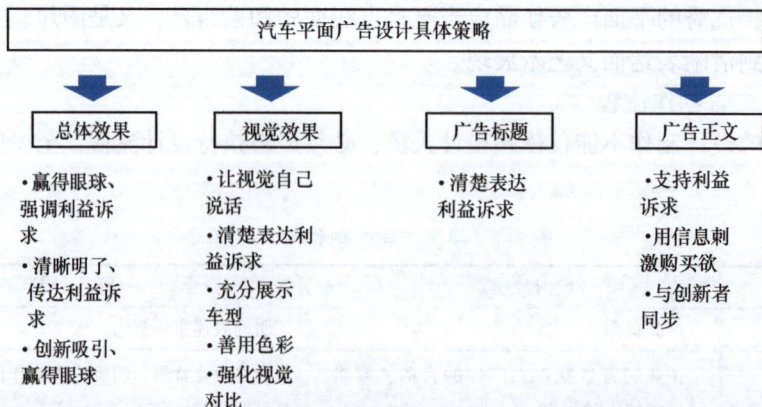

图7-5　汽车平面广告设计具体策略

(8）平面设计画面要求

平面广告设计的要求总体上应该做到布置拍密、远近适宜、虚实合理、字体恰当、画面均衡、重点突出，如图7-6所示。

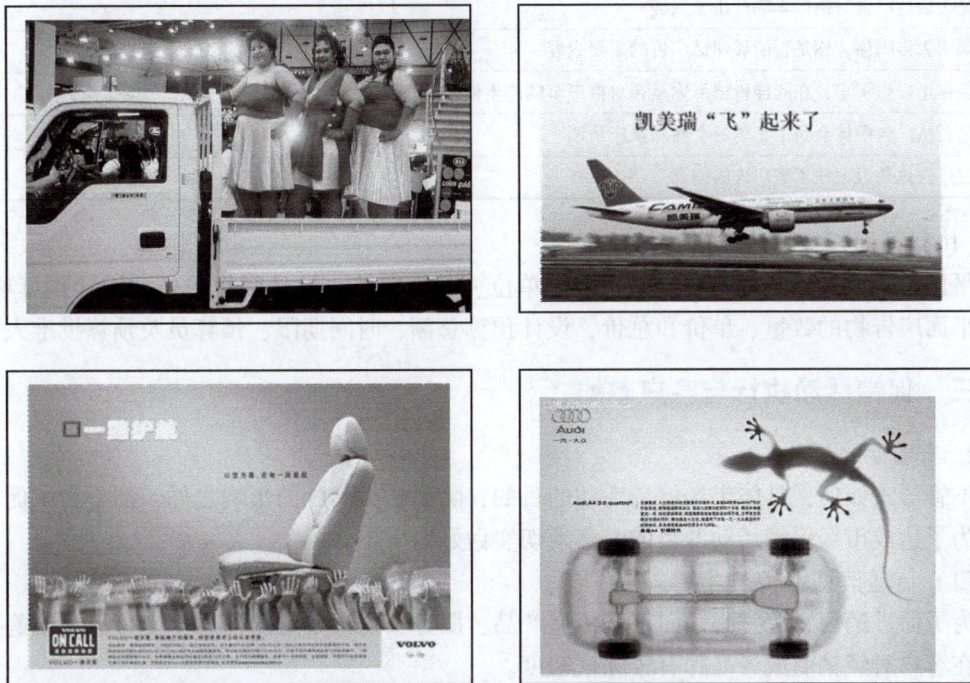

图7-6 优秀广告平面设计组图

(9）平面广告设计评估

平面广告设计稿可以通过评估确定是否需要修改或者正式制作。评估可以邀请各方相关人员参与，通过填表打分确认，见表7-3。内容主要是：你是否看到了产品的主题；你是否看懂了这些广告的含义；你是否喜欢广告的颜色；通过广告你是否想看看车的实样；你是否从广告中看出这车是名牌产品；你是否通过广告对产品产生了兴趣；如果明天再问你，你是否能够回忆广告的主要内容；如果你正好想买车，在同样价格下你是否对本产品产生偏好；你是否从广告中体会到了产品的性格；通过广告你是否记住了看到了产品的创意等。

评估的分值设定为满分为100分。得分70分及以上的广告具有可操作性，可以帮助拉升广告效果；65分的广告，被视为平均水平，可以使用；60分及以下的广告不能使用，需要重新设计。

表7-3 平面广告设计评估表

内　　容	评　　价		
	是	说不清楚	否
你是否看到了推广车辆的主题			
你是否看懂了这些广告的含义			
你是否喜欢广告的颜色			
通过广告你是否想看看推广车辆的实样			

（续）

内　　容	评　　价		
你是否从广告中看出这车的品牌特征			
你是否通过广告对推广车辆产生了兴趣			
如果明天再问你，你是否能够回忆广告的主要内容			
如果你正好想买车，在同样价格下你是否对推广车辆产生偏好			
你是否从广告中体会到了车辆的个性和推广情调			
通过广告你是否记住了本广告的创意			

（10）平面广告设计预算书

平面广告设计预算的内容包括：委托单位、预算单位、设计制作单位，设计预算项目，各类平面广告物的数量、单价和总价，设计预算总额、时间期限、预算员及预算批准人。

三、促销活动执行与客户邀约

1. 市场促销活动的目的

不管形式如何，具体市场促销活动的目的，除了扩大品牌的影响之外，都是为了促进销售。为了达成市场促销活动的目的，必须切实做好以下工作。

（1）传递信息

为了促进销售，首先必须向市场传递产品、服务、购买渠道的信息，使有需求或购买力的潜在客户对经销商或者品牌有较强认知度。

（2）发现线索

通过活动发现更多的潜在客户线索。

（3）客户跟踪

有节奏地连续跟踪，与有需求或购买力的潜在客户建立有效的沟通。

（4）扩大成交

深入研究客户需求，提供解决方案，促成交易。

2. 市场促销活动的基本步骤

为使市场促销活动达到事先设定的目的，必须严格执行市场促销活动的基本步骤（图7-7）。

（1）启动会议

启动会议一般由总经理和市场经理负责，会议目的是对活动的市场背景进行认真分析，使活动参与人员明确活动的目的，确认本次活动所要达成的品牌推广与销售目标。

（2）活动策划

活动策划应当整合企业智力资源，由市场经理会同销售经理、服务经理共同完成。在策划过程中，必须充分理解行业与厂家的各类政策，理解区域市场的竞争状态，理解自己的资源结构，进行促销工具的选择，计划各项执行事务，使策划方案成为一个可执行、有保障的行动方案。

（3）活动执行

促销活动的执行是一个组织严密、责任明确、行动落地的过程。活动期间，所有执行人员都应明确自己的任务，做好细致准备，分工协作，保证活动方案的执行。

（4）总结会议

所有促销活动都应进行认真总结，目的是为了检查活动策划和执行的质量，总结经验、找出差距，使后续的跟进更加有效，使以后的促销活动更加丰满。

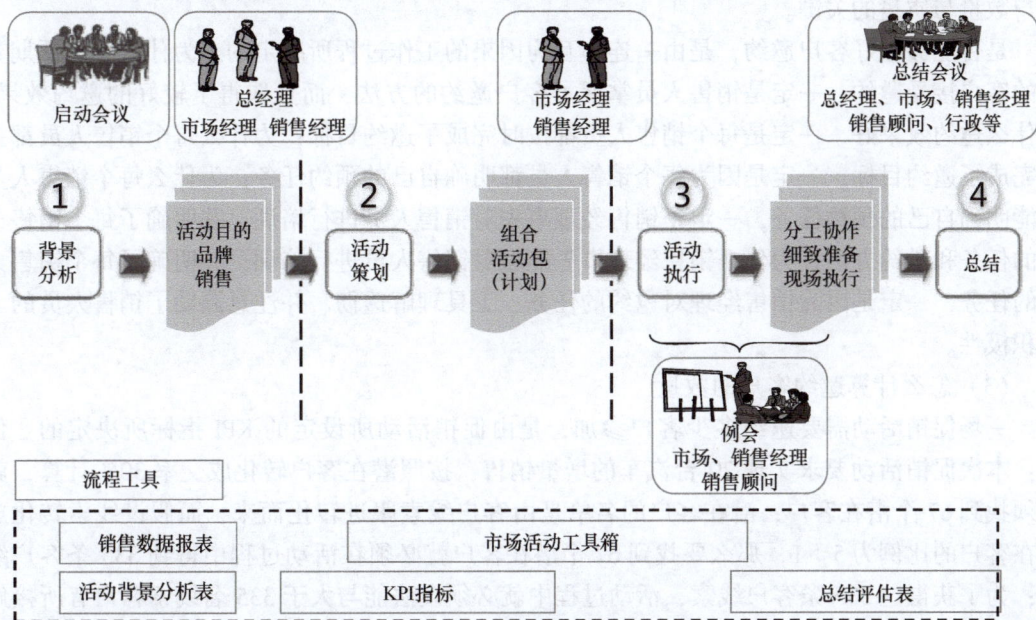

图7-7　促销活动步骤图

3. 促销活动运营流程

促销活动的运营是一个前后呼应、紧密关联的执行过程，必须注意一些要点，见表7-4所示。

表7-4　促销活动运营管理一览表

活动前			活动中		活动后
分　析	规　划	准　备	执　行	控　制	总　结
产品优势	对策会议	人员编组	目标宣示	分时跟催	集客整理
目标客群	意见整合	必要工具	现地宣传	人员激励	客户回访
竞品策略	活动主题	项目培训	遵循流程	现场督导	成效分析
主题调查	活动流程	活动宣传	异议处理	指标检查	费用结算
天时分析	活动指标	邀约客户	营造氛围	异常管理	总结会议
地利分析	广告组合	活动布局	试乘试驾	差异分析	总结报告
	活动预算	车辆准备	客户管理	持续改善	

4. 精准邀约是促销活动成功关键要素

（1）客户邀约的关键问题

客户邀约的关键问题是如何使每次市场活动邀约客户的数量和质量可以满足下阶段销售任务的要求，具体包括：明确邀约客户的特征与促销活动目的一致，解决客户为何会来的问题；保证邀约客户在活动进行时能够到达现场，解决客户是否愿意接受活动举办方设定的客户体验问题；保证邀约客户数量能满足促销活动 KPI 指标的实现，解决邀约客户挖掘的问题。

（2）怎样保证客户邀约的数量和质量

客户邀约效果的好坏与促销活动最终能够达成的目标密切有关，活动组织者对客户邀约的任务、邀约的工具理解透彻，并注意调动销售人员的积极性，是进行有效预约、保证到店客户数量与质量的关键。

是否能够做好客户邀约，是由一连串互为因果的工作过程所决定的。为什么会有预期数量的客户接受邀约，一定是销售人员掌握了客户邀约的方法，而且取得了较好的邀约效果；为什么邀约效果好，一定是每个销售人员都按时完成了邀约目标；为什么每个销售人员都按时完成了邀约目标，一定是因为每个销售人员都明确自己的预约任务；为什么每个销售人员都能明确自己的预约任务，一定是销售经理事先对销售人员进行培训，并明确了每个销售人员的任务和邀约方法；为什么销售经理事先能够对销售人员进行培训，并明确了每个销售人员的任务，一定是因为销售经理对邀约的任务、工具理解透彻、并注意调动了销售人员的工作积极性。

（3）怎么计算邀约客户的数量

一场促销活动需要邀约多少客户参加，是由促销活动所设定的 KPI 指标所决定的。例如：本次促销活动要求实现 20 台汽车的增量销售，按照潜在客户转化成交率 30% 计算，就必须找到 67 个潜在客户；潜在客户的名单是由客户线索跟进转化而来，而假设线索转化成潜在客户的比例为 5：1，那么要找到 67 个潜在客户就必须在活动过程中得到 335 条客户线索；为了获得这 335 条客户线索，活动过程中就必须设法能与大于 335 名线索客户有所接触与沟通，从而在活动进行时把有一定意向的潜在客户邀约到活动现场。

（4）促销活动客户邀约的任务确认

为使促销活动的客户邀约任务顺利实现，首先必须确认本次活动的目标人群，因为所有被邀约客户能够前来参与活动的前提条件是活动与客户的需求偏好相一致；其次，促销企业必须确定任务，拟订/分配各单位集客目标并进行明确分工。其中，总经理出面邀约重要地方人物、企业 VIP 人员；市场部邀约客户关系管理系统中的相关客户和媒体记者；销售人员邀约有线索客户转化而来的潜在客户。接着相关人员开始对名单客户进行邀约。

（5）如何找到邀约客户

① 可以从历史信息中寻找邀约客户。包括已经来电或来店的客户；保有基盘中已经熟悉的客户；展示会、特别场合接触过的客户；通过内部关系或公司 VIP 客户中获取的客户信息。

② 可以通过客户数据分析与挖掘寻找邀约客户。汽车营销企业经过多年经营，已经积累了大量管理内客户的基本信息，善于数据分析和挖掘，不仅可以从中找到大量邀约客户的线索，而且对拓展业务具有重要的商业意义（表7-5）。

表7-5　客户数据分析与挖掘的商业意义

分析模块	分析内容	商业意义
客户特征分析	社会特征 客户行为特征 了解客户的生命周期分布	实现对现有客户的充分了解 制定对潜在客户的定位策略

（续）

分 析 模 块	分 析 内 容	商 业 意 义
客户细分	客户细分群体特征	针对不同细分群体，制定不同市场战略，进行客户关系管理
购买预测	潜在客户购买预测 交叉销售与垂直销售 流失预警分析	产品特征的定位 销售产品的绑定组合 实现客户价值最大化
市场活动分析	客户活动参与倾向预测 营销方案执行效果分析	市场营销活动的最优化

③ 可以在适合的客户"圈层"中寻找邀约客户。"圈层"是对在社会阶层分化的社会背景下，自然产生的相对类似特征的特定社会群体的概括。圈层化是社会发展中必然的特征，其中会产生明显的多个阶层的分化，也会产生同一阶层的有机融合。同一类人群具有相似的生活形态、艺术品位，很自然就会产生更多联系。通过"圈层"寻找邀约客户的目的很明确：第一，通过圈层进行品牌信息的有效传递和客户面的扩展；第二，借助口碑使得品牌认知度更趋于一致；第三，作为一种客户维系手段促进客户长期多次购买。

④ 可以在有望客户中发现邀约客户。亦即通过销售人员个人观察所得、记录资料、职业上来往的资料、配偶或家属方面的协助、公开展示或说明场合所获、连锁式发展关系、冷淡的拜访、透过别人协助、影响人士的介绍、名录上查得的资料、团体销售中找到活动所需的邀约客户。

⑤ 从车型转化关系中寻找邀约客户。消费升级是当前汽车市场的重要特征之一，在已经拥有某级车型的消费者中，发现他们的消费升级需求，也是寻找邀约客户的重要途径。

⑥ 利用社交网络邀约客户。社交网络是"网络＋社交"的结合体，社交网络代表一种通过互联网连接实现的社会关系，它通过网络这一载体把人们和机构等个体连接起来，形成有机的、互动的、具备一定属性特点的社会关系团体的集合。

社交网络同现实人类社交关系有着一致的核心，即人类社会的行为和关系，都是以"共同点"为基础。无论是学历、职业、身份，还是兴趣、爱好、信仰，人类社交的圈子和团体，都是以相互个体之间的共同点为核心，并不断扩展。不同之处在于，社交网络提供了互联网这个变革性的载体，使得人类的社会关系和社交行为有了深远的变革。

社交网络给人类社交关系带来的变化体现如下几点：第一，消除或减少了空间和时间的限制；第二，提升了个体之间交流的互动性和效率；第三，增加了个体在社会关系中的影响力。因此，只要用心挖掘，就可以找到大量促销活动所需的邀约客户。

（6）市场促销活动客户邀约方法

一般来讲，邀约客户必须提前两周寄发邀请函，提前一周电话邀约，一周内（建议两天前）再进行邀约确认。邀约可运用亲访、电话、短信、E-mail、微信等方式进行。活动开始时，如果发现邀约客户没有前来，还应该对尚未到场的邀约客户进行再确认、再召集。

精心准备的、体贴的客户邀约方法，能大大提高邀约成功率。寄送邀请函时，必须确认客户邮寄地址准确无误；邀请函的制作力求精美、信封考究、文字工整、最好能有店内领导签名，以示重视；邀请函内需注明活动时间、地点、着装礼仪及其他需客户知晓的信息；措辞应当热情；另外也可以给邀请函增加附加价值，如持邀请函进店参加活动可以赠送礼品或享受某种优惠等。

5. 促销活动的 KPI 指标

促销活动必须要有明确的关键指标，主要包括到店客户量、来店咨询量、参与活动客户总量、留档客户数和成交客户等（图7-8）。

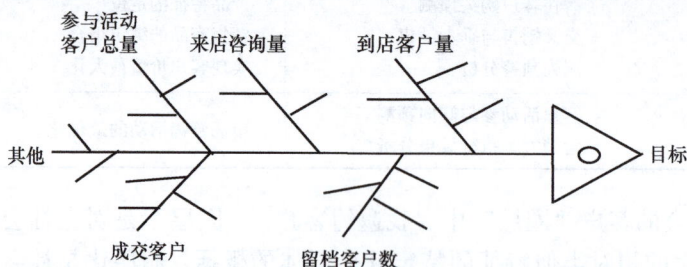

图 7-8　促销活动关键指标（KPI）

6. 完整的客户成交促销漏斗

促销活动的整个过程需要人流，更重要的是要客流。通过精彩活跃的活动，促进客户成交，必须从消费心理学关于人的心理过程的规律出发，充分理解整个过程的要点，精心设计过程。通过活动为消费者提供信息、让消费者发现合适，最后为消费者提供合适（图7-9）。

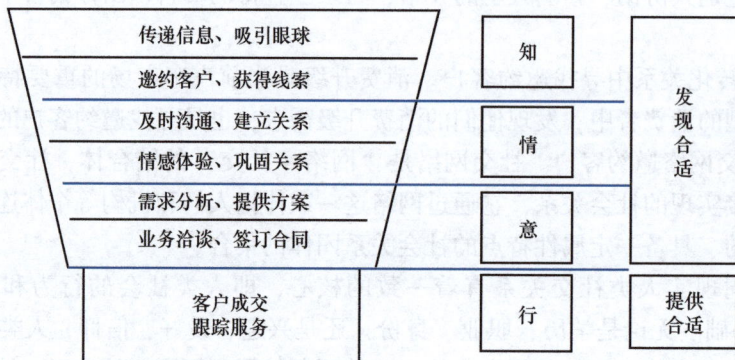

图 7-9　完整的促销漏斗

7. 促销活动中潜在客户转化的关键成交技巧

（1）现场推广十分重要

某品牌调研表明：70%以上的消费者是在汽车展示的实际场景中确定购买意向的，说明汽车销售的现场推广十分重要。

（2）重视活动后的跟进

麦肯锡调查表明：客户跟踪是促成线索转化最重要的因素，有80%的客户需要4～11次接触后才能成交，说明发现线索后坚持跟踪、紧抓线索非常必要。

（3）牢记顾客的根本问题

顾客在购买过程中所提出问题中，利益问题的数量占总提问数量的73%，绝对的技术问题只占9%，商务问题只占18%，这说明在推广过程中彰显客户利益更加关键。

案例赏析

案例1. 加码体育营销，吉利全面发力SUV战略

记者获悉，吉利博越为满足市场需求，在产能逐步提升的基础上，将引入宝鸡生产基地，以满足市场更大的需求。与此同时，在市场营销层面，吉利博越正式出征亚洲第一越野国际赛事——环塔拉力赛，这意味着吉利汽车加码体育营销，为培育品牌文化血统进行着长远规划。

分析指出，从市场层面来看，经销商服务是一方面，另一方面就是车主文化圈的打造，形成车主相互之间、车主与品牌之间的精神共鸣。

据悉，吉利自2014年宣布回归一个品牌战略后，现正全面迈进"精品车3.0时代"，除了产品上坚持做精品车，在营销上也展开更凌厉的攻势，志在作为中国阵营的领头羊品牌，欲与国际品牌一争高下。

去年以来，吉利方面在体育、赛事、娱乐等营销方式上进行了广泛尝试，发起了吉利HOPE绿跑道乡村体育援助计划；在帝豪的"向上"系列活动中，举办帝豪向上马拉松中国公开赛、创建向上图书馆，通过对"向上"精神的全方位展示，提升新帝豪的知名度和市场地位，体现了吉利汽车品牌的社会责任感等。

吉利方面表示，博越牵手韩魏车队出征环塔拉力赛，就是在打造其品牌汽车文化的棋局中，落下了又一枚有价值的棋子。可以预见，吉利汽车的赛车文化营销，将成为吉利SUV战略发展的大盘中，一只至关重要的蓝筹股。

（资料来源：南方日报，摘录时有所删减）

案例2. 真情回馈贺店庆

1. 活动概述

大昌丰田4S店是一个经营丰田品牌全系列轿车的整车销售、零配件销售和售后维修服务的品牌4S店，为回报一年来所有新老客户对本店的支持，借此一周年店庆之际，特举办这次真情回馈活动。

2. 活动时间、地点

地点：长治大昌丰田4S店

活动时间：晚会：7月21日晚上18：00~21：00；优惠活动时间：7月21日~8月21日。

3. 活动主题

丰田品质，感谢长治，感恩周年——联袂演绎感恩月，用真诚、用质量、用优惠，回报社会和车友。

4. 活动目的

1）提高丰田系列车型的品牌影响力，行业知名度和认知度，宣传汽车化，提升企业形象，巩固消费者对品牌的忠诚度；提高4S店知名度和美誉度。

2）促进产品销售。

5. 活动说明

目前首先要解决的是提高大昌丰田的知名度，解决客流量的问题。而客流量和销售量是成正比的，所以此次活动偏重于拓展客户关系，为以后的销售做准备。活动主要分为四个阶段：

① 人员邀请期：根据人员需求，如媒体、丰田区域经理等相关人士，确定目标消费群，包括以前来店看车的用户资料群，以及长治公关协会群，也属于潜在消费群。

② 媒体造势期：利用上党晚报、电视台等相关媒体进一步宣传。

③ 活动执行期：聚餐、晚会、展示、小礼品、资料包赠送。

④ 后期跟踪期：进一步整理客户资料、跟踪回访（活动3天后）。

6. 活动对象

活动对象包括老用户、潜在用户、政界领导。

7. 活动内容

1）所有车型感恩回馈。现场购所有车型享受以下非常感恩政策，延长质保期至年或公里；现场抽取大昌丰田非常感恩，精彩生活，缤纷大礼（价值200000元）。

2）新老好友齐惊喜。活动期间大昌丰田新老客户介绍新客户购车，可获赠价值1000元精品。

3）现场订车用户。送VIP金卡会员（可选择附件里的任何一款）。

4）现场大奖（见附件礼品）。

8. 前期准备

（1）物料准备

1）拱门、横幅、鲜花花篮、升空热气球、礼花、、霓虹灯、背景板（以丰田的企业Lo-Go作为舞台背板，直接展现的企业实力及企业化）、红地毯、烧烤、啤酒、10层高塔蛋糕、音响设备、礼品、资料包的整理条幅。

2）签到台2张（嘉宾签到台和领导、媒体签到台），主要物品有覆红色绒布桌子2张，椅子4把，签到本2册、名片盒2个；人员要求：每张签到台2人，共4人（职责：分别负责嘉宾和媒体的接待签到、分发奖票）。

3）鲜花花篮一边8个，共16个。

4）礼仪小姐（2~4人）。

5）展示试驾车5台和车模2名。

6）多功能厅

① 主席台：大型背景板（1个），尺寸、材质、内容设计横幅（悬于正门）。内容一：小型演讲台（1个，位于主席台上中间，放置立式麦克风，装饰鲜花）；内容二：投影设备一套，播放宣传片，投影机自备。

② 重要嘉宾区（正对主席台的第一排）。

③ 媒体记者区（正对主席台第二排）。

④ 邀请与会用户席。

⑤ 会场两侧：易拉宝或X展架每侧各2个，摄像机。

（2）现场布置

1）舞台搭建 以黑或银色的材料作为主色调。

2）氛围配合布置 外面门口：拱门（上面做霓虹灯字体："大昌丰田4S店周年庆典"）；大厅门口：花环或气球搭建弓形入口并在上边安装霓虹灯字体（大昌丰田4S店周年庆典）。门口通道：铺红色地毯和和大厅通道连接。氢气球：配条幅。

3）舞台设计 以深色的地毯作为铺设，烘托特殊气氛。

4）背板设计 以丰田的企业 LG 作为舞台背板，直接展现的企业实力及企业化。

5）签到台装饰 签到台侧面及台面，台面上放置鲜花和嘉宾签名簿，签到簿用于核对来宾到场情况。

6）嘉宾通道设立 晚会嘉宾通道由两行花篮和红地毯铺就，在通道最后搭建小台阶。

7）桌椅摆放位置 以全场观众都能看到舞台情况为宜。

8）餐饮 烧烤、啤酒。主持人为了充分调动每一位来宾的情绪，达到轻松、活跃、紧凑的氛围。摄像现场进行活动的摄像，记录整个活动的精彩部分，将录像资料留作以后的原始资料，以备在电视或影视广告中采用。

（3）活动现场氛围营造

1）音乐。第一篇章：创新飞跃，以后重激昂的音乐作为衬乐，（例如：NUB）寓意大昌丰田4S店辉煌的征程和不断创新的企业宗旨。第二篇章：科技灵感，音乐以轻快柔和的轻音乐为主，使观众在静静地聆听中感受丰田企业信条与服务理念。第三篇章：激情感动，背景音乐以动感快的音乐为主，营造会场热烈快的节日气氛，使每一位现场嘉宾都可以感受到丰田人的热情。

2）10层高塔蛋糕。专门定制的10层高塔蛋糕，在活动第三篇章"感动"高潮氛围时，现场推出蛋糕塔，邀请领导进行切蛋糕仪式，来宾共同举杯庆贺大昌丰田4S店周年庆典。

案例 3. 活动主题：七夕中国情人节

1. 活动主题：七夕中国情人节

2. 活动名称：全城热恋，HOLD 住爱情

3. 活动促销车型：捷达、新速腾、迈腾

4. 活动适宜人群：单身男女、情侣、夫妻

【活动简介】

白领男女以及时尚青年在当今这个社会已经成为主体，而他们对购车的需求也逐渐增加，在选择自己爱车的同时，更注重汽车的品牌和质量。一汽大众为汽车行业中的领先者，为更多不同阶段以及不同需求层次的顾客开发出许多车型，更适合现如今人们的需求。

在这个传统而又神秘的节日——"七夕"节里，举办本次一汽大众指定车型促销活动，让那些想购车的年轻朋友找到了动力，让那些还没有购车欲望的朋友激起热情！

【活动背景】

"七夕"情人节对都市中的爱情男女来说充满了神话色彩，是俊男靓女表达心意的最好时机。值此节日，各大商家都会做出特别的推广活动。但是以往各大商家在情人节期间的促销活动不外乎打折优惠、抽奖等，大都缺乏新意，因此没能达到预期的效果。试想一下，追求天长地久的爱情岂能打折？

【活动目的】

1）通过此次活动，扩大唯达长齐汽车销售公司在淄博地区的影响力。

2）通过本次活动让现代年轻人更了解一汽大众的发展理念，更了解中国传统节日，做到淄博汽车行业里的佼佼者。

3）通过此次活动造成一定的轰动效应，通过各媒体的宣传，扩大本公司在淄博的社会影响力，扩大更为广泛的宣传渠道。

4）通过活动聚集人气，激发顾客产生购车欲望，从而把产品卖出去，使商家达到"只出一分钱，获得百分利"的市场效应。

【活动主办方】

淄博唯达长齐汽车销售公司是山东地区最大的一家销售一汽大众品牌的汽车销售公司，主营车型包括速腾、捷达、迈腾、宝来、高尔夫、高尔夫 GTI、一汽大众 CC。唯达长齐一直以推广一汽大众品牌车型和品牌文化为己任。

【活动内容】

（1）爱情大放送

凡在活动当天到淄博维达长齐汽车销售公司展厅参加活动的顾客，我们都会送上一份精美的"爱情大礼包"（内容待定），礼包发送按照单身、情侣、夫妻来发放，内容不一。情侣：情侣衫、情侣杯、情侣手机外壳等；夫妻：夫妻枕、夫妻夏凉被等；单身：单身杯、单身 T 恤等。

（2）购车打折再优惠

在促销活动日期内，预定或者现场购买本次活动促销的车型，可参加"幸福百宝箱"抽奖活动，最高奖项可获得价值 3000 元购车优惠现金券一张。

奖品设置：

一等奖 1 名，价值 3000 元的购车优惠现金券一张，可到店领取，不可兑换现金，不可用于商业交易，只限于迈腾车型。

二等奖 2 名，价值 2000 元的购车优惠现金券一张，可到店领取，不可兑换现金，不可用于商业交易，只限于新速腾车型。

三等奖 3 名，价值 1000 元的购车优惠现金券一张，可到店领取，不可兑换现金，不可用于商业交易，只限于捷达车型。

恩爱奖 5 名，价值 512 元的汽车保养套餐券一张，可到店领取，不可兑换现金，不可用于商业交易。

幸福奖 10 名，获得车饰精美礼包一份，可到店领取，不可兑换现金，不可用于商业交易。

（3）玫瑰玫瑰我爱你

当顾客走进活动现场门口时，工作人员会送上一束靓丽的玫瑰，并说上一句甜蜜的祝福语，让顾客心里对本次活动的服务给予满分。

（4）爱要大声喊出来（互动环节）

邀请现场台下的男生或女生，鼓励大胆向心爱的人表白或者求婚，将自己的爱与所有人分享，如果被告白或求婚的人在现场，并接受告白和求婚，主办方会送出"捷达大礼包"一份（礼包内容待定）。

（5）爱情传递（互动小游戏）

邀请现场台下的情侣、夫妻，为一个组合进行游戏比赛。选手利用现有的三块地毯，以传递的形式使两个人共同到达所规定的地点，用时最短的一对组合获胜，获胜的组合可获得主办方送上的"迈腾礼包"一份（礼包内容待定）。

（6）爱情星光大道

当一对对情侣走在我们"爱情星光大道"上的时候，就仿佛走在颁奖礼的红毯之上，享受至尊级别的待遇，在幸福和浪漫中走进我们活动现场的展厅。

（7）爱情签名墙

当一对对情侣走进活动展厅，在"爱情签名墙"写上彼此的姓名，用一颗红色的心把两个人套在一起，祝福他们彼此幸福美满。

（8）爱情百老汇（开场）

展厅里动感的音乐，舞台上奔放的舞蹈，让顾客有种走进一个盛大时尚派对的感觉，在音乐的海洋中，顾客可以随意体验本次活动展销的车型。

（9）爱情许愿车

在当天活动开始之前或者活动中，填写"爱情卡片"（注名以及联系方式）并贴在"爱情车"上的顾客，可以在活动结尾时，主持人会随机从"爱情车"上选取 10 张"爱情卡片"并公布出来，被公布到的顾客可以得到两张价值 50 元的全球通 3D 电影票一张（待定），如果公布的顾客不在现场，则需要主持人重新再从"爱情车"上选取。

（10）爱情公共墙

在活动现场准备一台投影仪和一台可以上网的笔记本用来操作，现场的观众可以根据公共墙上提示的内容，发送短信至×××××发表自己的"爱情宣言"以及单身男女的邂逅。

【活动安排】

（1）热场

通过劲爆的音乐和车模的展示，吸引店内正在看车的情侣以及其他顾客，为现场活动增加人气，更容易发掘其中的潜在顾客。

（2）开场

开场音乐：《因为爱情》（歌手演唱）。主持人介绍本次活动的相关内容以及活动中的奖品和游戏等，更容易吸引路人的眼球，同时中间穿插着产品的介绍。

（3）游戏

在之前的歌手演唱之后，有两个互动小游戏，在游戏过程中促进情侣之间的感情，让公司的形象更容易被接受。在游戏过程中，主持人应随时找准时机再次介绍活动的内容以及促销内容和产品的相关内容。

（4）试乘

在表演之后可根据现场秩序，安排拥有购车欲望的顾客进行"新车试乘"，在顾客试乘的过程中，主持人采访顾客试乘的感受。

【活动宣传】

（1）网络宣传

淄博车友会网站、淄博新聊斋论坛、淄博沓兄网汽车论坛、淄博百度贴吧、一汽大众官方腾讯微博、新浪微博、人人网公共主页等。

（2）平面宣传

淄博晨报、淄博车友会杂志、淄博美图生活杂志等。

（3）有声宣传

淄博人民电台广播 FM92.6。

【合作商家】

媒体：新浪、腾讯、人人网。

支持：中国世纪佳缘交友网站。

【活动主办/协办】

（略）

【前期准备】

活动当天舞台背景喷绘布、活动 DM 单、活动大幅海报、活动现场易拉宝、活动现场所需玫瑰花、游戏道具、抽奖道具、演出歌手、产品内部模型、现场工作证等。

本 章 小 结

　　策划是汽车营销过程中最核心的技术，熟悉和掌握汽车营销过程中最为常见的活动策划，包括策划的原则、要点、方法、技巧和具体文案的撰写对于提升应对市场竞争的能力、降低营销成本、扩大营销成果具有重要意义。

　　紧密结合汽车市场实际，综合运用本教材各章学过的知识，善于分析汽车市场营销中的鲜活案例，勇于思考，敢于实践，对于掌握汽车营销活动的策划技术十分关键。

思 考 题

1. 汽车市场营销活动策划应遵循哪些原则？
2. 市场营销活动策划要注意哪些要点？
3. 市场营销活动的方案设计要注意哪些方面？
4. 怎样进行路演策划？
5. 怎样进行新车上市策划？
6. 怎样进行新闻发布会策划？
7. 软文与广告写作的联系和区别是什么？
8. 平面广告策划需要注意哪些最基本的问题？
9. 网络营销要注意哪些问题？
10. 简述关于"客户满意"内容的策划方法。

第八章　汽车电子商务策划

学习目标

1. 了解我们身边的汽车电子商务和车企开展电子商务的必要性。

2. 了解电子商务与相关技术，以及与互联网、大数据、云计算的关系，确立互联网思维。

3. 熟悉电子商务相关模式的策划与应用。

本章导读

通过本章的学习，了解车企开展电子商务的必要性，了解电子商务与相关技术，了解与互联网、大数据、云计算的关系，熟悉电子商务与数据库营销、精准营销的关系，确立互联网思维；熟悉电子商务相关模式，包括 O2O、B2B、B2C、APP、论坛营销、微博微信、QQ 群营销的策划与应用。

第一节
我国汽车电子商务基本状况

一、身边的汽车电子商务

1. 电子商务的产生

1969 年，美国国防部高级研究所计划局（ARPA）为军方建立了"ARPANET"实验网络，成为 Internet 的雏形。

1991 年，美国政府宣布 Internet 向社会公众开放，允许在 Internet 上开发商业应用系统。

Internet 的出现使越来越多的传统商务活动开始转移到 Internet 平台上，形成了基于 Internet 的电子商务。

1995 年，Internet 上的商业信息业务量首次超过科教信息业务量，成为基于 Internet 的电子商务大规模起步的标志。

2. 什么是电子商务

电子商务是指在互联网（Internet）、企业内部网（Intranet）和增值网（VAN, Value

Added Network）上以电子交易方式进行交易活动和相关服务活动，是传统商业活动各环节的电子化、网络化。

电子商务是利用微电脑技术和网络通信技术进行的商务活动。电子商务不等同于商务电子化。电子商务包括电子货币交换、供应链管理、电子交易市场、网络营销、在线事务处理、电子数据交换（EDI）、存货管理和自动数据收集系统等。在此过程中，用到的信息技术包括互联网、外联网、电子邮件、数据库、电子目录和移动互联网等。

3. 电子商务的五个主要特征

1）高效率、低成本。电子商务跨地区连接，在网络上直接见面，缩短产、供、销之间的距离，降低中间成本，无须店铺租金，实现产品直销，减少库存压力，降低经营成本。

2）不受时间限制。电子商务无国界、无地域限制，24 小时无休。

3）平等、互动、资源共享。电子商务不受自身规模限制，平等获取信息，共享平台资源，节省推广费用，快速高效。

4）选择自由度大。电子商务有更宽的比较选择的自由度，使企业间、地区间差价缩小，使竞争更侧重于服务内容、服务质量、响应速度等。

5）实现一对一沟通。电子商务可以顺互联网的相关联想扩大自己的思索范围，发现自己的需求，实现一对一的沟通。

4. 电子商务的功能

电子商务的功能十分强大，包括广告宣传、咨询洽谈、网上订购、网上支付、物流服务、意见征询、业务管理等。

5. 狭义的电子商务和广义的电子商务

狭义的电子商务是指通过信息技术的应用实现"商业交易流程"的转换。狭义电子商务是人们在电子商务技术发展初级阶段形成的基本认识。比如阿里巴巴、淘宝网等，就是最早基于狭义电子商务概念建立的电子商务技术，即交易技术平台。

广义的电子商务是指通过信息技术的应用实现"商业全流程"的转换。广义电子商务是人们在电子商务技术发展比较成熟的阶段形成的电子商务认识。

6. 电子商务在汽车消费中提供的服务

1）选车。包括车型介绍、图片查询、价格查询、配置查询等。

2）试乘试驾。包括在线预约、提供试乘试驾车上门服务等。

3）议价。包括厂家报价、经销商报价、价格对比、线上议价等。

4）选择保险。包括在线保险产品查询和在线购买车辆保险产品。

5）付款。包括付款方式选择、在线支付定金、全款。

6）提车。通过电子商务物流，将车送至客户。

7）用品、配件服务。提供汽车用品、零部件网上销售。

8）二手车出售。包括 B2B、B2C、C2C 等各种形式的二手车在线销售。

7. 当前我国汽车电子商务的特点

（1）基本状态

我国最早网上购车出现在 2000 年，以后逐步发展，总体上仍处于探索期，大量销售还处在线上线下相结合的状态（图 8-1）。

（2）主要特点

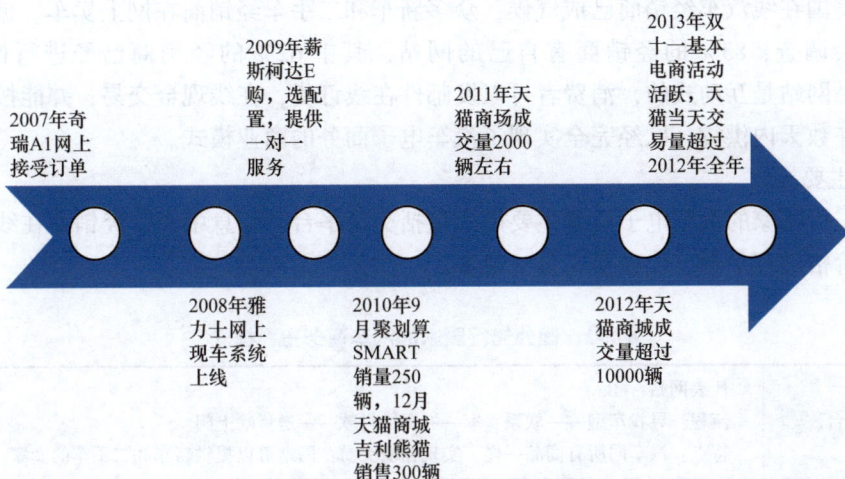

2007年奇瑞A1网上接受订单

2009年薪斯柯达E购，选配置，提供一对一服务

2011年天猫商场成交量2000辆左右

2013年双十一基本电商活动活跃，天猫当天交易量超过2012年全年

2008年雅力士网上现车系统上线

2010年9月聚划算SMART销量250辆，12月天猫商城吉利熊猫销售300辆

2012年天猫商城成交量超过10000辆

图 8-1 中国网上购车的大致趋势

当前我国汽车电子商务的特点是：多为短期活动吸引眼球，缺乏长期机制；多为促销活动，市场规模不大；线上集客、线下交易、鲜见上门服务；多与厂家合作，厂家参与度深；第三方网站人气较旺；新车与二手车分离等。

（3）主要模式

目前我国汽车电子商务的主要模式包括直销、定购、团购、竞价、组织购车节销售等（表 8-1）。

表 8-1 当前我国汽车电子商务主要模式

直销	代表网站：斯柯达 E 购、长安微车、吉利汽车、长安福特经销商，汽车垂直网站
	流程：登录厂家或 4S 店网站——选车——选经销商——填写预约联系方式——4S 店客服联系——到店选车——付款——接受上牌服务——提车
定购	代表网站：天猫、苏宁易购车讯网、汽车垂直网站
	流程：网上支付定金（不可退）——在线留联系方式——4S 店客服联系——到店选车——付款——提车
	特点：电商与多家品牌厂家合作消费者选择空间比较大
团购	流程：网上报名参团——网站客服通知——现场团购——现场购买或放弃购买
	特点：控制较难、跑单严重
竞价	代表网站：搜狐买车宝 APP
	流程：选车并给出初步意向价格——经销商反馈（竞价）——在线砍价——选择经销商——在线支付保证金 200 元——获取购车凭证——线下购车或返还保证金
购车节	代表网站：易车网、汽车之家等
	流程：线上交付定金——活动当天选购或放弃购买——线下购车——申请购车奖励——订金返还

8. 国外汽车电子商务的特点

（1）基本状况

欧美国家的汽车网站大都是以新车和二手车销售为主的盈利模式，以资讯为主要载体的不多。

（2）主要特点

目前美国在线汽车经销商已成气候，众多新车和二手车经销商在网上卖车。据美国汽车经销商协会调查，83% 的经销商有自己的网站，其中 62% 的经销商已经进行网上售车；98% 的交易网站是互动式的，消费者可以发邮件在线订货，在线现金交易，并能按消费者需求组装并在数天内供货，已经完全实现了汽车电子商务的商业模式。

（3）主要模式

国外先行国家的汽车电子商务主要模式包括交易平台、信息中介、经销商在线平台、试驾平台、价格助理平台、代理模式等（表 8-2）。

表 8-2 　国外先行国家的汽车商务主要模式

交易平台	代表网站：eBay 流程：寻找车型——联系卖家——在线付款——送货啥上门 特点：汽车同所有商品一样，实现在线交易；网站可以提供新车和二手车的卖家
信息中介	代表网站：Kbb.com 流程：选车——查询价格——线下交易 特点：专门提供新车、二手车价格资讯，线下价格手册线上展示
经销商在线平台	代表网站：dave smith.com 流程：选车——在线支付——到店提车或送货上门 特点：美国最大的 GM 和卡车经销商网站，网上业务站到整个销售的一半以上，全面供应新车、二手车、零部件，并提供上门服务
试驾平台	代表网站：Tred 流程：选车——上门试驾（19 美元/辆，新能源汽车免费）——砍价——线下付款、提车 特点：上门服务、体验真切
价格助理平台	代表网站：Tnecar 流程：现车、选地址——输入 Email 地址注册——获得认证经销商的优惠价格——凭优惠信息线下购车 特点：过程简单有趣，价格透明，并提供销售助理电话服务，协助消费者完成购买全过程
代理模式	代表网站：OneSwoop 流程：选车——选经销商——选保险——付款——办理海关各种手续——提车 特点：解决欧洲不同地区价格不同特。点实现跨国购买，这种方式英国购买者可以节省 25% 费用

9. 电子商务的特性

电子商务是因特网爆炸式发展的直接产物，是网络技术应用的全新发展方向。因此，因特网本身所具有的开放性、全球性、低成本、高效率的特点，也成为电子商务的内在特征，并使得电子商务大大超越了作为一种新的贸易形式所具有的价值（图 8-2）。

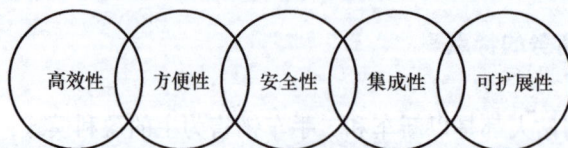

高效性　方便性　安全性　集成性　可扩展性

图 8-2 　电子商务的特性

10. 电子商务影响消费者购买的四大原因

（1）心理因素

消费者欣赏网上消费的隐蔽性和独立性等。

（2）非心理因素

网上消费比较方便、能够缩短购买距离、并且完全满足自己挑选。

（3）人际因素

减轻购买过程的孤独感，达成自己的购买幻想，在网上实现多角色扮演，减轻疲劳，购买过程实现原始放松。

（4）时空观念重组因素

电子商务用网址、网页替代了传统信息传播方式，人员推销成了主动搜索，个体可以在网上按照自己的情绪倾向自由浏览。

11. 汽车电子商务的信息系统

汽车电子商务的信息系统如图 8-3 所示。

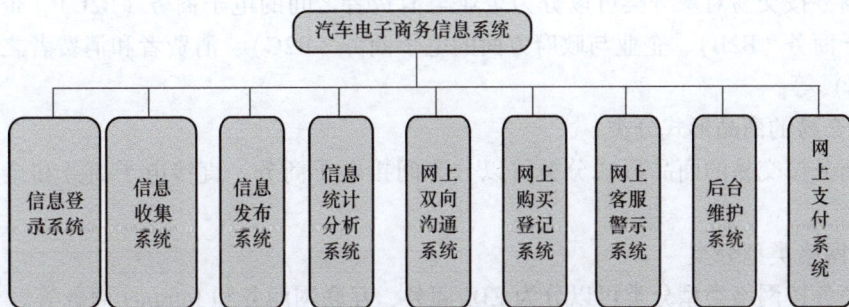

图 8-3　汽车电子商务信息系统

12. 汽车电子商务的基本框架

电子商务的基本框架指的是这种现代商务系统的基本结构模式，其中包括电子商务系统的参与者、电子商务系统的技术框架和运营模式等（图 8-4）。

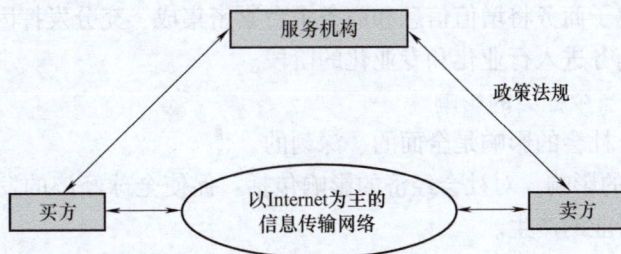

图 8-4　汽车电子商务的基本框架

13. 信息技术对经销商竞争力的影响

电子商务应用的信息技术，对于汽车经销商竞争力的影响是深远的。技术不仅会推动生产力的进步，而且会带来生产方法、生产联系、价值发明、价值分配等一系列方法的变动，推动营销管理、生产方式和价值实现模式的重大变革（图8-5）。

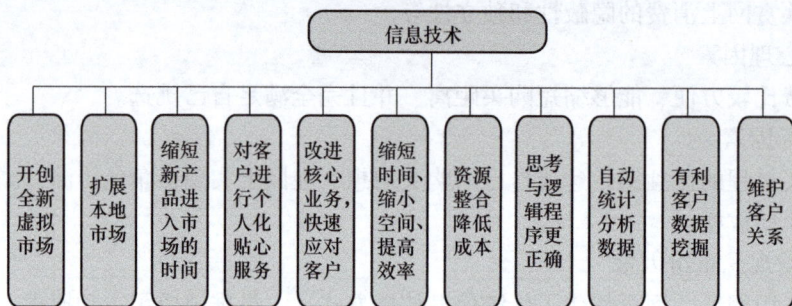

图 8-5　信息技术对经销商竞争力的影响

14. 电子商务的分类

1）按交易对象分类

电子商务按交易对象分类可以分为企业与消费者之间的电子商务（B2C）、企业与企业之间的电子商务（B2B）、企业与政府方面的电子商务（B2G）、消费者和消费者之间的电子商务（C2C）等。

2）按交易的商品形式分类

电子商务按交易的商品形式分类可以分为间接电子商务、直接电子商务和全球电子商务等。

3）按网络类型分类

电子商务按网络类型分类可以分为 EDI 商务、互联网商务和 Intranet 商务等。

4）按资金支付的方式分类

电子商务按资金支付的方式分类可以分为完全的电子商务和非完全的电子商务。

（5）按照交易的范围分类

电子商务按照交易的范围分类可以分为本地电子商务和区域电子商务。

15. 电子商务的现状和发展趋势

国际著名咨询公司麦肯锡指出：第一代的电子商务专注于技术，第二代电子商务专注于内容，而下一代的电子商务将增值信息和商务平台紧密集成，充分发挥因特网在信息服务方面的优势，使电子商务进入行业化和专业化的阶段。

16. 电子商务对当今社会的影响

电子商务对当今社会的影响是全面的、深刻的。

1）对社会经济的影响。对社会经济的影响包括：促使全球经济的发展；促使知识经济的发展；促使新兴行业的产生。

2）对政府的影响。电子商务对政府的影响包括：对政府政策导向的影响；对政府机构业务转型的影响；对政府机构在安全认证中权威作用的影响。

3）对企业的影响。电子商务对企业的影响包括：改变了企业的经营方式；改变了企业的管理模式；改变了企业的结算支付方式。

4）对个人的影响。电子商务对个人的影响包括生活、工作、学习等方方面面。

二、车企开展电子商务的必要性

1. 环境变化经销商必须因应而变

当前汽车经销商面临的最大变化是经营环境的深刻变化。汽车经销商普遍面临着产能过剩、竞争加剧、销售下降、增长缓慢、成本提高以及消费者行为改变的种种压力。

世界变了，人类已经进入互联网时代，网络用户日益增长，90%以上的用户通过互联网获取汽车相关资讯。互联网兴起，使营销的媒体、形式、可搭载的平台变得越来越多，这不仅创造更多个性化营销的机会，也为经销商带来精细化营销的挑战。

用户变了，商家必须因应而变。一个企业不管走得有多远，不管曾经有多大规模，忘记顾客就一定会失败（图8-6）。

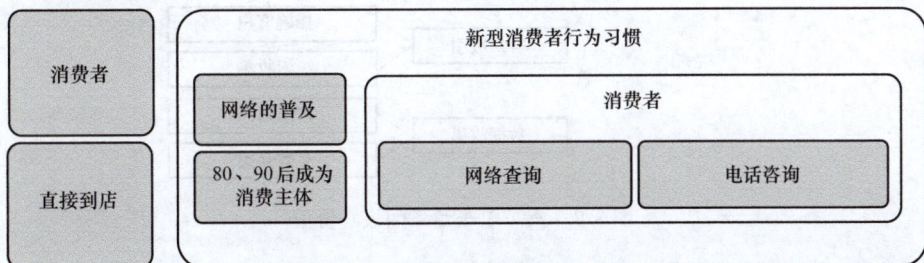

图8-6　网络介入促使人们购车习惯的转变

2. 新型消费者购车行为习惯

当前消费者的购车行为已经发生了很大的变化，其中最关键的改变是在整个购买过程中，广泛使用网络（图8-7）。

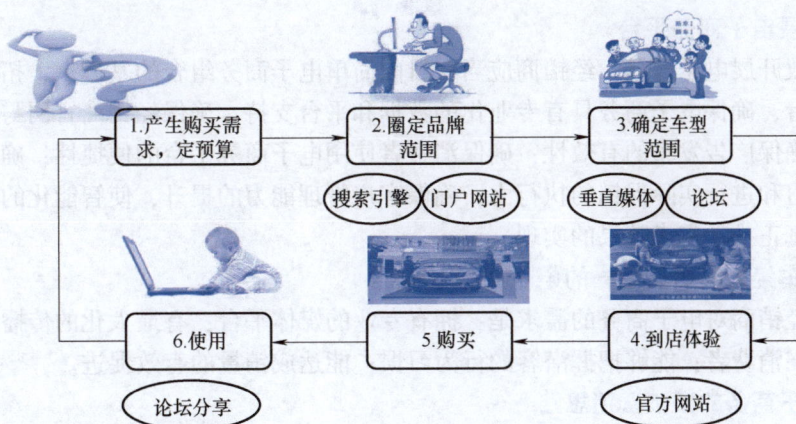

图8-7　新型消费者购车行为习惯

3. 汽车电子商务的核心价值

汽车电子商务的核心价值在于通过网络扩大信息传播、客户沟通、客户吸引、数据收集的效果，从而使目标客户更精准，沟通方式更互动，线索收集更快捷，服务成本更节省，客户数据更完整（图8-8）。

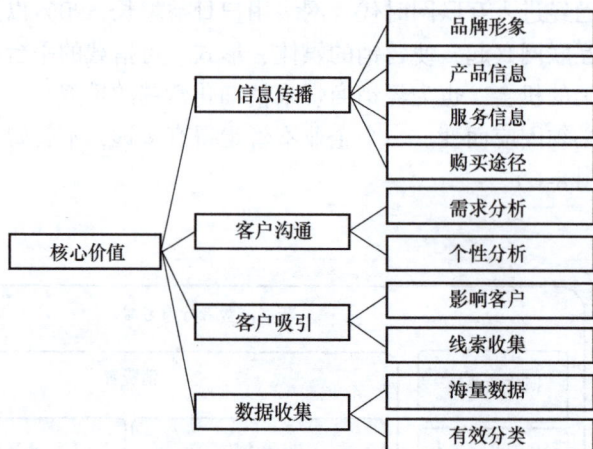

图8-8　汽车电子商务的核心价值

第二节
电子商务与相关技术

一、经销商要有一套务实的电子商务产品

1. 拓展电子商务平台

为有效开展电子商务，经销商应当在目前简单电子商务组合的基础上，拓展更先进的电子商务平台，确保电子商务具有专业化的数据和平台支持；确保经销商官网与专业垂直网站的链接；确保广告发布的有效性；确保消费者使用电子商务平台的便捷性；确保电子商务精准的影响力和进行实际促销的执行力；确保客户管理能力的提升，使智能化的、与时俱进的电子商务真正推动售卖效果的实现。

2. 汽车经销商需要怎样的电子商务

汽车经销商对电子商务的需求是：拥有专业的媒体平台；有最大化的传播效果；能够精准影响潜在消费者；能够把握潜客的行为习惯；能达成销量的有效促进。

3. 电子商务的四步营销思路

（1）网站建设（Website）

建设网站是4S店开展电子商务的第一步，没有合适的平台电子商务无从做起。经销商可以依托专业的媒体平台，轻松建站，搭建营销推广呈现平台，塑造汽车自己的专业形象，达成最大化的传播效果。

（2）营销推广

通过网络海量推广，将汽车广告、报价、新闻等信息全面曝光到互联网相关平台，精准锁定目标人群，并将商机带回企业网站。

（3）商机管理

精准把握其行为轨迹，对商机线索进行及时跟踪处理，并对客户建档，进行针对性营销，大幅提升商机转化率。

（4）决策支持

对网站数据、行业趋势等关键信息，进行多维度分析，把握汽车行业动态，紧跟汽车市场脉络，实时掌握电子商务效果，了解自己的营销效果，为电子商务的发展提供决策支持。

二、电子商务与互联网思维

在我国，4S店一直是汽车厂商与消费者之间的重要桥梁，也是汽车销售网络的核心部分。目前，电子商务对汽车4S店业务模式的冲击，更多还体现在汽车的售前服务中，但随着时间的推移，这种冲击将逐渐延伸到汽车产业链的各个环节。开展电子商务，必须建立互联网思维。

1. 用户思维

所谓用户思维就是以用户为中心考虑问题。

（1）研究消费者需求

得用户者得天下。开展电子商务，必须深入研究消费者的需求。因为只有紧紧抓住消费者的需求，才能充分满足消费者的需求。

（2）强调消费者参与

电子商务强调消费者参与，必须建立互动平台，让网民投票，制造潮流。

（3）凸显体验至上

好的体验从细节开始，经销商应当在电子商务的各个环节中让消费者得到良好体验，建立情感倾向。

2. 简约思维

在信息爆炸的时代，用户的耐心是有限的，电子商务平台让消费者看到的信息必须真实有效、简约清晰。

（1）内容专注

电子商务平台上的信息不是越多越好，必须做到专注。少就是多，专注才有力量，才能极致。

（2）设计简约

简约即是美，因此在电子商务平台的设计上要做减法，线条要简洁、操作要简化。

3. 极致思维

电子商务必须把产品、服务和体验做到超越用户期望。

（1）产品要精

在电子商务平台推出的产品必须讲究品质，需求抓得准、自己逼得狠、管理盯得紧。

（2）服务即营销

电子商务要节省消费者时间，让消费者随时可以找到你。

4. 迭代思维

电子商务要以人为中心，迭代开发，循序渐进。

（1）小处着眼微创新

电子商务要在细小环节不断改进，进行微创新，用户非常在乎经销商为满足用户需求的各种细微变化。

（2）适应变化善迭代

电子商务要把握市场与互联网技术的变化，及时迭代做出相应改变。

5. 流量思维

（1）吸引浏览

电子商务平台必须足以吸引消费者浏览，消费者目光聚集之处，才有成交和盈利的实现。对经销商来讲，吸引消费者的策略很多，但切记，"免费"项目的最终目的是为了更好地盈利。

（2）积累客户

消费者点击是一个持续积累的过程，点击率不断上升，就会为经销商带来更多的商机，为此经销商必须预防急躁情绪，坚持改进，不断吸引消费者，创造量变到质变的结果。

6. 社会化思维

电子商务以网络的形式改变企业生产、销售、服务等整个形态，必须充分利用社会资源。

（1）利用好社会媒体

企业的资源总是有限的，而社会资源是无限的。电子商务要善用社会资源，比如微博、论坛、QQ、微信等渠道资源。

（2）众包写作

电子商务平台上的各种信息，包括文字、图片、影音作品的制作、发布，可以运用蜂群思维、充分利用外脑进行众包。这样做既可以节约成本，又可以使信息材料丰富多彩。

7. 大数据思维

汽车经销商开展电子商务必须对大数据、企业资源、关键要素有充分认识。

（1）小企业也要有大数据

用户在网络上点击，一般会产生信息、行为、关系三个层面的数据，必须善于整理与分析，这些数据的沉淀有益于企业进行预测和决策。

（2）记住用户是不同的个人

在大数据时代，企业的营销策略应该是针对个性化用户做精准营销。而精准营销的基础是消费者在电子商务平台上由于点击留下的情绪指标，因为消费的情绪过程是先于购买行为的，如图8-9所示。

8. 平台思维

电子商务应当是一个开放、共享、共赢的平台。

（1）打造多赢生态圈

电子商务要打造的是一个共生、共赢、互利的平台，必须将搜索者、社交者、电商、营销者整合在一起，成为一个共赢互利的生态圈。

（2）善用现有平台

```
┌──────────────────────────────────────────────────────────────────┐
│ 众多的消费者有着不同的气质、性格特征、认知的选择性、能力差异、兴趣的倾向性 │
└──────────────────────────────────────────────────────────────────┘
                            │
                            ▼
        ┌──────────┐              ┌──────────────┐      ┌──────────────┐
        │  互联网   │         ┌──│ 产品与服务信息 │─────▶│ 选择产品与服务 │
        └──────────┘         │   └──────────────┘      └──────────────┘
              │              │          │                      │
              ▼              │          ▼                      ▼
        ┌──────────┐         │  ┌──────────────┐      ┌──────────────┐
        │  点击检索 │         ┤  │产品与服务供应渠道│───▶│ 选择供应渠道  │
        └──────────┘         │  └──────────────┘      └──────────────┘
              │              │          │                      │
              ▼              │          ▼                      ▼
      ┌────────────┐         │  ┌──────────────┐      ┌──────────────┐
      │获得各分类大数据│       └──│ 消费者评价    │─────▶│ 确立交易动机  │
      └────────────┘            └──────────────┘      └──────────────┘
              │
              ▼                     ┌──────────────────────────────┐
      ┌────────────┐          ┌───│   实际验证、现场体验          │
      │商家跟踪客户线索│        │    └──────────────────────────────┘
      └────────────┘          │                  │
              │               │                  ▼
              ▼               │    ┌──────────────────────────────┐
    ┌──────────────────┐     ┤    │  核对需求、确认利益、找到合适  │
    │商家提供针对性满意服务│   │    └──────────────────────────────┘
    └──────────────────┘     │                  │
              │              │                  ▼
              │              │    ┌──────────────────────────────┐
              │              └───│  巩固交易动机、做出交易决策    │
              │                   └──────────────────────────────┘
              ▼
    ┌────────────────────────────────────────────────────────────┐
    │                     实施购买行为                             │
    └────────────────────────────────────────────────────────────┘
```

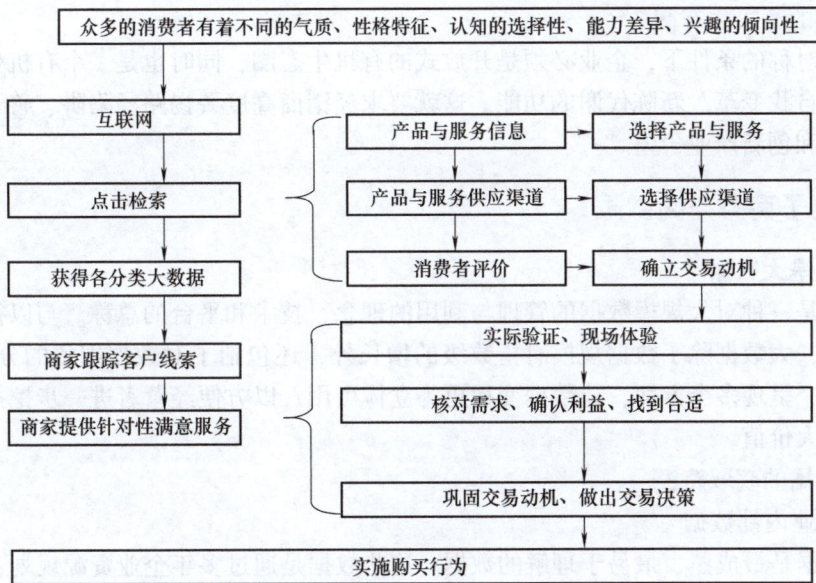

图 8-9　消费者的情绪先于购买行为

开展电子商务必须坚持实事求是的原则，有的经销商如果不具备构建平台的能力，完全可以利用社会现有的平台。

（3）让企业成为员工的平台

开展电子商务必须时时进行互联网组织变革，变革的核心是如何打造内部平台型组织，整合内部资源，更好地为消费者服务。

9. 跨界思维

开展电子商务应在产业边界模糊化的条件下，善于利用互联网触角。

1）消费者是电子商务的起点和终点。开展电子商务必须明确消费者的核心地位，真正理解消费者的需求。因此，满足消费者需求是电子商务一切工作的出发点和终点，只要认真研究消费者需求，掌握消费者数据，具备消费者思维，就能最终实现电子商务的最终目标。

2）进行颠覆式创新。优秀的电子商务设计者一定是跨界能手，能同时在人文和科技交汇处找到自己的坐标，这就必须敢于扬弃，进行颠覆式创新。

三、互联网时代的四大特点

1. 通融互联

在互联网时代，企业应精准使用互联网工具，与消费者保持双向沟通，使整个市场的多元要素融为一体，实现经销商与客户的距离零成本趋近，实现无障碍沟通，以使交流价值倍增。

2. 网状价值结构

网状价值结构是指以客户为中心的价值交互网和以人为中心的价值创造网。电子商务必须理解先有客户价值才有企业价值的道理，强调客户利益、员工价值是实现电子商务的关键。

3. 大数据和高流动

电子商务基于大数据来分析趋势、捕捉机会。这些数据不仅包括业务员数据、企业客户关系数据、客户圈层数据，更重要的互联网大数据。

4. 开放的有机生态圈

在信息对称的条件下，企业必须是开放式的有机生态圈，同时也是一个有机生命体。企业必须具备自我变革、新陈代谢的功能。这就要求经销商高度警惕路径陷阱、善于变革，在变革中发现和创新产业价值。

四、电子商务与大数据

1. 什么是大数据

大数据是一种对大规模数据的管理与利用的理念、技术和平台的总称。与以往海量数据的概念不同，大数据除了数据规模有指数级的增长外，还包括了对数据细致的分类、归纳、处理、分析，呈现多个方面，让数据变得更为立体可用，以方便经营者进一步挖掘隐藏于数据背后的巨大价值。

2. 大数据的获取路径

（1）企业内部数据

内部数据是最成熟、最易于理解的数据。这些数据是通过多年企业资源规划、主数据管理、商业智能应用和其他相关工作收集整理而来，并经过了整合标准化。利用分析技术解读这些来自客户交易、业务往来、事件和电子邮件等内部数据为组织提供有价值的洞察。

（2）用户点击数据

用户在线的每一次点击、每一次评论、每一个视频点播是大数据的重要来源，互联网企业之所以取得令人瞩目的成绩，其核心本质就是对包括用户网络操作的大数据进行记录和分析。

3. 大数据的特点

（1）结构化特征

大数据包括结构化数据、非结构化数据、半结构化数据两大类。

（2）获取和处理方式

大数据获取和处理方式包括：第一，动态、实时数据（流量、增量式、线上）；第二，静态、非实时数据（线下数据）。

（3）关联特征

大数据有无关联、简单关联数据（键值记录性数据）和复杂关联数据（图8-10）三种关联特征。

4. 大数据的三大关键词

（1）连接

百度连接了信息与读者，阿里连接了商品与消费者，腾讯连接了人与人，大数据则连接一切，拥有了数据就拥有了与万物、时间、空间的连接（图8-10）。

（2）反馈

大数据通过个人爱好、物体移动、消费习惯等数据，反馈出你是谁、你需要什么、你的运动轨迹、你未来的想法、你的消费能力等客户信息。

（3）揭示

大数据将具有价值的标签经过管理和分析，再结合其他数据，揭示事物内部和外部的关

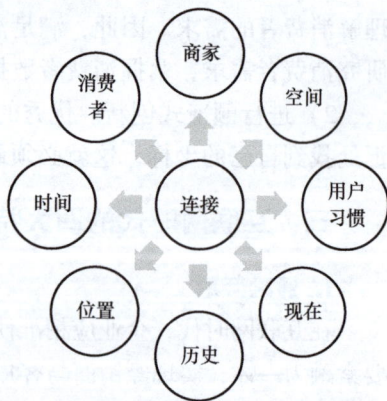

图 8-10　大数据与相关事物的连接

联性，为个人、家庭、商家、企业、社会带来巨大的价值。

5. 大数据的4V特点

（1）Volume（大量）

据统计，互联网一天产生的全部内容可以制作1.68亿张DVD，一天发出2940亿邮件以及200万个帖子……这些数据都表明，在互联网时代，社交网络、电子商务与移动通信把人类带入了一个以"TB"（1TB = 1024GB）为单位的新时代。

（2）Variety（多样）

大数据集合了各式各样的信息数据，提供各类组织作决策参考。

（3）Velocity（高速）

大数据通过云计算，可以实现将12天才能存储完毕的数据，在20分钟之内完成。

（4）Value（价值）

大数据能成为一个预言家，提前预测各类趋势。

6. 大数据的威力

大数据的概念涵盖了人们在大规模数据基础上可以做的事情，而这些事情在小规模数据的基础上是无法实现的。大数据让人们可以以一种前所未有的方式，通过对海量数据的分析，获得有巨大价值的产品和服务。从拥有数据，到预测需求，这就是大数据的威力。

五、电子商务与云计算

1. 什么是云计算

狭义云计算是指通过网络以按需、易扩展的方式获得所需资源。

广义云计算是指服务的交付和使用模式，是指通过网络以按需、易扩展的方式获得所需的服务。这种服务可以是IT、软件、互联网相关，也可是其他服务。

2. 云计算的核心思想

云计算是将大量用网络连接的计算资源统一管理和调度，构成一个计算资源池向用户提供按需服务，这个提供资源的网络被称为"云"。

"云"中的资源在使用者看来是可以无限扩展的，并且可以随时获取，按需使用，随时扩展，按使用付费。云计算的产业有三级分层：云软件、云平台、云设备。

3. 云计算的基本计算工具

云计算是传统计算机和网络技术发展融合的产物。它包括网格计算、分布式计算、并行计算效用计算、网络存储、虚拟化、负载均衡等。

第三节
电子商务相关模式的策划与应用

一、电子商务与O2O模式的应用

1. 什么是O2O

O2O是将线下的商务机会与互联网结合，让互联网成为线下交易的平台，这为传统的企业开辟了新的市场渠道，通过 O2O 的方法，可以降低营销的成本，开辟新的市场渠道（图 8-11）。

图 8-11　O2O 图解

2. O2O 的价值

（1）给消费者带来的价值

O2O 给消费者带来的价值包括：让消费者获取更丰富、全面的商家产品、服务信息；让消费者更加便捷地向商家在线上进行咨询，并进行预购；让消费者有可能获得比线下直接购买更加便宜的价格。

（2）给经销商带来的价值

使经销商获得更多的宣传、展示机会，吸引更多的新客户到店购买；推广效果可查，每笔交易可跟踪；掌握消费者数据，提高对管理内客户关系的维护与营销效果；通过与消费者沟通，更好地了解消费者的需求与购买心理；通过线上预定，合理安排经营活动，节省成本；对新品和新店的推广更加便捷有效；降低实体店的物业成本。

（3）O2O 营销五步法

① 实施调研。通过对内外部资源盘点、营销环境研究，以及跨行业标杆对标分析，为企业实施 O2O 明确方向。

② 平台规划。依据调研结果，布局企业 O2O 平台架构，设计终端智能化系统并规划全渠道盈利模式。确立全网同步的产品模式、动销模式、价盘体系、会员体系以及相匹配的业务流程再造等营销要素，为企业打造一套功能强大、体系稳健的全新 O2O 营销体系。

③ 平台搭建。根据平台规划，构建 O2O 营销平台，进行品牌形象、智能终端打造，完成线上与线下的 O2O 平台搭建。

④ 导入实施。将 O2O 平台导入企业内部应用，从线上技术平台到线下终端智能化应用系统，为企业相关人员进行平台实操培训与落地辅导，帮助企业熟练掌握 O2O 营销技巧与方法。

⑤ 托管运营。O2O 托管运营的线上部分包括围绕微商城、移动官网、APP 等移动平台，基于大数据，策划并实施精准高效的社会化营销，帮助企业实现线上海量引流与销量提升。

O2O 托管运营的线下部分包括托管运营商强化营销团队，引入领先管理模式，实施促销突破，打造并复制成功样板市场，为经销商提供不同层级的托管运营服务。

3. O2O 营销方案策划

一般的 O2O 营销方案如图 8-12 所示。

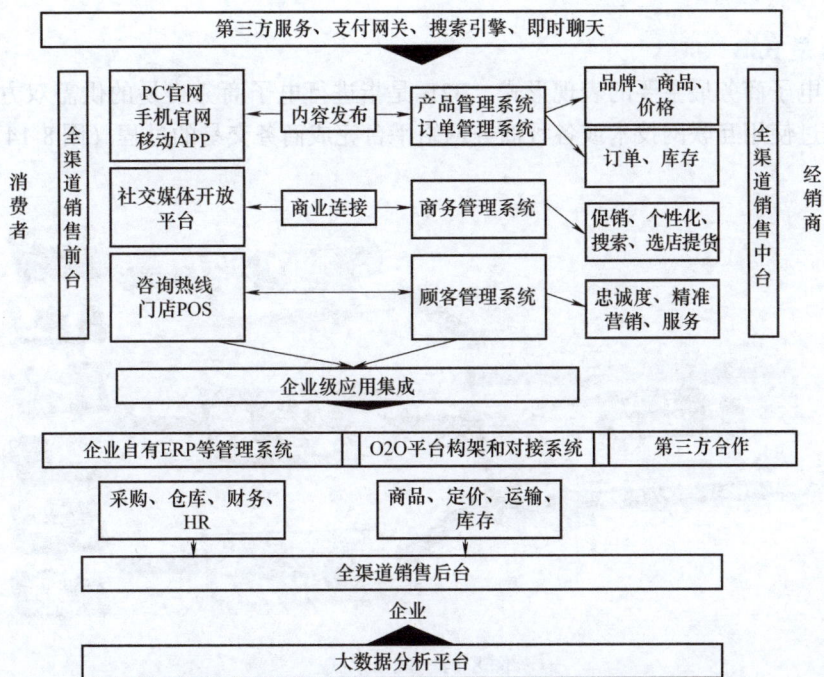

图 8-12　O2O 营销方案

4. O2O 营销服务方案策划

O2O 营销服务方案的策划必须做到多渠道、多触点、多业态。一般的 O2O 营销服务方案如图 8-13 所示。

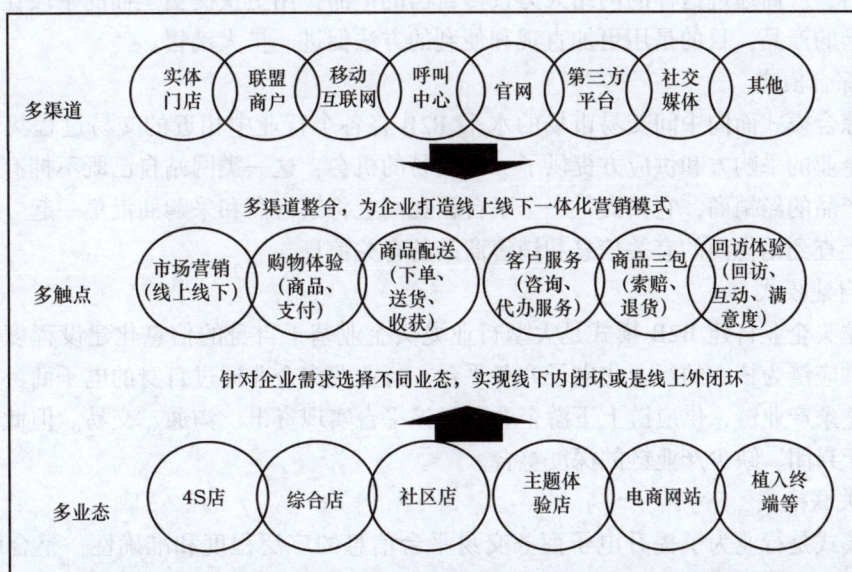

图 8-13　O2O 营销服务方案策划

二、电子商务与 B2B 模式的应用

1. 什么是 B2B

B2B 是电子商务最主要的表现形式。B2B 是指进行电子商务交易的供需双方都是商家，商家之间通过使用互联网技术或各种商务网络平台完成商务交易的过程（图 8-14）。

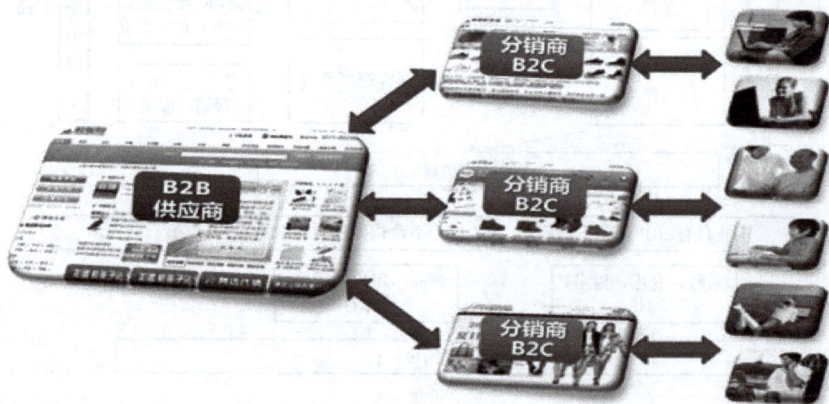

图 8-14 B2B 模式

2. B2B 的基本模式

（1）垂直模式

面向制造业或面向商业的垂直 B2B 可以分为两个方向，即上游和下游。生产商或经销商可以与上游的供应商之间形成供货关系，也可以与下游的经销商可以形成销货关系。

垂直模式下的 B2B 网站其实就是企业网站，类似于在线商店，是企业直接在网上开设的虚拟商店，厂商通过这样的网站大力宣传自己的产品，用更快捷更全面的手段让更多的客户了解自己的产品，目的是用更加直观和便利的方法促进、扩大销售。

（2）综合模式

B2B 综合模式面向中间交易市场的水平 B2B 将各个行业中相近的交易过程集中到一个场所，为企业的采购方和供应方提供了一个交易的机会，这一类网站自己既不拥有产品，也不是具体产品的经销商，它只提供一个平台，在网上将销售商和采购商汇集一起，采购商可以在其网上查到销售商的有关信息和销售商品的有关信息。

（3）自建模式

行业龙头企业自建 B2B 模式是大型行业龙头企业基于自身的信息化建设程度，搭建以自身产品供应链为核心的行业化电子商务平台。行业龙头企业通过自身的电子商务平台，串联起行业整条产业链，供应链上下游企业通过该平台实现资讯、沟通、交易。但此类电子商务平台过于封闭，缺少产业链的深度整合。

（4）关联模式

关联模式是行业为了提升电子商务交易平台信息的广泛程度和准确性，整合综合 B2B 模式和垂直 B2B 模式而建立起来的跨行业电子商务平台。

3. B2B 的常规流程策划

B2B 的常规流程一般如下：

① 发出用户订单。商业客户向供货商订货，发出"用户订单"，明确所需产品的名称、数量等一系列有关问题。

② 订单产品查询。供货商根据用户订单的要求查询产品可供情况。

③ 确认用户订单。供货商在收到并审核完订单，确认可以供货的情况下，给销售商返回订单产品的确认情况。

④ 运输能力查询。供货商在确认能够满足经销商"用户订单"要求的情况下，向物流企业发出有关货物运输情况的"运输查询"。

⑤ 确认运输信息。物流企业在收到运输查询后，确认有关运输的日期、线路、方式等，并反馈给供货商和经销商。

⑥ 发出发货通知。在确认运输无问题后，供应商告知经销商，发出发货通知，并组织物流企业运输。

⑦ 确认货款到账。商业客户向支付网关发出付款通知，支付网关向供货商发出交易成功的转账通知及相关结算票据等。

⑧ 物流企业送货。物流企业接到运输通知后开始送货。

三、电子商务与 B2C 模式的应用

1. 什么是 B2C

B2C 的中文简称为"商对客"。"商对客"是电子商务的一种模式，也就是通常说的直接面向消费者销售产品和服务的商业零售模式。这种形式的电子商务一般以网络零售业为主，它借助于互联网开展在线销售活动。

B2C 是企业通过互联网为消费者提供的一个新型购物环境——网上商店，消费者通过网络完成在线购物、网上支付等消费行为。

2. B2C 的管理功能

B2C 的管理功能包括前台管理功能和后台管理功能（表 8-3）。

表 8-3　B2C 的管理功能

前台管理功能			
产品定制与导购	商品查询	购物管理	订单跟踪
优惠打折	电子支付	售后服务	消费积分
后台管理功能			
流量管理	数据备份	支付管理	会员管理
广告管理	营销管理	配送管理	定制管理
折扣管理	产品管理	用户管理	订单管理
管理员账户管理	设备管理	策略管理	组织管理

3. B2C 运营策划

B2C 运营策划包括网站推广、用户转换、促进购买、提升用户四大部分。各部分的策划要点如图 8-15 所示。

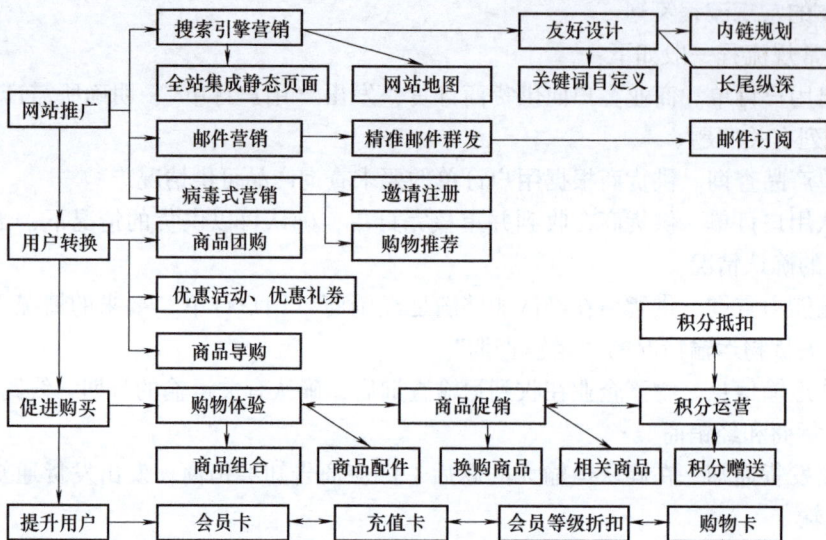

图 8-15　B2C 运营策划要点

四、电子商务与 APP 模式的应用

1. 什么是 APP

APP（应用程序 Application 的缩写）一般指手机软件。手机软件就是可以安装在手机上的软件，用以完善原始系统的不足与个性化。

随着科技的发展，手机的功能也越来越多，越来越强大。与电脑一样，下载手机软件时需要考虑手机所安装的系统与要下载软件的适应性。

国内庞大的汽车保有量、高速增长的汽车销量，以及巨大的汽车售后服务市场空间，使得大量汽车类 APP 紧跟移动互联网时代的来临催生而出（图 8-16）。

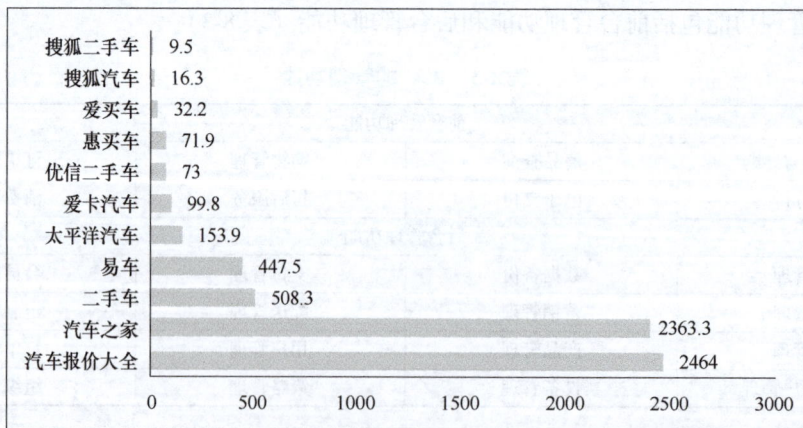

图 8-16　2015 年 8 月中国汽车资讯 APP 月活跃用户数分布（单位：万人）

2. APP 项目策划概要

1）项目概要。项目摘要是对 APP 项目策划的高度概括。

2）公司介绍。公司介绍的主要内容包括公司宗旨、企业简介、注册资本及变更情况、组织结构、经营范围 、公司管理等情况。

3）技术与产品。技术与产品主要写清楚：①技术描述及技术持有情况；②APP 项目产品状况，包括主要产品目录、产品特性、正在开发或待开发的新产品；③APP 项目产品生产的资源及原材料供应、现有生产条件和生产能力的扩展等；④APP 项目的客户定位、形象定位等；⑤APP 项目 SWOT 分析等。

4）APP 项目环境分析。包括政治、法律、政策环境、经济环境、社会环境和技术环境等。

5）APP 产品市场分析。APP 产品市场分析包括：市场规模、市场结构与划分；目标市场的设定；区域市场分布；影响 APP 产品市场需求的主要因素；APP 产品市场发展阶段；目前公司产品市场状况、产品排名及品牌状况；APP 产品市场趋势预测和市场机会等。

6）APP 市场竞争分析。市场竞争分析包括：APP 行业垄断状况；细市场的竞争者份额；主要竞争对手和潜在竞争对手情况；市场变化分析等。

7）APP 市场营销。APP 市场营销包括：营销计划概述；销售政策的制定；销售渠道、方式、行销环节和售后服务；主要业务关系状况；销售队伍情况及销售政策；促销和市场渗透策略；产品价格方案；销售资料统计和销售记录方式；市场开发规划，销售目标等。

8）APP 经济评价。APP 经济评价主要包括两个方面：①投资与经营预测，包括 APP 项目总投资估算及经营预测；②APP 项目资金安排，包括资金来源渠道、资金结构、资金使用计划及进度等。

五、电子商务与网络营销

1. 什么是网络营销

笼统地说，网络营销就是以互联网为主要手段开展的营销活动。

网络营销是企业整体营销战略的一个组成部分，是为实现企业总体经营目标所进行的、以互联网为基本手段，营造网上经营环境的各种活动。

网络营销概念的同义词包括网上营销、互联网营销、在线营销、网络行销、移动互联网营销等。

2. 网络营销的工作要点

1）网络建设。网络建设是网络营销的第一步。

2）营销推广。营销推广是指推送信息到互联网相关平台，精准锁定目标人群。

3）商机管理。商机管理是指对商机线索跟踪处理，对客户建档，以开展针对性的精准营销，提升商机转化率和成交率。

4）决策支持。运用网站数据、行业趋势等多维度数据分析，实时掌握网络营销效果，持续改进网络营销方式。

3. 网络营销逻辑地图

（1）经销商的需要

经销商的需要是运用网络营销实现营销目标。经销商尤其关注产品与服务推广的速度、广度；获得合适的客户线索；了解客户的个性化需求；提升成交率，扩大盈利，提升客户满意度。为了达成经销商的需要，经销商必须通过网络营销解决集客、成交、客户满意、企业盈利等问题。

（2）消费者的需要

消费者希望通过运用网络工具，更便捷、准确地获得产品服务信息；实现与经销商无时空限制的沟通；希望符合自己个性化需求的整体解决方案和无歧视性价格和服务承诺，从而实现自己的需求，增加整个购买过程的满意度。为了达成消费者需要，消费者必须熟悉网络工具、了解网络特点、用好网络工具。

（3）主要网络工具

网络营销的主要工具是互联网与移动互联网。互联网工具主要包括网站、搜索引擎、垂直网站、微博、论坛等；移动互联网的主要工具是手机，包括短信、微信等。运用网络工具，必须熟悉这些工具的特点与功能。

（4）营销的主要目标

对经销商来讲，网络营销的主要目标无非是更好地营造顾客满意，实现企业盈利。为了达成这些目标，经销商必须设计和利用好互联网工具。第一，更多地获得客户线索、更稳固地建立客户关系、更有效地进行客源开发；第二，通过数据分析，更完整地了解客户需求，更精准地提出解决方案；第三，更用心地优化客户体验，更有力地推动客户情感上的确认；第四，认真实现服务承诺，做好客户服务，保证客户利益；第五，做好客户关怀和客户关系维护，与客户建立长期关系，获得更多的客户价值；第六，开发汽车后市场价值链，降低各种成本，提高成交率、毛利率，实现更高的企业价值。

4. 网络营销策划要点

网络营销方案是为了达到一定营销目标而制定的，综合性的、具体的、可操作的策略和活动计划。一份完整的网络营销策划方案必须包括网站诊断分析、网站优化、综合网络推广、网络营销培训、收费形式、经典案例、联系我们等基本要素。

策划网络营销方案必须关注的要点是：方案要解决的问题、需要实现的目标，可以创造的价值；创意、编制，执行、实施的组织分工；如何推广，以及推广涉及的关联要素；提出策划方案和执行方法的理由；时间的安排和营销方案执行的具体过程；各系列活动的操作要点，操作过程中遇到新问题时的解决方案；方案预算等。

5. 汽车行业网络营销常用媒体

汽车行业网络营销常用媒体主要包括门户网站、搜索引擎、垂直媒体和其他网络媒体（图8-17）。

（1）门户网站

门户网站是指通向某类综合性互联网信息资源并提供有关信息服务的应用系统。门户网站通过快速拓展的各种业务类型、内容来吸引和留住互联网用户。典型的门户网站有新浪网、网易、搜狐、腾讯等。门户网站的业务包罗万象，是网络世界的"百货商场"或"网络超市"。

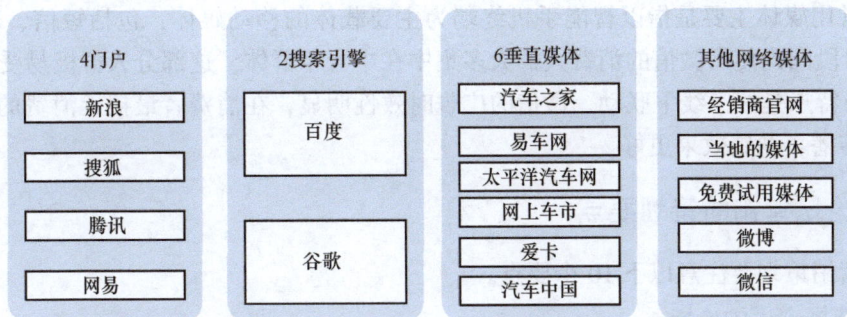

图 8-17　汽车行业网络营销常用媒体

门户网站的主要特性有：第一，领域多样化。涉及多行业多领域，吸引用户的手段就是更丰富、更多样。第二，服务多样化。门户网站涉及的领域多种多样，因此提供的服务内容相对全面，然而限于人力物力，无法提供某一领域的深度服务。第三，用户多样化。门户网站因为其包罗万象的服务项目及内容吸引了各类用户，拥有庞杂的用户群。

（2）搜索引擎

搜索引擎是指根据一定的策略，运用特定的计算机程序从互联网上搜集信息，在对信息进行组织和处理后，为用户提供检索服务，将用户检索的相关信息展示给用户的系统。搜索引擎包括全文索引、目录索引、元搜索引擎、垂直搜索引擎、集合式搜索引擎、门户搜索引擎与免费链接列表等。

搜索引擎的主要特性有两个：第一，当用户打开百度、谷歌等搜索引擎时，输入关键字如"××汽车"，就会自动打开网页，有诸多关于××汽车的网站跳出供潜在客户选择。第二，查询速度快，但按点击率收费，不易控制。

（3）垂直网站

垂直网站的注意力集中在某些特定的领域或某种特定的需求，提供有关这个领域或需求的全部深度信息和相关服务。作为互联网的亮点，垂直网站正引起越来越多人的关注。许多领域都有其典型的垂直网站，如汽车领域的汽车之家、易车网、太平洋汽车网、中国汽车网、网上车市、爱卡汽车网，以及视频领域的优酷网等。

垂直网站的主要特性有：第一，领域专业化。专项于自身领域，吸引用户的手段就是更专业、更权威。第二，服务集中化。垂直网站一般同时扮演三个角色，即信息服务提供商、系统平台提供商、应用服务提供商，为相应的行业用户提供纵深的一条龙服务。第三，用户精准化。垂直网站的用户基本上都是该行业的消费者，每一个用户都代表购买力。垂直网站能以其权威、专业的内容，吸引、刺激和带动用户消费。

例如，易车网的"车易通"旺店，就是一个功能齐全、操作简单的建站工具。旺店作为营销工具的客流入口，经销商可以通过使用旺店，零起点建立符合汽车厂商品牌形象要求的、具备完善电子商务功能的企业官网。旺店既可作为汽车经销商的电子商务平台，吸引潜在购车者，完成商机的收集和转化，又可以作为企业的官方网站，突出企业品牌形象。

（4）其他媒体

其他常用媒体主要是指以智能手机终端为主要载体的移动媒体，包括短信、微信、QQ群等。现阶段国内使用微信的消费人群大多集中在中青年群体，这部分人群极易受到外界信息的影响，特点是线上线下联动。微信的广告时效性明显，在消费者最接近消费的时间、地点来进行传播，营销效果更好。

六、论坛营销的策划要点

论坛营销策划要注意以下 10 个要点。

1. 要选择合适的论坛

论坛选择时一般应该注意：选择有自己潜在客户在的论坛；选择人气旺的论坛，但人气太旺也有弊病，因为帖子很快就会被其他帖子淹没，再说人太多，登录也困难；选择有签名功能的论坛；选择有链接功能的论坛；选择有修改功能的论坛。

2. 标题明确有吸引力

标题是吸引网民的灯塔，灯塔不闪亮，网友不会点击。好标题能激起网友的好奇心，提高帖子的浏览量。

3. 内容要有点争议性

内容没有争议性，网民只会一看而过，很少会留下一言片语！内容要有争议性不是指会产生不好的结果的争论，而是指能够引起讨论和辩论的争议。

4. 借助于他人的热帖

在论坛上寻找一些回帖率较高的帖子，再拿到其他论坛进行转帖，并在帖子末尾加上自己的签名进行宣传，或加上自己的广告进行宣传。

5. 长帖必须做到短发

如果内容较多，可以将一帖分成多帖，以跟帖的形式发！就像电视剧一样，分集播放！但要记住，一般长帖分帖不要超过 7 帖，并且可以每隔一段时间再发一帖，以让他人有等待的欲望。因为在论坛中看帖的人，一般都没有多大耐性。太长的帖，不管它有多大吸引力，都很少有人能够把它看完。

6. 广告的发布要巧妙

帖子发表时不要一开始就发广告，这样的帖子很容易被当作广告帖删除。利用长帖短发的方式，在后面的跟帖里发广告，一般不会被删除。当然，帖子要与主题相关才好，并且在论坛里要有链接功能。

7. 要用好头像和签名

头像要精心设计，要新颖，并有利于自己的品牌的宣传。签名可以加入自己网站的介绍和链接。

8. 发帖要质量第一

发帖不在乎数量多少，帖子的质量特别重要。因为发得多，不等于总体流量多，发帖的关键是为了让更多的人看，变相宣传自己的网站。发高质量的帖子，专注一点，可以花费较小的精力，获得较好的效果。另外，如果帖子质量好，还可能被别人转载，这样效果就比较好。

9. 必须利用回帖功能

如果要在回帖中发广告，一定要争取在前5位，这样被浏览的概率要高一些。

10. 适当时顶自己一把

在论坛上，为了帖子的气氛和人气，可以适当地找人帮你顶一下。当然你也可以自己注册几个账号演一把。多回一些其他和我们产品无关的帖子也可以，但不能泛滥，这样可以充分发挥签名的作用。

七、微博营销的策划要点

1. 微博内容策划

微博内容规划要多样化，各种内容有个适当的比例（表8-4）。

表8-4　微博内容规划参考

类　别	比　重	话 题 示 例	内　　容
产品	30%	品牌故事汇 品牌车型知识	品牌文化、历史、产品卖点，促销信息发布
区域	10%	新鲜事	区域活动、热点新闻、交通信息
行业	10%	聚焦业内	行业政策、行业新闻
服务	20%	人车生活	售后服务、在线答疑、保养常识
生活	30%	吃在广州 游在海南	趣味话题、电影、音乐、摄影、当地餐饮、购物、娱乐信息

2. 微博互动策划

微博互动要有针对性，经销商可以在微博上开展在线答疑，销售反馈，售后服务等业务。此外，与行业内意见领袖、潜在用户的互动也很重要，微博互动是提升企业微博的影响力的重要方法之一。也可发起话题，和大家互动。

微博互动的主要技巧是：评论他人微博，需要做到严肃慎重；创造有意义的体验和互动，人们才会和你进行交流；主动搜索行业相关话题，主动去与用户互动；发布内容时，给感兴趣或者与此信息相关的人；不要关注过于低俗的人，特别是有违反法规危险的人。

3. 微博活动策划

个人微博可以依靠个人魅力来增加粉丝，提升影响力。经销商微博属于企业微博，需要不断地线上线下活动来滚动增长粉丝。

4. 微博发布策划

微博发布要有规律地进行更新，每天5~10条，一小时内不要连发几条。上班、午休、下午四点后、晚上八点等是应该抓住的高峰发帖时间。微博内容要有趣味性，为粉丝提供有价值的信息。微博要严格执行内容规划中的内容性质划分，不宜过多地发布广告。微博要注重参与和行业相关的重大新闻。

八、微信营销的策划要点

微信营销狼烟大起，实际上已经成为超级APP。因为微信全面连接了社交、购物、阅读、运动、出游和娱乐等场景，并且在海量的用户背后，有着巨量的数据沉淀。现在微信的日登录用户已经超过 6 亿人，活跃用户逐年上升（图 8-18）。

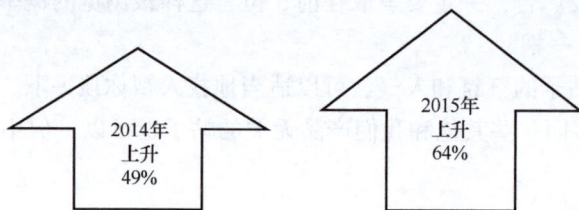

图 8-18　微信日活跃用户 DAU 年度成长性比较

1. 微信用户的年龄构成

微信用户大量是年轻人（图 8-19），开展微信营销必须高度重视年轻人的心理和行为特征。

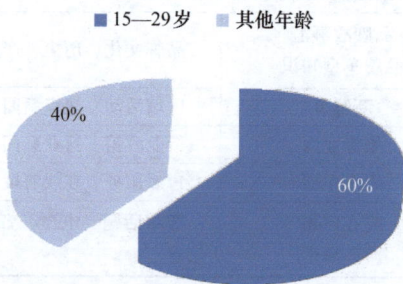

图 8-19　微信用户的年龄构成

2. 微信改变着人们的生活

微信改变的不只是人与人之间的沟通方式，更给人们的生活、商业模式带来了很大改观。比如微信的免费国际沟通，语音、视频、图片等让沟通更便捷，成本更低廉。同时，微信上的任何一个小小的功能都能给企业带来惊喜。微信后来居上，让所有网络营销工具黯然失色；微信的"朋友圈"让客户免费为你做转发介绍；微信的"扫一扫"功能直接扫来生意；微信的"摇一摇"，神秘之余摇来优惠；微信的"查找附近的人"，让客户随时随地找到你；微信的"漂流瓶"，让你捞出来一个个惊喜；微信的支付功能，让传统支付方式面面相觑。微信平台成杠杆，撬起了许多新商机。

3. 微信营销策划要点

微信营销必须做好活动，充分重视和发挥后台的作用，充分抓住微信公众号的各种功能来简单设置，同时要利用好创意、好点子来吸引用户的关注，多与用户沟通互动，使之成为有冲击力的营销利器。策划微信营销必须抓住以下要点。

1）在活动规划前，必须做好预热工作。

2）顺时而为，借助节日打造营销热潮。

3）不应只重视前台，还要发挥后台的作用。

4）利用落差，产生巨大传播力。

5）创造一个个兴奋点，激发用户踊跃参与。

6）实体店铺营销必须与网络营销同步配合。

7）坚持自己的特点，做出自己的特色。

8）设置微信功能，简单就是力量。

9）高度重视培养顾客的信任感，而非一味促销。

10）推得好，更要聊得好，重视与客户的主动互动。

在微博时代，汽车品牌通过官方微博发布信息的方式进行营销，多数汽车品牌只挑出那些加"V"的评论进行回复，这种互动是一种功利性的被动式互动。

微信的出现使这种情况大为改观，汽车品牌通过微信的公众账号功能，进一步拉近与客户的距离。通过微信进行一对一的互动，汽车品牌不仅可以更好地解答客户的疑虑，同时也能够及时向目标客户提供点对点的营销，比如及时传递产品或服务的优惠信息和服务营销活动详情等，增加目标客户的品牌黏性。

九、QQ 群营销的策划要点

1. 选好目标群

汽车经销商必须对汽车产品、对汽车行业的趋势有深入了解。QQ 群营销最好的办法首先是加入与汽车行业相关的 QQ 群，因为在这里，会有很多机会与行业前辈和同行进行交流，也便于寻求合作。作为网络营销人员，不但要加入更多的行业 QQ 群，而且要正确选择目标群，这是 QQ 群推广的要点。

2. QQ 群营销策划要点

加入 QQ 群切记不要一进入就大发广告，留下链接。因为这样做，很可能才发了一条广告，就被踢出去了。

QQ 群营销的好方式是：

① 转发式。例如，在 QQ 群广泛群发爱心广告，这是隐形的 QQ 群发营销，而且还会有人大量的帮你宣传。

② 揭秘式。例如，指出同行的不足，引起讨论并获得消费者认可，同时展现自己的优势。这也是一种事件营销，但这种方法不宜多用。

③ 变群友为好友。把群里的意向客户加为好友，便于进一步和意向客户交流和增加新客户来源。

十、电子商务与数据库营销

1. 什么是数据库营销

数据库营销也称资料库营销，强调要收集和积累有关顾客对经销商企业及产品的认知、印象识别、支持认同、过去的交易记录，以及个人的资料、财务状况、购买行为等大量信息，经过分析后预测出顾客光顾的可能性。

数据库营销将市场影响因素进行定性化和定量化的统计分析，可以帮助经销商精确地制定各种营销策略，如市场细分、品牌定位、确定目标市场、优化配销通路、制定价格策划、拟定促销组合、进行营销审核等。

传统营销难以真正做到对市场的众多因素进行定性化及定量化的系统分析，网络营销不但可以推动现实销售，而且可以获得关于客户与市场的"大数据"，从而使精准分析、精准营销成为可能。

2. 狭义和广义的数据库营销

狭义的数据库营销在中国市场普遍存在，销售服务商通过各种途径获取个人或机构的信息，并通过直复营销（如直邮、短信、电话等方式）为客户提供有价值的销售机会。

广义数据库营销的业务范畴更广，涉及数据收集、数据整理、数据清洗、数据整合、数据保鲜、数据分析和数据挖掘、商业智能、营销自动化、客户俱乐部、客户忠诚度计划和直复营销等诸多环节，其核心要点是客户全生命周期的数据化管理和营销，同时也是市场研究、技术平台、数据管理、数据分析、市场营销等的有机整合。

3. 数据库营销的关键要点

1）能提出行业化的解决方案。数据库营销首先应当符合行业特点，提出行业化的解决方案。不同行业的市场、客户和业务形态千差万别，只有行业解决方案才有可能使数据库营销有所作为。

2）有资源和方案整合能力做支撑。数据库营销应有资源和方案整合能力做支撑。越来越多的客户愿意采用整合营销的方式来拓展自己的业务，同时也越来越愿意指定具有综合性方案能力的服务商为自己提供营销战略的规划、分解和实施。

3）专业化地推广自身业务。数据库营销必须有专业化的营销团队推广自身的业务。为客户提供服务，应当先把自己"营销"出去，数据化营销团队需要以行业化的视野、知识和经验，来为客户服务，并为客户提供切实可行的解决方案。

4）具有过得硬的执行力。数据库营销必须强调过硬的执行能力。管理执行团队，进行一盘棋式的营销执行和营销效果科学的考评，把营销终端的信息及时地反馈到核心团队并迅速做出改进策略，都显得十分重要。

5）具备市场化的服务能力。数据库营销必须具有市场化的服务能力。市场化必然导致客户对营销结果提出更加苛刻的要求，而作为服务团队必须对客户的需求做出更加切实的承诺。而服务的转型必然要建立在执行的基础上，照只有这样，才能以专业的服务水平为客户提供更多的具有附加值的思路、想法、计划、规划乃至咨询方案。

4. 数据库营销的关键策划步骤

数据库营销必须把握 7 个关键步骤（图 8-20）。

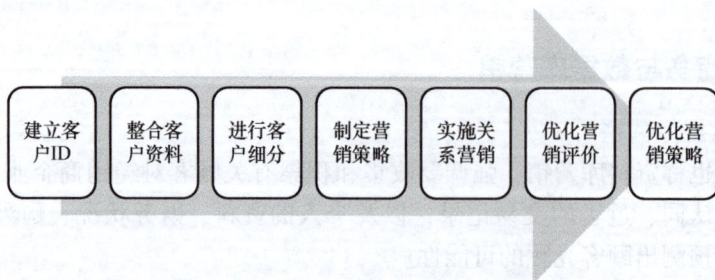

建立客户ID｜整合客户资料｜进行客户细分｜制定营销策略｜实施关系营销｜优化营销评价｜优化营销策略

图 8-20　数据库营销 7 个关键步骤

（1）建立客户 ID

客户数据的整合与管理是一件很复杂的事。客户数据的来源有公司内部和外部两大类，很难形成一个统一的客户视角。如果能像个人身份证号一样，为企业寻找到唯一的识别 ID，就会简单很多。填好"三表一卡"，及时修订客户记录，并与企业的客户关系管理系统连接，是建立客户 ID 的基础。

（2）整合客户信息

需要整合的客户信息，一般有七个部分，包括潜在客户的联系信息、关键联系人的信息、客户关系的信息、竞争对手的信息、促销活动的信息、购买计划的信息、客户服务的信息。

（3）进行客户细分

不同客户的产品需求和购买潜力有很大区别，所以应该对客户进行细分。客户细分的方法很多，可以很简单也可以很复杂。能够把握好客户的行业差异和企业规模，就能准确地对客户进行购买潜力的评价和分群。客户购买的行业差异往往很难通过企业自有的交易数据库获得准确分析，因为竞争对手的信息不能被全面及时地采集到。比较好的解决方法是借助市场研究的样本研究来得到相关结论。

（4）制定营销策略

无论多大的企业，客户营销预算都是有限的，要把钱用在刀刃上，就要在客户细分的基础上制定有差异的营销策略。营销沟通比较普遍地采用品牌广告、会务营销、电子邮件营销、电话营销和直邮营销等方法。一般来讲，高价值客户的营销沟通频率更高，所占用的营销预算也更多。

（5）实施关系营销

在与客户一对一沟通的关系营销实施过程中，常常会用到多种沟通媒介。随着社会化媒体的成熟，很多企业都开设了微博，同时也仍旧保持着使用电子邮件、手机营销和直邮营销等传统的营销方法。营销管理人员需要注意的是多手段沟通客户的同时，避免信息的简单重复，应使几个沟通媒介互相带动，为客户创造多渠道了解产品或企业的平台。

（6）优化效果评价

数据库营销的效果可以设立一些可量化的考评指标，如客户接触数量、有效影响数量、客户回应率、意向购买客户率、意向购买金额等。

（7）优化营销策略

无论采用哪些手段与客户沟通，都应该及时记录客户资料或鼓励客户登录为活动设立的相关站点，阅览或下载更多信息，并同时完成客户信息的注册。只有这样，才能确切地知道哪些客户对营销活动真正感兴趣，并从中筛选有购买潜力或意向的客户，采取应对策略，进行重点销售，以促进交易达成。

十一、电子商务与精准营销

1. 什么是精准营销

精准营销是在精准定位的基础上，依托现代信息技术手段建立的个性化顾客沟通服务体系。精准营销强调：实现企业可度量的低成本扩张；更精准、可衡量和高投资回报的营销沟通；更注重结果和行动的营销传播计划；注重对直接销售沟通的投资。

精准营销强调运用互联网、新媒体和数字化技术，可以使营销目标更精准，影响方式更互动，服务成本更节约。

2. 精准营销的理论依据

（1）4CS 理论

4CS 理论是一种强调顾客、成本、便利和沟通各要素组合的理论。4CS 理论强调要关注顾客的需要及欲求。包括：关注顾客的成本，其中包括软、硬成分的整体顾客成本以及产品的认知价值；关注顾客的方便性，强调出售产品的配销通路以及产品带给顾客的方便程度，应以顾客立场认为的方便性为主，而不是以传统性生产者的立场安排；关注顾客和企业需要双向沟通，而不是传统的大众传播式的单向沟通。

（2）让渡价值理论

顾客让渡价值是指企业转移的、顾客感受得到的实际价值。它一般表现为顾客购买总价值与顾客购买总成本之间的差额。客户总成本不变，得到的总价值越高，客户越满意。（图 8-21）

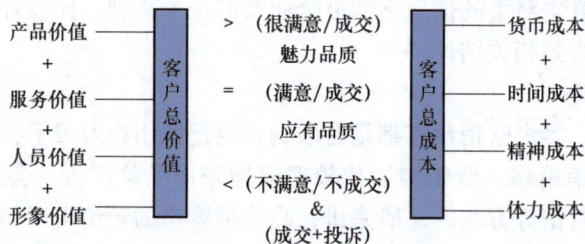

产品价值 + 服务价值 + 人员价值 + 形象价值 → 客户总价值

> （很满意/成交）魅力品质
= （满意/成交）应有品质
< （不满意/不成交）&（成交+投诉）

货币成本 + 时间成本 + 精神成本 + 体力成本 → 客户总成本

图 8-21　让渡价值理论

（3）沟通理论

领导行为理论代表人物明茨伯格指出"若管理工作有 10 分的作用，则沟通和人际关系占 3 成。"20 世纪 80 年代以来，管理思想随世界经济政治的变化发生了重大的转变，管理沟通理论的研究也遇到了新的挑战，主要表现为信息网络技术在沟通中的应用，学习型组织及知识型企业的建立等。两点之间最短的距离是直线，精准营销的直接沟通，使沟通的距离达到了最短，强化了沟通的效果。精准营销认为：沟通是直线的，双方向的互动交流过程包括三个重要的因素：一是有时间性，也就是在一段时间内进行；二是要有意义，是互动交流的；三是沟通要顺畅，沟通的主要元素包括情境、参与者、讯息、渠道、干扰、回馈等。

（4）反应理论

管理大师彼得·德鲁克说："企业的最终目的，在于创造客户并留住他们"。精准营销关心客户细分和客户价值。精准营销的 CRM 体系强调企业与客户之间"关系"的管理，而不仅仅是客户基础信息的管理。关心客户"关系"存在的生命周期，包括了客户理解、客户分类、客户定制、客户交流、客户获取、客户保留等贯穿于客户管理的整个生命周期。

3. 精准营销的科技背景

在互联网里，我们面对的、可获取的信息（如商品、资讯等）成指数式增长，如何在这样巨大的信息数据中快速挖掘出有用的信息已成为急需解决的问题，因此，网络精准营销的概念应运而生。运用个性化技术的手段（如网站站内推荐系统），帮助用户从网络的过量信息里面筛选出所需要的信息，才可能达到精准营销的目的。现在的电子商务网站、媒体资讯类网站、社区论坛等都在逐渐引进站内个性化推荐手段，进行精准营销。

4. 精准营销的核心思想

精准营销有别于传统营销，其核心思想可参见表8-5的内容。

表8-5　精准营销的核心思想与传统营销的缺陷

精准营销的核心思想	传统营销的缺陷
使用可量化的、精确的市场定位技术	使用传统的市场定位技术，手段局限于定性
借助先进的数据库技术、网络通信技术及现代高度分散物流等手段保障和顾客的长期个性化沟通，使营销达到可度量、可调控等精准要求，使企业低成本快速增长成为可能	使用传统广告沟通，成本高
保持了企业和客户的密切互动沟通，从而不断满足客户个性需求，建立稳定的企业忠实顾客群，实现客户链式反应增值，从而达到企业的长期稳定高速发展的需求	单向沟通难以满足顾客的个性化要求，难以形成顾客忠诚
借助现代高效分散物流，实现了个性关怀，极大地降低营销成本	繁杂的中间渠道环节，依赖模块式营销组织机构

5. 精准营销策划要点

（1）明确精准营销的目标

企业的经营必须赚钱，必须承担社会责任。企业使用现代信息技术手段建立个性化的顾客沟通服务体系，目标也是赚钱，或者说找到客户把产品或服务卖出去。问题的核心是如何找到客户，把产品或服务卖出去。很多企业在实际操作时，一窝蜂做搜索引擎优化。接着发现网站策划很重要，就丢掉了搜索引擎优化。做好了网站策划发现没有订单，又投入到精准营销，丢掉了策划，最后发现又要加强搜索引擎优化。出现这种情况的原因是：没有明确营销的目标是为了找到客户，把产品卖出去，营利性地营造顾客满意！

（2）明确自己的客户在哪里

没有哪家企业可能做全所有的产品和服务市场，甚至做全一类产品和服务市场，因此，明确目标客户很重要。但谁是目标客户呢？精准营销就是要首先进行市场细分，找到目标客户，分析其分布特征，信息来源和购买倾向，然后针对性考虑推广营销、推广方式。

（3）明确吸引客户的方法

精准营销可用的网络推广方式太多，每一种都可以达到一定的效果，但如果企业全面投入其中，成本太高，也不一定能够取得良好效果。因此要牢记：推广方式选择的最终目的是要吸引目标客户。所以推广方式一定要精选一两种，集中精力、人力、财力，进行重点突破。只有确认现有的推广方式，已经达到预期效果，并能保持其效果后，才能考虑适当加入其他新的网络推广方式。

（4）明确怎样使顾客选择你

为使精准营销达到更好的效果，关键是要创造让顾客选择你的理由。在精准营销策划的过程中必须注意：用心打造企业形象；向目标客户传递产品、服务信息；从点击量上获得证明；用事实使客户感觉"舍我其谁"；及时迅速地收集客户想法、变化、意见和建议；根据相关信息，提供更多更好的产品和服务；形成公司的品牌效应；确保购买率、回头率、推荐率；做到真正的精益求精、精准营销。

案例赏析

案例：《日产官降、御价亲征，年中钜惠、让利空前》软文

2015 年，东风日产公司曾举办《日产官降 御价亲征》——大型年中团购会活动时，提出了响亮的口号——"日产官降，御价亲征，年中钜惠，让利空前"！

东风日产厂方御价亲征，首战上海！

零利润回馈新老客户，

现车热卖·优先提车。

单车钜惠价，团购当天揭晓。

东风日产厂方为本次活动特别提供：

超棒签到礼

报名参加本次活动，即可在活动当天柜台签到领取签到礼×××一份。

团购开始前需通过支付宝或微信支付 199 元意向金获得团购会入场券，团购入场券可在上海任意一家东风日产专营店领取。购车成功可抵 500 元购车款，未订车客户全额退还意向金。

超值签单礼

当天签单客户可获得冰丝席一张，并有五重豪礼相送：

购车舒心礼：天籁/奇骏/轩逸/骐达现金补贴 3000 元，其他车型现金补贴 2000 元。

养车省心礼：厂家赠送三年免费机油。

开车安心礼：行业首推全系享发动机变速箱终身保修。

置贷开心礼：置换最高 10000 元补贴，全车系 0 利息贷款。

豪礼用心礼：年中团购会官方大礼包。

超级抽奖礼

签单客户还可通过抽奖赢取×××大礼一份！

其他更多惊喜等着你！

还犹豫什么，快来参加吧！

参与方式：活动前致电东风日产上海任意一家专营店或通过网络、微信报名即可参加。

报名日期：即日起至 6 月 13 日

活动日期：2015 年 6 月 14 日

报名电话：上海地区东风日产各专营店

详情请咨询东风日产各专营店。

无法到达现场的朋友可以关注东风日产上海官方微信（微信号：nissan_ shanghai），通过微信转发活动信息并集赞 50，即可获得东风日产为您提供的精美礼品一份哦。

（材料摘自：东风日产经销商官网）

本章小结

电子商务是指在互联网（Internet）、企业内部网（Intranet）和增值网（VAN, Value Added Network）上以电子交易方式进行交易活动和相关服务活动，是传统商业活动各环节的电子化、网络化。

为了有效开展电子商务，必须了解我们身边的汽车电子商务，以及车企开展电子商务的必要性；了解电子商务与相关技术，与互联网、大数据、云计算的关系，确立互联网思维；熟悉电子商务相关模式的策划与应用。

思 考 题

1. 简述车企开展电子商务的必要性。
2. 简述互联网思维的要点。
3. 互联网时代有哪四大特点？
4. 什么是大数据？
5. 什么是云计算？
6. 简述电子商务的四步营销思路。
7. 简述 O2O 营销五步法。
8. 简述 B2B 的常规流程策划。
9. 简述微信营销的策划要点。
10. 简述精准营销的理论依据。

附　录

附录 A
一般汽车营销活动策划参考模板

日期：　　项目负责人：　　　　策划书填写人：

1. 活动背景				

2. 活动名称				
3. 活动目的				
4. 活动日期				
5. 活动地点				
6. 活动目标	市场目标		销售目标	
7. 各项 KPI 指标				
8. 活动车型(包括产品、目标客户、竞品分析)				
9. 资源整合				
10. 活动创意				
11. 活动描述				
12. 流程安排				
13. 促销内容				
14. 工作编组	组　别	人　员		任　务
	市场部			
	销售部			
	售后服务部			
	其他配套部门			

（续）

15. 工作时间计划		工作内容	负责人		完成时间	备注
		1				
		2				
		3				
		4				
		5				
		6				

16. 客户邀约计划	来源	报纸	电话邀请	老客户推介绍	现场招揽	其他	合计
	预估人数						

17. 活动设施安排	车辆	车型		数量		来源	用途	费用
	其他物料	项目			数量		费用	
							厂家支持	经销商
	发放礼品							
	费用小计							

18. 广告宣传	传播媒体	发布时间及频率	版面	预估客户数	费用	
					厂家支持	经销商
	费用小计					

19. 预算编列	项目		费用预算	
			厂家支持	经销商
	费用预算小计			

20. 特殊状况处理预案	

21. 内部奖励办法	

22. 活动评估方法	

23. 活动小结（此栏在活动结束后撰写）

附录 B
汽车营销策划实训参考

实训1　汽车产业政策辩论实训

一、对应知识

了解汽车产业发展政策制定的背景及其深远意义，了解汽车产业发展政策制定的基本原则，了解汽车产业发展政策的政策目标，熟悉汽车产业发展政策的主要内容。

二、实训要求

通读汽车产业发展政策，预测本年度中国汽车的市场环境和产品发展趋势。

三、实训目的

能通过政策学习，了解汽车产业发展的总体趋势；能通过政策学习，明确企业、产品、服务和市场定位；能通过政策学习，发现和利用市场机会；能通过政策学习，规避市场风险。

四、执行提示

（1）事先印制好《政策辩论会》的实训报告。

（2）布置实训要求——通读汽车产业发展政策，预测当年中国汽车的市场环境和产品发展趋势。

（3）回顾汽车产业的发展历程。

（4）教师在辩论会过程中进行指导。

（5）组织若干学生交流实训报告。

（6）教师小结，并给学生以鼓励性评价。

实训2　地方经济数据采集和分析实训

一、对应知识

市场营销理论。

二、实训要求

利用计算机网络采集自己家乡近三年国民收入水平的变化，分析当地汽车消费水平的变化。

三、实训目的

通过家乡经济发展情况的信息采集，使学生进一步了解营销环境与汽车销售之间的关系；提高学生运用计算机技术采集和分析汽车营销市场环境信息的能力。

四、执行提示

（1）教师对数据采集进行技术指导。

（2）布置实训要求。采集近三年学生家乡人均 GNP 的相关数据，以及当地汽车消费情况变化的相关信息。

（3）事先落实上机教室，检查网线连接情况。

（4）学生上机采集信息，填写《地方经济数据采集和分析实训报告》，并根据学科知识，阐述自己对汽车营销市场环境与汽车产品选择关系的认识；分析当地汽车消费水平的变化。

（5）学生编写《地方经济数据采集和分析实训报告》。

（6）组织若干学生现场交流。

（7）教师小结并给学生以鼓励性评价。

实训3　汽车品牌策划案模拟写作实训

一、对应知识

策划的概念、基于连动优化的营销策划、营销策划案的基本构成。

二、实训要求

模仿案例，按照自己的思考给予新的创意，重新写一篇与案例相同题目的策划案。

三、实训目的

通过品牌策划案的模拟撰写，使学生能够模仿品牌策划案例，撰写品牌策划案；同时提高学生运用计算机搜索汽车品牌历史资料，并分析其品牌文化的能力。

四、执行提示

（1）告知学生《品牌策划案写作》实训要求。

（2）安排学生寻找或教师提供一篇公开发表的品牌策划案。

（3）学生阅读分析品牌策划案。

（4）模仿教材上的案例赏析，按照自己的思考，给予新的创意，重新写一篇相同题目的策划案。

（5）分析几种具有代表性的汽车品牌策划思路。

（6）事先印制好《品牌策划案实训报告》。

（7）将学生撰写的品牌策划案在学生生活园地公布，通过学生投票，选出优胜者。

（8）组织优秀策划案交流。

（9）教师小结，并给学生以鼓励性评价。

实训4　汽车产品说明书陈述实训

一、对应知识

完整的产品概念。

二、实训要求

以完整的产品概念对产品说明书做出详细说明，归纳出产品的特点与卖点，并指出该说明书的问题及改进意见。

三、实训目的

从理论与实际的结合上掌握和使用完整的产品概念。

四、执行提示

（1）布置任务。要求每位同学利用休息时间到4S店去获取一张汽车产品说明书。

（2）归纳说明。每位同学总结归纳自己收集到的产品说明书的主要内容、产品特点、主要卖点，并形成实训报告。

（3）课堂陈述。随机抽查若干同学在课堂上对自己的实训报告进行陈述，让学生进行评论，最后由老师总结。

实训 5　计算机汽车产品信息采集与分析实训

一、对应知识

汽车产品策划。

二、实训要求

在计算机上采集 3 家汽车制造商生产的全部产品，分析其所使用的产品组合策略。

三、实训目的

通过实训加深对汽车产品社会经济价值的认识，通过产品分析评价相关企业所使用的基本策略；通过汽车制造商产品开发的实例说明其应用汽车产品组合决策原则的情况。

四、执行提示

（1）事先落实上机教室，检查网线连接情况。

（2）事先印制好《汽车制造商产品组合策略分析表》；布置实训要求——采集 3 家汽车制造商生产的全部产品，分析其所使用的产品组合策略。

（3）分析其所使用的产品组合策略，下发《汽车制造商产品组合策略分析表》。

（4）教师对数据采集进行技术指导。

（5）学生上机，填写《汽车制造商产品组合策略分析表》。

（6）组织若干学生交流实训报告。

（7）教师小结，并给学生以鼓励性评价。

实训 6　汽车价格策略分析实训

一、对应知识

汽车价格策划。

二、实训要求

阅读和分析各章所列案例赏析，指出案例所涉品牌汽车分别使用了什么定价策略。

三、实训目的

通过案例阅读与分析，理解价格策划的原则，掌握在竞争条件下正确使用价格竞争策略。

四、执行提示

（1）布置实训要求，组织学生认真阅读下列案例赏析。

（2）列出所有品牌，指出各品牌运用的定价策略。

（3）指出这些定价策略成功与失败的原因。

（4）选择其中失败的定价策略，从新设计定价策略，并说明选用新的定价策略的理由。

（5）撰写实训报告。

（6）教师小结。

实训 7　汽车销售促进策划案撰写实训

一、对应知识

了解有关于促销的一般理论，熟悉汽车营销促销方式的选择。

二、实训要求

给定企业内外一定的资源条件和费用预算，要求对某个汽车品牌的销售促进活动进行策划。

三、实训目的

通过这次汽车销售促进策划案的撰写，使学生能进行资源的优化连动，能按照策划案基本写作格式，进行具体促销活动的策划。

四、执行提示

（1）事先印制好《汽车销售促进策划案撰写》的实训报告。

（2）了解几个不同品牌4S店在汽车销售过程中所采取的销售促进手段。

（3）布置实训要求：给定企业内外一定的资源条件和费用预算，要求对某个汽车品牌的销售促进活动进行策划。

（4）思考该店的汽车销售促销手段给该店带来的利益所在。

（5）教师对该策划案进行指导。

（6）组织若干学生交流策划心得。

（7）教师小结，并给学生以鼓励性评价。

实训 8　汽车新闻软文写作实训

一、对应知识

掌握有关市场营销与公共关系的联系；掌握营销公关的特点；熟悉汽车营销公共关系策划的含义、价值与原则以及策划的程序与内容。

二、实训要求

为华晨公司捐助四川地震灾区救护车这一行动，写一篇汽车营销公共关系的新闻软文。

三、实训目的

通过这次新闻软文写作，能进行顾客关系策划；能按照汽车营销公共关系策划的程序与内容进行汽车营销公共关系策划；能撰写汽车营销公共关系的软文。

四、执行提示

（1）事先印制好《新闻软文写作》的实训报告。

（2）了解汽车营销公共关系策划的程序。

（3）布置实训要求：为华晨公司捐助四川地震灾区救护车这一行动，写一篇汽车营销公共关系的新闻软文。

（4）教师对该策划案进行指导。

（5）组织若干学生交流策划心得。

（6）教师小结，并给学生以鼓励性评价。

附录 C
汽车营销策划智慧平台介绍

《汽车营销策划智慧平台 V1.0》由北京博乐汇智汽车技术研究院设计、北京锐点网络科技有限公司开发。

　　《汽车营销策划智慧平台V1.0》融合博乐汇智汽车技术研究院资深教授多年的教学经验与研究成果，结构完整、逻辑严谨、流程清晰，将复杂的策划过程，变成一个易于理解、容易操作和学习的过程。

　　本平台的主要内容包括：汽车营销策划的活动背景、背景调查、活动策划、执行方案、活动实施、活动评价等部分。

　　由于平台嵌入了对决功能，操作过程充满竞技刺激、乐趣横生。平台教学采用动手在先、自学在先的教学手段，每一界面均设有求助界面，使学生学得快乐，老师教得轻松，加强了学生对汽车营销策划活动的理解和实际操作能力，缩短了汽车营销策划理论教学与汽车市场营销实战的距离，成为汽车营销专业人才培养教学当中不可缺少的重要工具！

　　本平台的教学过是：老师通过汽车营销策划智慧平台教师端可以批量增加学生账号，并对学生进行分组，通过真实的沙盘演练，使学生在饶有兴趣的体验情境中，完整、有效地掌握汽车营销策划的基本理论、逻辑框架和操作能力。

　　《汽车营销策划智慧平台V1.0》是迄今为止国内第一套专门用于汽车营销策划教学的实训软件，与机械工业出版社出版的《汽车营销策划　第2版》《汽车营销实用教程》配套。可作为各职业院校学生汽车营销专业师生的教学工具，也可用于汽车市场实际工作人员的岗位培训，以及汽车营销人员专业能力的水平考核。

附录 D
教育部汽车营销大赛获奖作品

"北汽绅宝X65进高校"展演活动项目策划方案
"为中国欢呼、为技能喝彩、为国产加油"
——北汽绅宝X65进高校展演活动暨技能展示活动
广西交通技师学院　林柳波　赵霞飞

【摘要】

　　本次活动主题定位为"为中国欢呼、为技能喝彩、为国产加油"，其原因有三：一是今年1~8月份，中国自主品牌的SUV市场份额一跃达到52.7%，成功占领半壁江山，值得欢呼；二是今年9月，中国代表团参加第43届世界技能大赛，汽车钣喷项目收获金牌，高超技能赢得喝彩；三是针对高校师生群体特点，以国产品牌的高质量和高性价比，易激发其强烈的爱国热情，自愿为国产车加油。为此，本策划结合以上主题定位，开展以汽车彩绘、彩泥塑形、车门凹痕手工修复、现场销售为主，以玩偶与展车校园巡游、微信抢红包为辅，以北汽绅宝X65东盟国家寒假自驾游为活动延伸。这些活动针对消费群体的关注点和兴趣点而设计，不仅关注到受众所关心的价格、性能、售后服务，还关注到受众追求时尚、张扬个性的需求，特别是结合地域优势，推出近期受到热捧的东盟国家寒假自驾游活动，对高校师生的吸引力及自主品牌走出国门的宣传造势起到一箭双雕的效果。

　　关键词：北汽绅宝X65，高校，展演活动，技能展示。

1　汽车市场状况分析

1.1　汽车市场销售背景分析

根据中国报告大厅 2015 年 9 月 11 日的报告显示，2015 年以来，汽车行业市场非常不乐观，各大车企销量都出现负增长，许多汽车经销商也因亏损巨大而接连倒闭。在 9 月 10 日下午中国汽车协会 8 月份汽车产销量发布会现场，国内汽车销量自 4 月份单月出现同比负增长后，1~8 月累计销量是否也将突破"0 增长"的底线成为众所关心的问题。在得到"实际上同比下降了 136 辆"的答案后，今年全年国内汽车销量负增长的可能已经摆在眼前。在今年竞争日益加剧的国内汽车市场上，分化也愈发严重。在备受关注的乘用车市场上，乘用车总体销量同比下滑 3.39%，四大车型中的轿车销量更是同比下滑 16.39%，仅有 76.16 万辆，MPV 销售 13.27 万辆，同比下降 9.05%，交叉型乘用车销售 7.10 万辆，同比下降 29.07%。但 SUV 却一如既往地保持了高速增长的态势，其 8 月份共销售 45.32 万辆，同比增长 45.58%。因此，"得 SUV 者得天下"更加成为各大车企的共识。在 SUV 的帮助下，国内自主品牌车企不断反攻合资品牌。1~8 月份，自主品牌乘用车销量达到 523.72 万辆，同比增长 12.2%，市场份额达到 41%，提高 3.5 个百分点。特别是 SUV 方面，1~8 月份，中国自主品牌的 SUV 销量达到 184.92 万辆，同比增长 83.4%，市场份额一跃达到 52.7%，提高 11.2 个百分点。因此，中国自主品牌 SUV 逐渐得到广大消费者认可，市场前景广阔。

1.2　北汽绅宝 X65 进高校背景分析

1.2.1　北汽绅宝 X65 的车型优势

在 SUV 市场持续火爆的背景下，随着市场的细分、消费者需求的多样化，"低价位、高动力（涡轮增压）"的紧凑型 SUV 车型成为介于小型 SUV 和传统紧凑型 SUV（2.0L 以上排量）之间的消费者"新宠"。原因很简单：对相当一部分"小家族"而言，小型 SUV 过于窄仄的车内空间无法满足日常需求，而传统的紧凑型 SUV 价格偏高，动力欠佳，8 万元的 2.0T SUV 可以满足他们对价格、动力的双重需求。"省钱、省时、省油、不省动力"是其最主要的追求，这给了绅宝 X65 一个机会。北汽绅宝 X65 作为自主品牌的高性能休旅 SUV，它所具备的价格优势（逼近 8 万元）、动力优势（0~100 千米/小时急加速时间完胜所有竞争车型）、油耗优势（MT/AT 百千米油耗 8.1L/8.4L）方面足以在众多竞争车型中脱颖而出。绅宝 X65 以动感大气的外观、采用萨博 2.0T 高性能发动机、麦弗逊多连杆悬架使 SUV 结构升级、四门双级的密封系统、360°全景倒车影像、1.25m² 大尺寸全景天窗、五星安全以及高配低价等多处亮点呈现在公众的面前。从市场层面上讲，绅宝 X65 把握汽车市场"金九银十"的产销旺季，再加上绅宝 X65 将现金优惠的额度提高至 1.5 万元，展现了势在必得的破局决心，让绅宝 X65 以更强的市场竞争力杀入"红海"，一举打破原有的 SUV 市场竞争格局，创造 SUV 的新"蓝海"。

1.2.2　高校教师对汽车的需求分析（调查问卷见附录 1）

本次共发放问卷 200 份，收回 200 份，有效问卷 198 份。在有效样本中，男性老师为 108 人，占总人数的 53.5%；女性教师为 90 人，占总人数的 45.5%。其中 116 人已婚，占总人数的 58.6%，未婚 80 人，占总人数的 40.4%。29.49% 的教师年收入在 7 万~10 万元，25.64% 的教师年收入在 5 万~7 万元，从该市总的消费水平来看已经是中等偏上水平，这足以说明高校教师的消费水平还是不错的，汽车经销商应该重视这一消费群体。66.67%

的教师有意在 1~2 年内换/购汽车，价位集中在 8 万~15 万元之间。34.62% 的教师会选购国产民族品牌，34.62% 的教师会选购国产欧美合资品牌，这说明了高校教师会基于种种原因想要换购汽车，而且他们会更注重汽车的安全性、经济性，对于外观时尚、技术先进、使用安全、动力性强且高配低价的车型尤为青睐。

北汽绅宝 X65 价格优惠方案

车　　型	厂家指导价	优 惠 额 度	优惠后价格
绅宝 X65 2.0T 5MT 舒适版	9.88 万元	1.5 万元	8.38 万元
绅宝 X65 2.0T 5MT 精英版	11.68 万元	1.5 万元	10.18 万元
绅宝 X65 2.0T 5MT 豪华版	13.58 万元	1.5 万元	12.08 万元
绅宝 X65 2.0T 6AT 舒适版	11.98 万元	1.5 万元	10.48 万元
绅宝 X65 2.0T 6AT 精英版	12.98 万元	1.5 万元	11.48 万元
绅宝 X65 2.0T 6AT 豪华版	14.98 万元	1.5 万元	13.48 万元

1.2.3　高校学生对汽车的需求分析（调查问卷见附录 2）

本次共发放问卷 800 份，收回 800 份，有效问卷 795 份。在有效样本中，男生为 418 人，占总人数的 52.6%，女生为 377 人，占总人数的 47.4%。有 82% 的大学生已经考取了驾驶证，其余的大学生都有学车计划。有 3% 学生由于在校期间创业，已经购买了汽车，有 7% 的学生家长已经为其购买汽车，88% 的学生会在毕业 1~2 年内买车，并且价位期望是 5 万~20 万元居多。当今大学生对于带"T"的涡轮增压汽车明显"感冒"。此外，45% 的被调查大学生首选目标是 10 万~20 万元车型，这与六年前腾讯网做的类似调查结果大相径庭。六年前大学毕业生第一辆车的目标价格仅是 5 万元档。这也说明时下的大学生在购买力上比几年之前已经强了很多。

2　主题活动策划

2.1　活动主题

"为中国欢呼、为技能喝彩、为国产加油"北汽绅宝 X65 进高校展演活动暨技能展示活动"

2.2　活动目的

（1）在高校中进行品牌宣传，意在促进销售、培养潜在客户、扩大品牌的社会效应，增强品牌竞争力。

（2）开展微信抢红包、汽车彩绘比赛、彩泥塑形比赛、车门凹痕手工修复、东盟国家自驾游活动，将时尚性、趣味性、展示性相结合，增加活动参与度，提升受众对北汽绅宝 X65 的认可度。

（3）将第 43 届世界技能大赛影像宣传（世界技能大赛介绍、本次比赛中国队获 5 金 6 银 3 铜的佳绩）与车门凹痕手工修复结合，增强广大消费者对国产品牌的信任，增强广大消费者对北汽 4S 店售后服务的信赖。

（4）通过宣传、活动、现车展示，促成产品成交（预计订单 20 台）。

（5）通过后期的东盟国家自驾游，增强本次宣传活动的后续影响力，继续提升受众对北汽绅宝 X65 的认可度，并为自主品牌走出国门的宣传造势。

2.3　活动项目

2.3.1　主项活动

1. 汽车彩绘比赛

活动口号："我的汽车我做主"

在高校中提前宣传，从每所高校选出 9 人，分 3 组，3 人/组，经销商负责提前对选出选手进行培训，活动当天进行现场汽车彩绘，然后通过现场观众投票，每所学校选出第一名，颁发奖品，并有机会参加北汽绅宝 X65 东盟国家自驾游活动。时间为 1 小时。

2. 彩泥塑形比赛

活动口号："我的梦想我实现"

观众现场参与，用彩泥打造一辆自己梦想的汽车，成品展示在活动现场展柜，标注姓名、系别及专业，10 分钟/人，10 人/组，共 10 组，比赛通过现场观众投票，每所学校选出第一名，颁发礼品，并有机会参加北汽绅宝 X65 东盟国家自驾游活动。时间为 1 小时 40 分钟。

3. 车门凹痕手工修复

活动口号："技能强国，舍我其谁"

钣金技师对车门凹陷进行手工现场修复，钣金技师来自北汽 4S 店工作人员。电视播放第 43 届世界技能大赛宣传影像资料。时间为 30 分钟。

4. 北汽绅宝 X65 现场销售活动

活动口号："中国制造，赶超世界、超值钜惠、赶快行动"

经销商销售人员在活动现场进行对北汽绅宝 X65 进行宣传、推介和销售，活动当天成交的客户有机会参加北汽绅宝 X65 东盟国家自驾游活动。时间为活动当天。

2.3.2　辅助活动

1. 玩偶、展车校园巡游

活动口号："技能强国、指日可待，中国制造、赶超世界"

在正式活动开始前半小时在校园主干道进行玩偶、展车校园巡游，重在宣传造势，积累人气。时间为 30 分钟。

2. 微信抢红包

活动口号："关注出行、关注健康，关注环境、关注未来"

关注官方微信公众号、现场抢红包，重点在于提升公众影响力，提升公众对品牌、车型的了解。官方微信公众号通过宣传册、宣传画中的二维码关注，微信抢红包分别在活动当天的上午 9：30、10：30、11：30 三个时段进行。

2.3.3　延伸活动

北汽绅宝 X65 东盟国家自驾游活动

活动口号："读万卷书、行万里路"活动当天成交的客户、比赛第一名获得者可参加东盟国家自驾游活动，参与者可通过活动充分感受北汽绅宝 X65 的动力性、操控性等性能。活动时间为寒假期间。

2.4　活动时间 2015 年 10 月

2.5　活动地点 某某大学、某某民族大学、某某艺术学院、某某交通职业技术学院，共 4 所高校。

活动中挖掘、发挥各所高校特点,充分调动高校教师、学生积极性,如某某大学是某某市最大的综合类大学,学校师生人数较多,学生注重学历教育与技能培养同步发展,仅某某大学机械工程学院交通工程专业的学生每年在校外报考汽车修理工、汽车维修电工的人数就有 300 人。

技能展示:第 43 届世界技能大赛宣传能增强他们对技能的了解与关注;某某民族大学与泰国玛哈沙拉坎大学、老挝国立大学等多所东盟国家学校建立实质性的交流与合作关系,建立有"中国—东盟旅游人才培训教育基地""中国—东盟法律培训基地",目前留学生人数是 830 人,学校累计培养外国留学生 1.2 万人,东盟国家自驾游活动能激起师生参与兴趣,东盟留学生也能为自驾游活动提供参考意见。某某艺术学院,师生艺术细胞活跃,汽车彩绘比赛、彩泥塑形比赛会是一大亮点。某某交通职业技术学院是交通类高职院校,对汽车产品、技术等方面比较了解,"外行看门道,内行看热闹",在该校开展活动容易引起师生兴趣,产生共鸣。另外,在各高校中开展活动,可充分利用高校场地、设备、人员等资源,既能保证活动效果,又能减少活动开支。

3 活动宣传安排

3.1 活动前期准备

3.1.1 人员准备

市场部:王明、李欣

王明:①与各高校联系,确定具体活动时间、地点,提前 3 天在校园进行广播宣传。②确定活动当天出席的校方领导和经销商领导。③与校方联系,确认活动主持人,提前告知主持人活动流程、项目及所需效果。④确定活动当天,校方的助兴歌舞表演。⑤与校方联系,校方提供活动当天的音响及桌椅。⑥与艺术院校校方学生会联系,确定车模选拔与培训。⑦与校方学生会联系,确定当天的活动学校工作人员,负责发传单和维持现场秩序,10 名/所学校。

李欣:①购买活动所需物品。②布置活动场地(提前一天)。③与电台、电视台、报刊等媒体联系,报道活动当天情况。④活动的后续跟进。

销售部 赖小龙:①准备活动当天所需车辆。②配合市场部布置活动场地。③活动当天车辆推荐。

售后部 吴世辉:①对各校参加汽车彩绘的学生进行培训。②确定活动当天进行技能展示的钣金技师与工具。

3.1.2 场地准备

提前一天进行场地布置,效果图(略)。

3.1.3 物品准备(见附表)

物品准备清单

物 品	规 格	数 量	效果或备注
背景幕布	20×10m	1 幅	
宣传单	A4	200×4=800 张	4 所学校,每校 200 张
易拉宝	2×1m	4 幅	
电视机	42in	1 台	用于播放第 43 届世界既能大赛影像资料
彩绘颜料	100ml	20×4×5=400 瓶	每校为 5 种颜色各 20 瓶,共 100 瓶。 4 所学校共 400 瓶

（续）

物　品	规　格	数　量	效果或备注
调色板	大号	3×4＝12个	每校3个，共12个
颜料刷	60mm	3×4＝12个	每校3个，共12个
彩泥	12色	10×4＝40份	每校3份，共12份
北汽实车	X65自动精英版	4辆（3辆珍珠白，1辆烈焰橙）	
展示架	3层，2m×4m	1组	
桌子	60cm×40cm	15张	
椅子	学生椅	10张	
音响系统	整套	1套	
矿泉水	24瓶/箱	10箱	
急救药箱药品	常用急救标准	1套	
工作人员服装	均码	40件	

3.2　活动期间安排

3.2.1　活动流程

时间　项目　负责人

9∶00—9∶25 玩偶、展车校园巡游 王明

9∶30—9∶40 校方领导讲话

9∶40—9∶50 经销商领导讲话

9∶50—11∶30

"我的汽车我做主"汽车彩绘 李欣

"我的汽车我实现"彩泥塑形 李欣

车门修复技能展示 吴世辉

北汽绅宝 X65 现场销售 赖小龙

歌舞表演及现场知识问答 王明

9∶30、10∶30、11∶30 微信抢红包 李欣

3.2.2　活动注意事项

（1）无论是活动场地布置还是活动当天现场，强调安全第一。

（2）准备安全急救箱，指定活动安全员。

（3）提前1周进行校园活动踩点，设计玩偶、展车巡演路线。

（4）提前5天观察天气情况，做好因天气改变的预案。

（5）玩偶、展车巡游按指定路线行走，不得随意改变。

（6）与警民共建单位联系，活动当天出警，保证活动秩序与安全。

3.3　活动后续跟踪

（1）一天内对活动照片进行整理，配合文字，在微信公众号、网商平台、各种论坛中进行推送和传播，进行活动后期造势（由市场部负责）。

（2）两天内将活动中取得的集客资料进行整理和归类，对有意向的顾客邀约到店进行试驾或到店促进成交（由销售部负责）。

（3）两天内召集所有参与活动的工作人员对活动取得的效果和活动存在的问题进行总结讨论，对销售顾问的集客数、订单数做出 KPI 统计（由市场部、销售部共同负责）。

（4）记录并保存当天成交客户、比赛获奖人员的联系方式（由市场部负责）。

4 相关费用预算（见附表）

相关费用预算表

序　号	物　品	规格/型号	数量（单位）	单价（元）	小计（元）
1	背景幕布	20×10m	1 幅	400	400
2	宣传单	A4	200×4＝800 张	3	2400
3	易拉宝	2×1m	4 幅	60	240
4	彩绘颜料	100ml	20×4×5＝400 瓶	4	2400
5	调色板	大号	3×4＝12 个	15	180
6	颜料笔	25mm	12 支	8	96
7	颜料刷	60mm	3×4＝12 个	8	96
8	彩泥	12 色	10×4＝40 份	10	400
9	展示架	3 层 2m×4m	1 组	200	200
10	矿泉水	24 瓶/箱	10 箱	35	350
11	媒体费用		4 场	500	2000
12	工作人员服装	均码	40 件	30	1200
13	礼品	时尚 U 盘	80 个	20	1600
14	主持人		4 场	300	1200
15	微信抢红包		12 场次	100	1200
16	场地布置		4 场	1000	4000
总计			17962 元		

5 预期效果分析

（1）主题定位准确，助力活动成功。中国首次在世界技能大赛中获得金牌，在这一喜悦与兴奋的时刻，我店策划本次展演活动，意在扩大"世赛"的影响力，提高人们对国产汽车的认可，为中国欢呼、为技能喝彩、为国产加油。

（2）院校选择合理，便于开发客户。整个巡展活动在事先选定的高校举行，有当地最具代表性的综合性院校、汽车类、交通类院校，有东盟留学生较多的院校，也有艺术类院校。活动期间，通过玩偶、展车巡游集客，通过现场知识问答，拉近北汽与当代大学师生间的距离，让参与活动的高校师生全面了解北汽绅宝 X65，提升高校师生对产品品牌的认知度，让北汽这个年轻的品牌更具生命力，更具挑战力，有效开发特定客户群。

（3）挖掘地域优势，确保活动可行。一是活动主题积极向上，传递正能量，容易得到院校方与特定客户群的认可；二是活动内容安排紧凑、时尚、趣味性相结合，符合特定客户群的关注点；三是近年来的国家战略，与东盟国家的睦邻友好关系，中国与东盟国家的多边贸易已有良好的基础，每年的东盟博览会永久落户地的地域优势，也为活动赢得媒体及公众支持。

（4）利用高校资源，经济效益双赢。本次活动预算为 4 个院校共 16196 多元。活动充分利用高校的资源，主持人、车模、助兴歌舞表演和工作人员都有高校学生的参与，不但能给学生一个锻炼的机会，而且能减少开支。

（5）设计独具匠心，活动影响深远。本次活动的成功举办，将会给北汽的车市带来深远的影响。一是在高校这一最具活力、最具消费潜力的客户群中，宣扬中国技能名扬世界、国产品牌赶超世界的决心，加深国人对北汽的了解，支持国产，早日实现中国梦；二是活动开展时机与客户延伸需求相配合，寒假东盟国家自驾游的设计不仅对院校师生产生强大的吸引力，还能通过东盟留学生的参与，加深东盟与中国之间的友谊，同时通过沿途的宣传，扩大东盟国家友人对北汽的认识，推动自主品牌走出国门。

6　策划方案总结

策划方案从市场分析、车型优势、需求分析、活动策划、预期效果等方面制订了"北汽绅宝 X65 进高校"展演活动项目策划方案，实施优势与成功机会明显，主要表现为以下几方面：

（1）总体结构完整，细节考虑充分。从前期高校选取、彩排演练，到活动当天流程安排、场地物品准备、经费预算、应急预案等都有专人负责落实检查，确保活动正常开展。

（2）背景分析到位，引用数据翔实。支撑方案的各项分析，包括汽车市场销售背景分析、北汽绅宝 X65 进高校背景分析、北汽绅宝 X65 的车型优势、高校师生对汽车的需求分析等，策划者均做了大量市场调查，引用数据真实，为后期方案策划奠定了坚实基础。

（3）锁定目标客户，活动创意新颖。目标客户为高校师生及东盟国家留学生，汽车彩绘、彩泥塑形、车门凹痕手工修复技能现场展示、现场销售、玩偶与展车校园巡游、微信抢红包、东盟国家寒假自驾游等活动既有主次之分，又考虑到活动的延伸服务，符合客户群的关注点与兴趣点，便于挖掘和培养潜在客户。

（4）促销策略给力，传播策略创新。具有视觉冲击力的展台背景、宣传资料设计和针对目标客户的 1.5 万元钜惠促销让人心动，为配合各主题活动设计的活动口号"我的汽车我做主""我的梦想我实现""技能强国，舍我其谁""中国制造，赶超世界、超值钜惠、赶快行动""技能强国、指日可待，中国制造、赶超世界""关注出行、关注健康，关注环境、关注未来""读万卷书、行万里路"朗朗上口，符合高校师生品味，让人过目不忘，强化传播效果。

鉴于以上策划，本方案有特色、有创新、切实可行，能扩大对北汽集团的宣传，促进北汽绅宝 X65 的销售。

附录1　高校教师购车意向问卷调查

1. 您的性别？
A. 男　B. 女
2. 请问您是否已考取驾照？
A. 是　B. 否
3. 您的婚姻状况？
A. 已婚　B. 未婚
4. 您的年收入情况？
A. 3 万元以下　B. 3 万～5 万元　C. 5 万～7 万元　D. 7 万～10 万元　E. 10 万元以上
5. 在近期 1～2 年内是否有意换/购汽车？

A. 是　B. 否

6. 您喜欢什么车系？

A. 国产民族品牌　B. 欧美合资品牌　C. 日韩品牌　D. 其他

7. 您关注的车辆信息是什么？

A. 时尚性　B. 经济性　C. 安全性　D. 舒适性　E. 个性

8. 您购车的主要目的是什么？

A. 交通需要　B. 工作需要　C. 个人爱好　D. 身份象征　E. 享受生活　F. 其他

9. 您对汽车的期望价位是哪一段？

A. 4 万元以下　B. 4 万 ~ 8 万元　C. 8 万 ~ 12 万元　D. 12 万 ~ 15 万元　E. 15 万元以上

10. 影响您购车的因素有哪些？

A. 性能　B. 价格　C. 油耗　D. 其他

附录 2　大学生购车意向问卷调查

亲爱的同学们，我们是南宁市某某新源汽车销售服务有限公司，为了了解大学生的消费情况及购车意向，特组织本次调查，期待您的参与，您的支持是我们永恒的动力。在下面的问卷中，"√" 出您的想法，谢谢！

1. 您的性别是？

A. 男　B. 女

2. 请问您是否已考取驾照？

A. 是　B. 否

3. 如果没有驾照，大学期间是否有学车计划？

A. 有　B. 没有

4. 您有没有打算在校期间购车？

A. 有　B. 没有

5. 您现在有没有自己的汽车？

A. 有　B. 没有

6. 请问您的购车计划是什么？

A. 父母帮购买　B. 创业自己购买　C. 毕业 1 ~ 2 年内买车　D. 其他

7. 您购车的原因是什么？

A. 出入方便　B. 显示身份　C. 跟风　D. 创业需要

8. 请问您购车主要考虑的条件有哪些？（多选题）

A. 价格　B. 性能　C. 品牌　D. 油耗　E. 外观　F. 安全性　G. 动力性

9. 请问目前影响您购买轿车的最主要因素是什么？

A. 个人是否具备汽车消费能力　B. 目前是否有必要购买汽车　C. 个人喜好

D. 车贷保险、油品市场、交通情况等相关环境对汽车消费的影响　E. 其他

10. 您打算花费多少钱购车？

A. 5 万元以下　B. 5 万到 10 万元　C. 10 万到 15 万元　D. 15 万元以上

11. 请写下您通过这次展演了解到哪些信息？能为您将来的就业带来什么？

参 考 文 献

[1] 陈永革．汽车与市场营销 ［M］. 北京：高等教育出版社，2008.
[2] 宋润生．汽车营销基础与实务 ［M］. 广州：华南理工大学出版社，2006.
[3] 何宝文．汽车营销学 ［M］. 北京：机械工业出版社，2005.
[4] 林静．市场营销 ［M］. 北京：人民交通出版社，2004.

推荐阅读

书号	书名	作者	定价（元）
智能网联、新能源汽车专业教材			
9787111678618	智能网联汽车技术入门一本通（全彩印刷）	程增木	69
9787111715276	智能汽车技术（全彩印刷）	凌永成	85
9787111702696	智能网联汽车技术原理与应用（彩色版）	程增木 杨胜兵	65
9787111628118	智能网联汽车技术概论（全彩印刷）	李妙然 邹德伟	49.9
9787111693284	智能网联汽车底盘线控系统装调与检修（附任务工单）	李东兵 杨连福	59.9
9787111710288	智能网联汽车智能传感器安装与调试（全彩活页式教材）	中国汽车工程学会 等	49.9
9787111712480	智能网联汽车底盘线控执行系统安装与调试（全彩印刷）	中国汽车工程学会 等	49.9
9787111709800	智能网联汽车计算平台测试装调（全彩印刷）	中国汽车工程学会 等	49.9
9787111711711	智能网联汽车智能座舱系统测试装调（全彩印刷）	中国汽车工程学会 等	49.9
9787111710318	新能源汽车检测与故障诊断技术（彩色版配实训工单）	吴海东 等	69
9787111707585	新能源汽车电动空调 转向和制动系统检修（彩色版配实训工单）	王景智 等	69
9787111702931	新能源汽车整车控制系统检修（彩色版配实训工单）	吴东盛 等	69
9787111701637	新能源汽车动力电池及管理系统检修（彩色版配实训工单）	吴海东 等	59
9787111707165	新能源汽车技术概论（全彩印刷）	赵振宁	55
9787111706717	纯电动汽车构造原理与检修（全彩印刷）	赵振宁	59
9787111587590	纯电动/混合动力汽车结构原理与检修（配实训工单）（全彩印刷）	金希计 吴荣辉	59.9
9787111709565	新能源汽车维护与故障诊断（配实训工单）（全彩印刷）	林康 吴荣辉	59
9787111700524	新能源汽车整车控制系统诊断（双色印刷）	赵振宁	55
9787111699545	智能网联汽车概论（全彩印刷）	吴荣辉 吴论生	59.9
9787111698081	新能源汽车结构原理与检修（全彩印刷）	吴荣辉	65
9787111683056	新能源汽车认知与应用（第2版）（全彩印刷）	吴荣辉 李颖	55
9787111615767	新能源汽车概论（全彩印刷）	张斌 蔡春华	49
9787111644385	新能源汽车电力电子技术（全彩印刷）	冯津 钟永刚	49
9787111684428	新能源汽车高压安全与防护（全彩印刷）	吴荣辉 金朝昆	45
9787111610175	新能源汽车动力电池及充电系统检修（全彩印刷）	许云 赵良红	55
9787111613183	新能源汽车电机驱动系统检修（全彩印刷）	王毅 巩航军	49
9787111613206	新能源汽车辅助系统检修（全彩印刷）	任春晖 李颖	45
9787111646242	新能源汽车维护与故障诊断（全彩印刷）	王强 等	55
9787111670469	新能源汽车结构原理与检修（彩色版）	康杰 等	55

书号	书名	作者	定价（元）
9787111448389	电动汽车动力电池管理系统原理与检修	朱升高　等	59.9
9787111675372	新能源汽车动力蓄电池与驱动电机系统结构原理及检修	周旭　石未华	49.9
9787111672999	电动汽车结构原理与故障诊断（第2版）（配实训工作手册）	陈黎明　冯亚朋	69.9
9787111623625	电动汽车结构原理与维修	朱升高　等	49
9787111610717	新能源汽车结构与维修（第2版）	蔡兴旺　康晓清	49
9787111591566	电动汽车电机控制与驱动技术	严朝勇	45
9787111484868	电动汽车动力电池及电源管理（"十二五"职业教育国家规划教材）	徐艳民	35
9787111660972	新能源汽车专业英语	宋进桂　徐永亮	45
9787111684862	智能网联汽车技术概论（彩色版配视频）	程增木　康杰	55
9787111674559	混合动力汽车结构与检修一体化教程（彩色版）（附赠习题册含工作任务单）	汤茂银	55
传统汽车专业教材			
9787111678892	汽车构造与原理　（彩色版）	谢伟钢　范盈圻	59
9787111702474	汽车销售基础与实务（全彩印刷）	周瑞丽　冯霞	59
9787111678151	汽车网络与新媒体营销（全彩印刷）	田凤霞	59.9
9787111687085	汽车销售实用教程（第2版）（全彩印刷）	林绪东　葛长兴	55
9787111687351	汽车自动变速器原理与诊断维修　（彩色版）	张月相　张雾琳	65
9787111704225	汽车机械基础一体化教程（彩色版配实训工作页）	广东合赢	59
9787111698098	汽车检测与故障诊断一体化教程（彩色版配工作页）	秦志刚　梁卫强	69
9787111699934	汽车舒适与安全系统原理检修一体化教程（配任务工单）	栾琪文	59.9
9787111711667	汽车发动机电控系统结构原理与检修（彩色版配实训工单）	李先伟　吴荣辉	59
9787111689218	汽车底盘电控系统原理与检修一体化教程（彩色版）（附实训工作页）	杨智勇　金艳秋　翟静	69
9787111676836	汽车底盘机械系统构造与检修一体化教程（全彩印刷）	杨智勇　黄艳玲　李培军	59
9787111699637	汽车电气设备结构原理与检修（配实训工单）（全彩印刷）	管伟雄　吴荣辉	69
汽车维修必读			
9787111715054	动画图解汽车构造原理与维修	胡欢贵	99.9
9787111708261	汽车常见故障诊断与排除速查手册（赠全套352分钟维修微课）（双色印刷）	邱新生　刘国纯	79
9787111649571	新能源汽车维修完全自学手册	胡欢贵	85
9787111663546	汽车构造原理从入门到精通（彩色图解＋视频）	于海东　蔡晓兵	78
9787111626367	新能源汽车维修从入门到精通（彩色图解＋视频）	杜慧起	89
9787111661290	汽车电工从入门到精通（彩色图解＋视频）	于海东　蔡晓兵	78
9787111602699	汽车维修从入门到精通（彩色图解＋视频）（附赠汽车故障诊断图表手册）	于海东	78

机械工业出版社 CHINA MACHINE PRESS | 汽车分社

读者服务

机械工业出版社立足工程科技主业，坚持传播工业技术、工匠技能和工业文化，是集专业出版、教育出版和大众出版于一体的大型综合性科技出版机构。旗下汽车分社面向汽车全产业链提供知识服务，出版服务覆盖包括工程技术人员、研究人员、管理人员等在内的汽车产业从业者，高等院校、职业院校汽车专业师生和广大汽车爱好者、消费者。

一、意见反馈

感谢您购买机械工业出版社出版的图书。我们一直致力于"以专业铸就品质，让阅读更有价值"，这离不开您的支持！如果您对本书有任何建议或意见，请您反馈给我。我社长期接收汽车技术、交通技术、汽车维修、汽车科普、汽车管理及汽车类、交通类教材方面的稿件，欢迎来电来函咨询。

咨询电话：010-88379353　编辑信箱：cmpzhq@163.com

二、课件下载

选用本书作为教材，免费赠送电子课件等教学资源供授课教师使用，请添加客服人员微信手机号"13683016884"咨询详情；亦可在机械工业出版社教育服务网（www.cmpedu.com）注册后免费下载。

三、教师服务

机工汽车教师群为您提供教学样书申领、最新教材信息、教材特色介绍、专业教材推荐、出版合作咨询等服务，还可免费收看大咖直播课，参加有奖赠书活动，更有机会获得签名版图书、购书优惠券。

加入方式：搜索 QQ 群号码 317137009，加入机工汽车教师群 2 群。请您加入时备注院校 + 专业 + 姓名。

四、购书渠道

机工汽车小编
13683016884

我社出版的图书在京东、当当、淘宝、天猫及全国各大新华书店均有销售。
团购热线：010-88379735
零售热线：010-68326294　88379203